外贸电邮营销实战

—— 小小开发信 订单滚滚来（第二版）

BUSINESS SALES LETTERS MARKETING PRACTICE
[SECOND EDITION]

薄如骢 著

中国海关出版社

图书在版编目（CIP）数据

外贸电邮营销实战：小小开发信　订单滚滚来／薄如骢著 . —2 版 . —北京：中国海关出版社，2016.4

ISBN　978-7-5175-0126-8

Ⅰ. ①小… Ⅱ. ①薄… Ⅲ. ①对外贸易－英语－应用文－写作 Ⅳ. ①H315

中国版本图书馆 CIP 数据核字（2016）第 067212 号

外贸电邮营销实战——小小开发信　订单滚滚来（第二版）
WAIMAO DIANYOU YINGXIAO SHIZHAN ——XIAOXIAO KAIFA XIN DINGDAN GUNGUN LAI（DI‑ER BAN）

作　　者：薄如骢
策划编辑：马　超
责任编辑：郭　坤
责任监制：王岫岩　赵　宇
封面设计：张　帆
出版发行：出版社
社　　址：北京市朝阳区东四环南路甲 1 号　　　　邮政编码：100023
网　　址：www.hgcbs.com.cn；www.hgbookvip.com
编 辑 部：01065194242-7585（电话）　　　　　01065194234（传真）
发 行 部：01065194221/4238/4246/4247（电话）　01065194233（传真）
社办书店：01065195616/5127（电话/传真）　　　01065194262/63（邮购电话）
印　　刷：北京铭成印刷有限公司　　　　　　　经　　销：新华书店
开　　本：710mm×1000mm　1/16
印　　张：21.5　　　　　　　　　　　　　　　字　　数：316 千字
版　　次：2016 年 5 月第 2 版
印　　次：2017 年 10 月第 2 次印刷
书　　号：ISBN　978-7-5175-0126-8
定　　价：45.00 元

海关版图书，版权所有，侵权必究
海关版图书，印装错误可随时退换

第二版序言

一、你为什么需要本书？

外贸业务员成功的捷径就是快速学习和反复实践。书籍是前人依据经验与教训著就的。你只需拿来就好，不用重新开始，正如英文，"Don't reinvent the wheel"所说。可叹的是，很多人总是不借助他人经验，非要用自己的方式重新摸索不可。外贸业务员们应该思考一下你们八小时之外有没有读书学习，思考如何做好业务？

其实读书的性价比极高。网上购书便宜而且方便，买本书只要二三十元，但其中只要有一句话有点拨作用，就能对能力的提高起到四两拨千斤的作用。日积月累，不断学习，马太效应就会出现，新人就可能成为行业专家。

本书就是为想成为外贸达人或金牌业务员的人准备的，讲述了如何运用外贸电邮营销做到货卖全球，如何写好外贸开发文案，写作文案的思路、策略、战术、方法和技巧等。

成功的业务员很赚钱，没有背景的年轻人做销售是一条出人头地的快速通道。但销售并不简单，销售按流程可分为简单销售和复杂销售。简单销售是指那些可以一次成交的销售，销售的产品通常是简单明了的，价值也不大，牵涉的对象比较单一，比如个人或家庭。常见的简单销售的业务员有日常用品的零售商、走街串巷的行商、印刷广告商等。简单销售主要靠销售员的成交能力（closing skill）。

复杂销售是指客户需要反复认真考虑才会决定购买产品或服务的销售，比如大件消费品、设备、工程、复杂的服务项目（如金融保险）等，一般牵涉比较多的人员和销售流程。很多B2B销售，无论数值大小，因为牵涉的决策者/使用者比较多，会归类为复杂销售。

外贸业务员所做的通常就是复杂销售，它需要经过相当繁复的流程，包括大量搜寻潜在客户名单、初步筛选潜在客户、提供客户方案、跟进客户、销售缔约、提供产品、制单发运、售后服务等。因此，不能用只注重最后临门一脚的简单的卖货技巧，来指导流程复杂的外贸营销。

对大部分外贸业务员而言，报价与谈判往往还不是最大问题，前期如何苦练内功并知己知彼做好定位，如何搜寻潜在客户并与他们挂上钩，如何使用电邮打开老外的销售之门，才是占据最多时间的大问题，也即本书的重点。

二、本书的"前世"和"今生"

本书"前世"名叫《小小开发信 订单滚滚来》，旨在为广大外贸人提供开发外贸客户的基础材料和重磅炮弹。2008年8月份出版就大卖，10月初即成为国内网上最大书店当当网经管新书畅销榜的第五名。直到最近一两年，本书还时不时地排到百来名的位置。看看畅销榜前十位的重量级书籍，你就知道这本外贸专业书籍孤军奋战能够跻身前五，是多么的不容易。现在七年多过去了，为系统改进和更新内容，特出版全新增订版并改名为《外贸电邮营销实战——小小开发信 订单滚滚来》。具体修订内容如下：

（一）全书分为上下两部分

第一章至第三章主要为外贸新人准备，以大量系统化的案例为主，便于新人立即拿来使用。第四章至第八章有较多营销策略与相关实战案例，主要给职场老手提供参考。全书根据2008年以来的外贸形势，增补了大量最新外贸开发信技巧和案例，包括如何应对反垃圾邮件的形势、如何写作外贸开发信的开篇、如何提高外贸开发信的成功率、如何开展SNS电邮营销等全新内容。

（二）增补附录为正文

（1）依据100个经典营销标题增补了100个模仿标题与分析，让外贸业务员直接借鉴以用于外贸开发信，作为第六章的第三、第四节。

（2）附录一对新手问答做了分类整理，以便于读者检索运用。

（3）增加如何获得客户名单的内容，使营销流程更为完整。

（三）增加入门指导性全套案例

针对外贸新人对大量系统性案例的需求，增补了第三章的内容，以实战案例方式为新人的每一步工作提供指导。

（四）新增附录内容

为便于借鉴参考，以及外贸人对外贸电商B2C营销文案的需求，特增补百年经典《开发信》一书的摘录和导读。另外还增补了近年来一部分外贸实战的成功案例。

（五）删除原书案例部分的中文翻译

因部分读者反映不佳，考虑到阅读此书的大都是外贸人，应该有相当的英文能力，故删除了原书中对英文案例的中文翻译共万余字。

三、外贸开发信无法照搬模板、无法一招制胜

假定现在有个世界上最完美的外贸开发信模板，那些不愿动脑筋的外贸人照葫芦画瓢地全盘照抄，不出三个月，全世界有电子邮箱的商家，都会被无数来自中国的一模一样的外贸开发信轰炸N遍。这个曾经最完美的开发信，就会变成最垃圾的邮件，人人避之唯恐不及，网络电邮服务器也会禁止其传播。

所以，无论写作外贸开发信著作，还是在福步论坛发帖，笔者对于外贸开发信全文案例的选择都是非常谨慎的。

近年行业、产品、市场、客户等千变万化，真正的外贸业务高手从来不会认为有什么最佳模板的外贸开发信。本书尽可能提供具有启发性的思路、策略、点评、指导、意见、片段、框架等。每个人都要因地制宜，写作适合自己市场、产品、个性的外贸开发信，而且要长期磨炼、不断修正、改进，甚至推倒重来。当然，外贸人可以参考本书的100余个实战案例、42个答疑、100个经典标题、133个模式等。但是，它们的作用仅仅是提供参考与启示，照抄是无用的。大家必须按照自己企业和产品的实际情况，写作自己的外贸开发信。

读者对本书初版意见最多的还是可立即使用的案例模板不足。为帮助读者更好地理解外贸开发信，此次的增订版本增加了很多实战案例。但想不劳而获、按模式照抄的，肯定还是会失望。对那些想找到一招制胜外贸开发信模板的外贸伸手党，则更是缘木求鱼了。

有读者提问："老外会这么注意一个开发信的细节吗？有些老外其实更注重价格。"确实，目前外贸主要还是价格为王的时代，但进入品牌时代，细节可能决定成败。近年来，随着中国制造越来越成为外贸的潮流，本书将会得到更多的重视。华为、联想、海尔、小米等中国制造正在走向五大洲，笔者希望有生之年可以看到中国产品能成批涌现出世界一线品牌，笑傲全球。

欣慰的是，已经有成千上万的读者从笔者的书籍和论坛发帖获益。就像某位浙江工厂主，他的外贸开发信回复率原先是1%，经过我修改后达10%，效果提升10倍。他给我写信说道："薄先生，你帮我改的开发信确实效果不错，前天发了20封，有2个回复，比例明显提高了"（案例详情见本书附录）。

你的开发信需要有人帮忙修改吗？对于开发信你有什么疑惑吗？请微博上找我"薄如骢-外贸电商营"。谢谢你的购买和阅读！

薄如骢

2015年12月15日

初版序言

来吧！这是一场外贸的盛宴！

我几乎是不读外贸方面的书籍的，因为大部分都写得太干巴，令我失去阅读的兴趣。再说，我有职业病，自己多年来在海外做着英语和法语的双语教育，总是带着挑剔的眼光，拿着自己的放大镜。在这样的放大镜照射下，我看到的垃圾比较多。我自以为自己的眼光是追求完美型的，评价是具有学术性的和专业性的。每次回到中国都会发现铺天盖地的迎合市场的商业英语书籍多如牛毛，林林总总，恨不得把人淹没。而翻开浏览，天下文章一大抄，你编译，我编译，甚至具体到例子（case）都是表兄堂弟、叔伯侄姨，作者们似乎开过会，商量好了，借鉴的科班读物都差不离。书评也是写得千人一腔，世界高度往往被每一本书攀登，诸如"填补了国内教材的空白"，"达到国际先进水平"云云。

一、此书给我带来的非凡阅读体验

这本《小小开发信 订单滚滚来》，带给我的感觉是不一样的，读完它，我甚至觉得从事和英语有关的任何商贸形式的人，和此书擦肩而过，将是一个巨大的遗憾。

寻遍我的书架，我找不出这样一本中文书：这本书透着作者的商业人生智慧，不紧不慢，手把手教你如何通过一封开发信接触海外的商家。从试探信，到自我介绍信；从产品说明信，到市场定位信；从工作流程表，到跟踪管理体系；从世界商人的文化心理，到市场开发一网打尽。你要做的全部事情便是像读小说那样，愉快地读这本书。

你不相信？呵呵，请看这里：

你有穿袜子吗？脱了吧！【外贸开发信标题】

你好老丹：

我们这里到处是袜子。事实上，我们这里每年生产120多亿双袜子，世界上三分之一的袜子都在我们大唐地区出产。这里肯定有你需要的那一双！但是，你不要随意选择一家供货商，注意有烂苹果哦。例如：染色问题……标签问题……

所以，丢掉旧的穿上新的，让我们为你特别定制。

这还不够幽默？那么再看一节：

远离神风特攻队式的供货商，才能避免上吊自杀【外贸开发信标题】

亲爱的严肃买家：

传言已经证实。为美国大企业Zy供货的玩具厂主Z先生已自杀身亡，这距Zy退回他的2 000多万美金含铅玩具仅仅10天。有关此事的《华尔街日报》链接在此……

Z先生之惨死震惊身后遗留的数千员工、数十债主、数百供货商和服务商。更不用说对其家庭的极度冲击。壮年55岁而去，仅仅是由于油漆供货商私下更换了某种便宜的油漆，以便节省1万或数万美元而已。惨！

我们应该如何在这疯狂的世界幸存？请允许我介绍一下我们绝对安全的供货商体系。

初版序言

这样诙谐幽默以及富含冲击力的文字,在全书每个章节比比皆是。国人用英语来写作,受制于非母语文化因素,使出浑身解数,智慧的思想仍被扭成干巴巴的麻花。循规蹈矩、格式陈旧的外贸开发信件如同工厂流水线上走下来的复印纸张,你能说出每一张纸的个性吗?不,它们毫无个性,毫无优势。这本书就要让你的外贸开发信不再千篇一律。再来看看下面这封文字简洁明快的开发邮件:

我是中国的熊猫潘。

肯德基能做鸡。我们不仅会做鸡,还会做其他动物,包括猫、狗。请别误解,我们不是做吃的生意的,我们是为像您一样的客户提供动物图案服装配饰的。

请看我们的生肖服饰系列。(图)

我们是经过多道工序制作的,包括……(详细列举工艺程序)

这个是我们的设计队伍。(图)

我和我的团队总共加起来有151年设计服装配饰的经验,前后共设计了13 518款产品,并有68款获得各种设计奖。过去十多年我们有无数集装箱货物出口海外,上个月就出口了10个集装箱的服装配饰到加拿大。

我来自中国四川靠近大熊猫森林保护区的一个城市,我热爱这些可爱的宝贝,所以客户都叫我熊猫潘。请您告诉我您想设计怎样的动物配饰,我们会做得很出色。请点击并加我为您的 MSN 好友,或电邮到:PandaPan@2008.com。

又及:您的样品我们会在 2 周内完成。另外,我会附上我所收藏的 12 个经典熊猫设计给您。这是我送给您保存欣赏的。

愿您成为幸运儿并快乐。

熊猫潘,业主兼首席设计师,ABC 工业集团公司

还有诸如:"看,迷人家具,你可以让它像卖热狗一样畅销"等电子邮件"标题党"的神来之笔,在全书中俯拾皆是。阅读本书,就像来到外贸文

字的宴席，能让你尽情享受饕餮大餐。

二、关于作者的那些事儿

本书作者在国际商界驰骋了近 20 个年头。在这本书里，他收集整理并精心挑选了自己的外贸实战案例，使用目前最流行、最 in，而又相当规范精准的语言做了英语和汉语对照，用独树一帜的幽默文笔，吸引住你的眼球。因此，新手上路，不必慌张，拥有这本书，你就拥有了中国最好的外贸社会大学教程。

21 世纪的外贸世界，一点不比世界各国的外交战场云淡风轻。随着互联网的出现，传统的外贸教育书籍和科班外语教育已经跟不上商界的瞬息万变。外语专业的学生都知道，一本专业外语教科书的汇编出笼需要多少中外教育专家学者的群策群力。每一部呕心沥血的出品，却偏偏遭遇世事的瞬息万变，被无可奈何地打上落伍、陈旧、不合时宜的烙印。但是，本书作者却像个城市规划师，目标管理年限：100 年。你说不可能？读一读，就知道了，管几年，由你说了算。

尽管用语轻松幽默，通俗生动，但必须说的是，这是一本极其专业严谨的外贸专业书，它适用于外贸公司、生产厂家和个人 SOHO。从胸有成竹的外贸精英，到如履薄冰的外贸 dummy，还有象牙塔内的无数专家学者，都可以从本书吸收精华养分。所以，这本书，我把它视为通俗的专业教科书。

请读者们安逸入座，开怀畅饮吧！这里，是一场外贸的盛宴。

凡凡 Caroline Xu 于奥运城
2008 年 8 月 23 日

（凡凡，20 世纪 80 年代北京外国语大学法语系毕业，是中国改革开放后外资公司的第一代白领，受聘于世界最大的核能供应商法国阿尔斯通及法马通公司，后从事中法文化交流并留学法国巴黎，现定居加拿大温哥华，创立凡凡法语学校十余年。）

目 录

引 子 ... 1

第一章
精准把握市场与客户

第一节 ... 7
外贸电邮营销的成功要素

第二节 ... 13
获得目标客户名单的18种主要方法

第三节 ... 17
网络搜索技巧

第四节 ... 21
如何让潜在客户留下资料

第五节 ... 25
"回归本源、以客为先"——SNS时代的外贸营销

第二章
外贸电邮营销的精细管理

第一节 ... 31
如何准备外贸电邮营销计划

第二节　　　　　　　　　　　　37
如何优化外贸电邮营销

第三节　　　　　　　　　　　　41
如何突破垃圾网关

第四节　　　　　　　　　　　　47
水滴石穿之外贸渗透营销

第五节　　　　　　　　　　　　50
如何做好一个人的外贸部

第六节　　　　　　　　　　　　53
外贸开发流程的重点与新手建议

第三章　　　　　　　　　　　　59
外贸新人之实战流程：真刀实枪，争创第一

第一节　　　　　　　　　　　　61
定位篇

第二节　　　　　　　　　　　　71
耕耘篇

第三节　　　　　　　　　　　　84
收获篇

第四节　　　　　　　　　　　　92
每星期写作一封全新的外贸开发信

第四章
写作开发信，功夫在信外

99

第一节

千人一面的古董推销信

101

第二节

杜绝假、大、空，努力尝试积极、真实、有趣

106

第三节

学学世界上最受欢迎的广播电台WIIFM

111

第四节

你是谁？客户为什么要理你

113

第五节

你要卖给谁

125

第五章
实际案例分析：第1001封外贸开发信

135

第一节

守株待兔的开发信

137

第二节

假定式开发信

140

第三节

设疑式开发信

142

第四节	143
非典型开发信	

第五节	146
双保险式开发信	

第六节	148
七封开发信系列	

第六章
标题与开篇，外贸开发信的写作关键 — 161

第一节	163
标题党在行动	

第二节	168
外贸开发信标题写作的特点	

第三节	169
经典标题的9种模式或特点	

第四节	174
美国广告史上100个经典文字广告标题及其在外贸上的应用	

第五节	202
外贸开发信开篇写作指导	

第七章
DIY，研发你自己的外贸开发信

第一节　外贸开发信的构成　212

第二节　你的开发信一定要回答好的6个问题　217

第三节　让你的开发信生效的10个小小招数　220

第四节　避免开发信必败的7种常见错误　223

第五节　每封外贸开发信都必须认真检查的20个关键点　226

第六节　如何大刀阔斧地修改你的外贸开发信　230

第八章
外贸电邮营销案例

第一节　第一代外贸开发信，外贸函电版　241

第二节　第二代外贸开发信，陈毅冰模板　245

第三节
第三代外贸开发信，个性化卖人卖萌 … 248

第四节
外贸开发信修改案例 … 254

第五节
答复网友疑问：加紧精练内功，度过外贸寒冬 … 265

第六节
答复网友疑问：切合客户心理，创造销售机会 … 267

第七节
新年新气象，成功奔理想（来源：Arther Sobczak每周电邮短讯Newsletter） … 270

后 记 … 275

附 录 … 283

附录一
外贸电邮营销新手实战问答 … 285

附录二
外贸开发信写作参考资料和部分有用网站 … 318

引子

古人说：读万卷书，行万里路。

今人说：读万卷书不如行万里路，行万里路不如阅人无数，阅人无数不如成功人士指路。

上述说法不同，原因何在？

其实，农耕时代的读书行路是为了学习知识和提高见识，能够"读万卷书、行万里路"就足以安身立命。然而，时代彻底变了，我们现在所处的是全球化的信息时代，单靠读书所能掌握的技术已经不再神秘，而且很容易就会过时被淘汰，往往跟不上从实践中得来的见识；而自己从实践中得来的见识又是十分有限的，所以现代人更重要的是学会横向借鉴别人的实践经验；但是仅仅通过借鉴他人的见识，还是不容易知道奥妙所在，所以作为成功的现代人迫切需要高人指导，才能站在竞争的最前沿。

我有幸成长在思想开放、注重反思的上世纪80年代，以积极进取、追求理想的人生观为荣；又在随后20年的商业生涯中，受营销大师如Jay Abraham、Arther Sobczak等的教导，在国际商海里追波逐浪、奋勇向前。本书就是结合本人在外贸领域的实践经验，阐发了前辈商业营销思想的万一，给后来者提供可以实际应用的外贸开发信模仿样板。当然，这样深入细致地研究外贸开发信的书籍在国内较少，缺点错误在所难免，故迫切需要读者的真知灼见，我热切希望大家能提出宝贵意见和建议至1031518056@qq.com。特别期望您提出在外贸实践中的具体问题，让我们一起探讨解决之道。

尴尬的是，现今教育体制培育的是掌握很多知识、善于考试的螺丝钉式人才，他们通常缺乏思想、墨守成规、忽视技能、不善主动学习。不管是名牌大学还是普通大学，很多只是照本宣科地教授日渐陈旧的专业知识，使学生们对整个社会的政治、思想、文化的现状和经济发展的各个层面知之甚少，也不注重各项生存技能的培养，导致很多学生一旦走出校门，在飞速发展的社会里找不到自己的准确定位，行为被动、生存困难，其必然结果就是对人生的迷茫。

只有对外部世界大环境和自己身边小环境有了一个清晰的认识，才能准确把握未来社会的发展趋势和自己的位置。大学生和社会新人要尽可能多地掌握谋生的技能和手段，信息技术和市场销售就是信息时代最重要的技能。在外贸行业，开发客户是最重要的能力。中国有句俗话："技多不压人。"学习是一个积极主动、灵活适应的过程，即使学校要把你灌输培育成僵化的专业机器零部件，你自己也要想办法把自己培养成洞察秋毫的全能智慧人才。只要你的智慧比你的对手高，看得更远、看得更清，只要你的技能比你的对手多一项、好一点，你就会在残酷的社会竞争中拥有生存的优势。即使你暂时遭受点挫败，它也不能阻挡你迈向成功的坚实脚步，只会让你的人生因为曲折而变得更加精彩。

幸运的是，我们生长在祖国改革开放的30年里，中国从"既无内债、又无外债"的封闭国家，变成了"世界工厂"和外汇最多的国家。进出口总额在2013年和2014年连续两年位列世界第一。2014年进出口总额26.43万亿元，出口14.39万亿元。2015年前三季度进出口总额17.87万亿元，出口10.24万亿元。中国的外汇存底从1978年的1.76亿美元逐年高速增长，在2006年初达到8 537亿美元，首次超过日本，从此一直位居世界首位，截至2015年9月底为3.514万亿美元。

在此发展过程中，亿万农家子弟走出农村，在外贸工厂加班加点为世界贡献产品；不少平民百姓在外贸领域白手起家、成功创业，或开办作坊、工厂承接订单，或走出国门布点销货；更有无数大大小小的外贸公司如雨后春笋般涌现，在"接单、跟单、出货、收汇"的不断循环中财源滚滚；更不用说，中国还有无数与外贸相关的行业，如金融、保险、运输、房产、商贸，等等，在提供配套服务中稳赚一票。在中国30多年如此高速滚动的历史洪流中，在这千载难逢的财富机遇里，你有没有顺应水涨船高的势头、把握好你的位置、赚到属于你的财富？

遗憾的是，即使在这个财富急剧膨胀的时代，发财的毕竟是少数，平庸的还是多数。而且，自2008年美国金融危机以来国际国内政治经济、金融汇率、环保物价等形势，都导致外贸脱离了"简单价格竞争、迅速捞取现金"的年代，而是进入了比拼资金实力、品牌品质、渠道营销能力的新阶段。在信息化和全球化背景下，强者愈强，弱者淘汰，甚至现在已经分配失调的财富还在更加迅速地积聚到极少数人的手里。如果你暂时还不是财富的强者，你就必须有高度的危机感。不少的年轻朋友，刚刚进入社会，无权无势无财。你的生活可以暂时贫困，但是你的思想与智慧绝对不能贫乏，你更加需要无比的激情与勇气去学习和开创未来。

纵观身边的财富成功者，都是不安现状、敢想敢干的人中豪杰，边干边学，学以致用。假以时日，时来运转，顺应形势之后，就能成就财富梦想。如果你不甘生命平庸，如果你还有财富梦想，请问你有什么害怕的呢？人生难得几回搏。至少你奋斗过，你潇洒过。

企业要飞速发展，只要选对方向、找对人就行了。个人能力提升，只要你选对行业、跟对方向，速度也可以很快。正如MBA课程所教诲的"做正确的事情，正确地做事"（Do the right thing, do the thing right.）。你的成长就会是指数级的跃进，你的财富梦想就会实现。

最后也是最重要的是：伟大思想并不等于金钱，良好心态也未必能够致富。只有行动才可能让你富有！Just Do It.

第一章 精准把握市场与客户

内容提要

知彼知己,百战不殆。本章内容是成功开展外贸电邮营销和写作外贸开发信的前提,主要介绍如何研究市场和寻找客户。

第一节　外贸电邮营销的成功要素

外贸的目的就是向海外客户卖出自己的产品和服务，外贸业务员的成功指标就是有多少订单、有多少客户。从1995年全球进入信息时代以来，网络营销技术日新月异，近年来网络反垃圾技术更是已臻完善。自2001年中国入世至今的十余年，全国兴起外贸狂潮，现在外贸已过了突飞猛进的草莽时代，增长基本停滞。因此，原本那种到处撒网、广种薄收式乱发垃圾电邮的方式会处处碰壁，邮件被归入垃圾箱（地牢）、发件IP入黑名单，滥发电邮的外贸营销方式已经差不多失效。在这种形势下外贸电邮营销要想成功，就必须按4R法则正确行事，即正确客户、正确信息、正确渠道、正确时机（right customer, right message, right channel, right time）。也就是说，需要正确认识客户价值、提高自我修炼水平，以合适的方式做好精准营销。

一、应对市场：创造价值

中国外贸涵盖的领域非常广泛，且程度较深，中国2014年出口了

14.39万亿美元的产品，几乎包括了所有门类的有形工业产品，并将其卖到了五湖四海。因此，每个外贸人的起步都面临这样的问题：选择什么产品？卖到哪些国家？卖给哪类外商？不管大家在激烈的商业竞争中如何选择产品、市场或客户，只要扬长避短发挥自己的竞争优势就能立于不败之地。

发挥竞争优势的关键是为客户创造价值。美国管理学大师之一哈佛教授迈克尔·波特在他的竞争理论中把企业竞争战略从根本上分为两种：成本领先战略和差异化战略。对于中国制造的出口产品而言，成本领先战略的本质就是低价，在为外商提供同样价值产品的前提下价格要比竞争对手低。差异化战略的本质就是塑造产品的其他属性，要么在市场开拓上标新立异、独辟蹊径，要么在产品本身或在出口服务上让外商感觉物超所值，从而达到获取竞争优势的目的。

在选择具体产品与目标市场的时候，外贸人需要好好花上一段时间，写出对以下六大基础问题的答案：

问题一：谁是我们的客户？

问题二：谁是我们的竞争对手？

问题三：为什么客户会需要我们所销售的产品？

问题四：什么会促使客户更愿意从我们这里购买产品？

问题五：客户为什么愿意从我们的竞争对手手中购买产品？

问题六：我们的销售人员应该提供哪些增值服务以促成交易？

对于上述问题绝大部分外贸人从未真正好好想过，被问起时也只是简单的几个字或是一两句话就打发了。其实，你只要认真仔细地想通这些基本问题，并据此一步步研究并实施外贸营销，外贸就会顺利起步，慢慢成功。

你若只是产品代工而且高度同质化、服务一般化，那就只能靠降价恶性竞争，但如今中国制造实在已经没有太多价格竞争的余地了。而且，2015年10月5日签约的TPP协议，即将设立更多门槛部分抵消中国2001年加入WTO之后的价格竞争优势。

中国的外贸面临一个残酷的现实，在外商眼里中国绝大部分外贸产品，低价已是先决条件，质量与交货期也早已是成交的硬指标。因此，工厂或公司在有低廉的价格、超越同行的质量的同时，还要有优质的服务。那么你作为外贸业务员的营销职责就是要通过出色的交流沟通，为采购商提供优质的售前服务与产品展示，让采购商感知到你所在公司不仅是好企业、有好产品，而且跟你做生意安全、简便、舒心、有保障。

这里需要强调的是客户认定的价值是以外贸采购商的主观感知价值为标准的，并非你自卖自夸的价值，也可能并非是产品的客观实际价值。优秀外贸业务员的特长就是根据消费者认知规律，让外贸采购商认可并感知到所售卖产品包含的客户价值，迅速达成交易。卖出产品的价值才是外贸营销的要点。（注：这里的客户价值是通俗的说法，按比较公认的经济学说法，价格是由消费者所感觉的效用所决定的。）

通俗地讲，产品研发与制造主要侧重于客户价值的创造，产品营销主要侧重于让顾客认知到价值。前者主要是产品附加值，后者主要是商业附加值。这里，商业附加值同产品附加值的概念是不一样的。商业附加值是指商业活动参与者手中拥有的牌对市场创造的重要性，这种重要性越大，参与者的附加值就越高，凭附加值就可以提高自己的谈判地位。而产品附加值是指出于竞争的目的，通过差异化产品属性来为顾客创造价值。可以说，产品附加值在一定意义上从属于商业附加值，因为企业可以通过差异化来提升自己的市场地位。

毋庸置疑，在产品过剩的现代商业社会，一般产品的制造不是大问题，营销才是难题。能够在众多竞争者中卖出大同小异的产品，为企业实现产品价值，确实体现了外贸业务员的能力与自身价值，成功者因此可以获得高额报酬。不少优秀的外贸业务员年出口上千万元，自己收入也有几十万元，甚至上百万元。

简而言之，外贸人首先要选择好的企业与好的产品，让手上的产品拥有比较高的附加值。其次要提升自己的营销能力，争取让潜在客户认识到你的服务价值。

图1-1反映出外贸是个低门槛行业，图中数据反映的是2010~2014年的情况，八成人员的年收入低于十万元，但外贸行业也是可以靠个人能力打

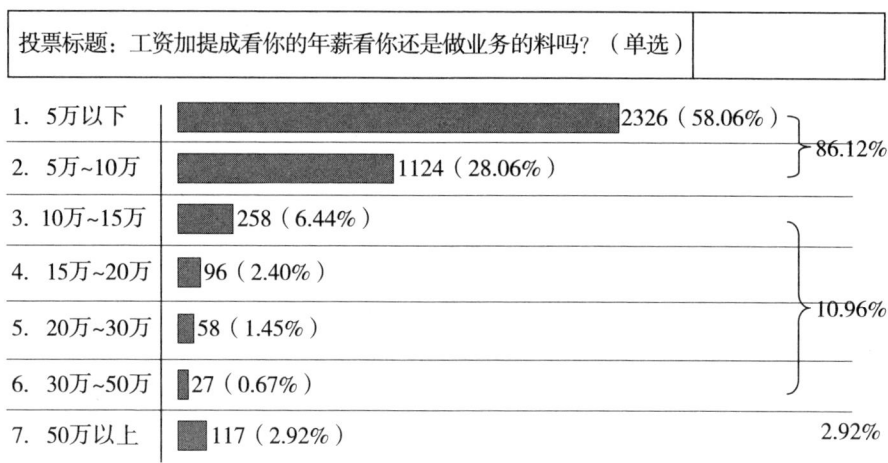

图1-1 外贸人员年收入分布情况

拼出成果的少数行业,有约3%超高收入外贸人员(其中很多是外贸SOHO),年收入在50万元以上。你想不想成为外贸达人?

二、应对工作:PMA(心态)

任何时候,做业务的都需要保持乐观向上、积极进取的PMA心态,即Positive Mental Attitude。逆水行舟、不进则退。就像爱因斯坦说的:"Life is like riding a bicycle. To keep your balance you must keep moving."

跟大家讲一个卖鞋的故事,某家大型制鞋公司正在寻找国外市场,公司总裁派三个推销员到某个岛国,第一个推销员到后即发回电报:"这里的人不穿鞋,没有市场,即日回国。"第二名推销员待了几天发回电报:"这里人不穿鞋,市场巨大,请发货。"第三个推销员呆上半个月,给总部发回了电报:"这里的人不穿鞋,但脚大,鞋需重新定制。这里部落首领不让我们做买卖,除非我们搞大市场营销。我们只有向他的金库里进一些贡,才能获准在这里经营。我们需要投入大约1.5万美元,他才能开放市场。我们每年能卖大约6万双鞋,在这里卖鞋可以赚钱,投资收益率约为18%。"

第一位消极,第二位积极,第三位不仅积极,还有方法。同样,外贸业务人员也是一样,"早起的鸟儿有虫吃"。

 实战案例1-1

实在说不出这是什么感受!

今天本来休息,可是在家里怎么也待不下去,忍不住又跑到公司来了,看看邮件,把A客户与我3个月来的来往邮件又看了一遍,心里感慨万千:A客户是我一手开发出来的,从当初的不断主动打电话,到3天一次的邮件,之后确定意向,准备材料,到后来每天的MSN聊天、交流,基本上是一起上班,一起下班,感觉他们公司就在我隔壁的办公室里。两个星期前,A客户终于下了订单,300万美金,PI,确认,水单!!!

我想大家都能想象我的心情,那一刻如在梦里,老总目瞪口呆(因为A客户我一直是闷声不响地在做,公司里没有人注意,就算是注意了也觉得是天方夜谭)。

成单后的激情淡去后,我意识到虽然我在国内做外贸的时间不是很长(来现在的公司才4个月),但是我需要淡定(说的容易,哪这么容易淡定得下来!),因为随之而来的会有巨大的压力。每天我都在诚惶诚恐之中,就像今天一样——实在是放松不下来。

这个星期三,A客户居然又给我一个ORDER,580万美金的订单!!!我这一下实在是接受不了,而且这个产品不是我们公司的主要产品,没有这个量!我纠结啊,客户很期待,我也放不下。昨天在福步求助,居然没人可以帮忙。于是我询问客户,我们另一款比较优惠的产品行不行(其实质量已经超出他们的要求),价格给到最低。紧张的洽谈之后,客户那边和我说:"WE HAVE APPROVED THAT PRODUCT CAN BE APPLIED!!!"

我的天啊!!!

我一下子仿佛到了云里雾里,不仅仅是兴奋激动了,可是我不知应该怎么消化掉它,这种感觉真的是复杂啊,好比捡到一块金子,可是这个金子太沉搬不动,我必须想办法抱走,不然一不小心就没了。我今天和老总去厂里。老总很重视，表示单子下来了直接给我买车，加提成（原来是纯利的10%）。

现在，我不敢在办公室里表现出激动、郁闷，这种又兴奋又担心的心情就只能发上来了，算是舒缓一下！各位大哥、姐姐不要拍砖。你们不知道办公室里同事们的表情。我暂时搬到了现在这个独立的办公室（里面只有我的助手），老板在没有这个单之前就已经对我很好了，希望他这次也可以帮我分担一下压力，呵呵。压力好大，好大！

我其实没有别的老业务厉害，只是靠运气、运气！我们公司没有网站（下个礼拜才能建成），没有付费平台，阿里巴巴都没有，全是主动打电话，我到现在还没有收到过询盘（没有平台，哪里来的询盘？）……说起来晕死，我还没有去参过展，本来要去4月的广交会的，现在没有时间了。

我没有办法只能用Google找客户，有平台很幸福，大家要好好利用啊。再者，打电话，远远比发邮件重要！！！

GOOGLE要搜相关的产品成品公司，最好是生产商，只要相关就好，然后研究透你觉得有潜力的公司，给他电话问清楚，再发邮件。我每天才发十几封邮件，有时候不发。我从来都不看电话贵不贵的，该打就打，如果你们老板连个电话钱都出不起，那就别做了。我有的时候一个月电话费要1 000多元。

案例分析

案例中这个朋友是做矿产出口的，所以有连续两个大单是非常可能的。运气确实是他成功的一个原因，但也不是全部。他积极开拓，深入谷歌不断挖掘，敢于积极电话营销加邮件紧盯，终于获得成效。这反映出公司的产品过硬，业务员自身的能力强，毅力过人，善于维系客户。

三、应对客户：PAAI（积极、主动、有趣、有利）

外贸成功者之所以成功，除了大环境外，以何种心态应对客户也起到决定作用。笔者把它称之为"抓好牌"PAAI，即

（一）积极 Positive

保持乐观、保持正面。例如你去商场购物，有的导购哭丧着脸，你肯定远远躲开；有的导购喋喋不休不停讲竞争对手坏话，你的好感顿失；有的导购只是"王婆卖瓜、自卖自夸"般地说质量好、价格低，你必然怀疑；有的导购用"一分价钱一分货"来教训你的价格疑问，你的自尊受伤。除此，你肯定遇到过积极热情的导购，能让你驻足聆听甚至当场掏钱购买！

（二）主动 Active

中国外贸再固守守株待兔的思维与方式已经无法抓到新客户新商机，固守 B2B 平台或者仅仅参展，手上已有老客户也会逐渐自然流失或被竞争对手抢去。

（三）有趣 Attractive

哪怕再内向的人也是社会性动物，需要群体支持，相互温暖。每个人都喜欢有趣的人和事情，而销售更要有本事激发对方的兴趣。尤其在网络时代，更是成功的必要条件。

（四）有利 Incentive

无利不起早！外贸人必须时刻记得换位思考和为客户提供价值。问一下自己：在"价格＋质量＋交期"三项主要外贸指标上，你有什么优势？

总之，应对市场创价值、应对工作好心态、应对客户抓好牌。

第二节 获得目标客户名单的 18 种主要方法

外贸电邮营销的首要任务就是找到目标客户。英文中对销售过程和客户有比较细致精确的词汇来区分，如：suspect、prospect、customer、client、 prospecting、selling 等。任何人要想把产品卖给客户得先找到意向客户，而意向客户得从海量的潜在客户中筛选出来。潜在客户的英文是 suspect，就是所有可能购买产品或服务的对象。意向客户的英文是 prospect，就是将潜在客户筛选之后，那些有近期需要、有足够资金、有决策权、可能购买产品的客户。营销的重要工作之一就是像大海捞针一样从潜在客户中寻找出意向客户，又称"挖潜"，英文就是 prospecting。下一步就是通过艰苦的推销工作（selling），把意向客户变成购买客户（customer）。那些经常购买的、非常相信并完全委托固定公司提供专业服务的客户，英文就称之为 client，大约接近于中文"极端忠实老客户"的含义。

做业务的最高境界就是成为营销高手，能够在最短的时间内迅速积累起足够数量的不离不弃的老客户（clients）。高手都是从低手起步的，外贸电邮营销最基础的工作就是收集足够数量的外贸潜在客户（suspects），以便向他们的邮箱发送外贸开发信。以下按成本高低，将 18 种找外贸潜在客户名单的方法分成较高、较低、免费三大类，对最为常用的网络搜索作简要介绍。

一、需要较高资金投入的方法

（一）走向世界

走向世界包括在海外设立销售分公司、购并海外企业或直接在海外开展市场营销等。选择这种方法开发客户除了要有雄厚的资金，最关键的还是企业要有国际化的经营人才。走出国门的投入资金一般都在百万元以上，大型的更是以亿元、十亿元、百亿元等为单位。华为、联想、万向等是其中的佼佼者。

（二）海外参展

国际性都市如纽约、拉斯维加斯、迪拜、汉堡、莫斯科等，经常有各种专业展会，可以询问各地贸促会或外贸展会公司。但一次参展成本起码五万至十万元不等。

（三）国内参展

国内展会最为知名的当然就是一年两度的春秋广交会了，一个最小的摊位最低也要三万元起。其他综合性的外贸展会有上海的华交会、义乌的义博会等，另外就是各地众多的行业性专业展会。但即使参加国内很一般性的展会，每次摊位加差旅的成本最少也在五位数以上，这还没有算上不菲的人力物力准备。

（四）付费 B2B 网站

国内最知名的付费 B2B 网站就是阿里巴巴国际站了。此类网站上买家可以免费发布采购信息，卖家则需要登记付费，少则几千元、多则数万元，甚至过十万元。

以上 4 种方式对于在校学生和外贸新手都不太实用。即使有些外贸公司或出口工厂会参与展会或加入付费的外贸 B2B 平台，但海内外参展费用很高，也不可能天天去，新手很少得到机会。近年来外贸 B2B 平台的效益也是直线下降，没有高额投入和专业排名指导，新人很难快速获得很好效果。

二、相对低收费或有一定成本的方法

（一）购买名单

海关数据、展会客商、行业信息等名单中有潜在客户信息，外贸人可以通过购买这些名单开展精准营销。这在外贸营销中是性价比很高的一种投资，值得深加研究并筛选购买。

（二）网站推广

建立高质量的网站并通过搜索引擎优化 SEO、点击广告、SNS 营销等方式，导入潜在客户的流量与询盘。这种方式引来的潜在客户往往有比较高的精准度和订购意向。近年来不少外贸企业以此高性价比手段，精心经营企业官网，甚至用系列网站矩阵方式，获得了外贸先机。

（三）加入国际协会

加入海外相关行业协会或其他组织。

（四）参与专业会议

参与专业会议是非常高效的参与方式，但这样的机会不可多得。

（五）联系海内外政府机构

联系海内外政府机构，如使领馆、商务部门等。

（六）联系海内外商业组织

联系海内外商业组织，如贸促会、商会等。

（七）寻找海外代理商

通过代理商深入开发海外渠道，但是，代理商需要你的市场保护与扶持费用才能做好。

（八）寻找国内外贸公司

外贸公司有很多客户资源，对海外市场也比较了解，但外贸公司压价比较厉害。

（九）客户推荐或朋友介绍

广交朋友，包括你的同行，这个需要花费时间和交际费用，但你很容易就因此而获得高质量的客户推荐或与别人分享订单。对此，外贸新人需要加紧建立自己的商业人脉和信息分享网络。

以上9种方法大都需要公司提供一定的资金支持，其中购买名单与网站推广有立竿见影的效果，广为企业采用。

三、完全免费的方法

（一）网络搜索

外贸人采用网络搜索主要是在功能强大的 Google 中，下节我将具体介绍一些搜索技巧。

（二）专业参与

通过撰写博客或参与论坛等所带来的询盘。

（三）通讯名单

即 newsletter subscriber name list，主要通过自己的网站收集潜在客户自动参与的名单。

（四）直接自荐

直接联系来中国采购或常驻中国的老外做自我推荐。

（五）免费网站

加入免费的 B2B 或 B2C 或 C2C 网站，或者参与近年来比较热门的 SNS 网络进行人际关系营销，比如：脸书、推特、油管、G+、领英等网站。

上述方式全部免费，无论是在校学生、外贸新人，还是一般外贸人员，都应善加利用。

第三节　网络搜索技巧

谷歌网络搜索无本取利，是外贸人必备的营销工具。网络搜索最简单的就是在谷歌输入自己的产品,看有谁在用,然后收集可以联系的邮箱、电话与地址。在实践中,这种方法发展出了各种优化细化的方式,可以更精准地找到目标客户,在此仅做简要分类和介绍。

一、排列组合

(一)关键词深化

在使用关键词搜索时,可以使用复合关键词,比如查了 furniture,再查 wood furniture,再查 red wood furniture,等等细化下去;还可加上引号,以窄化范围,使目标更加精准;也可以使用减号,减去某种分类。

(二)关键词组合

用产品关键词,再组合其他营销相关词汇对关键词进行组合,如:importer, exporter, distributor, wholesaler, vendor, supplier, retailer, association, company, Inc., Ltd., price, buy, sale, purchase, 等等,如:wedding dress + distributor, wedding dress + importer。

(三)相关产品

寻找你所做产品的上游或下游商家,他们的网站上往往有你要找的相关商家的名称或联系方式。

二、独辟蹊径

除了按一般的关键词方法搜索之外,还可以尝试一下不同的搜索方式。

(一)搜索图片

图片更形象,而且会有很多不一样的结果。

（二）按国家搜索

谷歌 advance search 可以搜索不同国家，出来的结果更有针对性。

（三）换语言搜索

利用翻译工具，把常规内容翻译成俄语、阿拉伯语、德语、法语、西班牙语等，再次进行搜索。

（四）分文档搜索

你可以按 Word、Excel、RAR、PDF 等不同的文件类型进行搜索。很多重要资料和客户信息可以下载。

（五）扩展搜索

在已经搜索出潜在对象的基础上，使用谷歌的 related、similar 等语法，搜出更多相关与类似的潜在客户。

三、顺藤摸瓜

物以类聚，人以群分。找到你所搜索行业的人一般在哪里聚集，就能快速找出一大批你的潜在客户。请着重注意以下这些类别。

（一）展会参展商名录

对此类客户你可以在开发信中提及"We got your company information from XX Expo"以拉近关系。

（二）行业协会与年会

除了会员名录，这里你还可以找到很多有用的专业技术文档与市场研究信息，你可以收集这些资料用于你的外贸开发信写作。

（三）企业黄页或数据库

从企业黄页或数据库收集到的信息有些可能缺乏邮箱，你需要再回到谷歌搜索，用公司名称与职位等找出他们的联系邮箱。

（四）B2B 网站

你可以在此找到供应商、竞争对手、同行、客户。有时你用采购商的形式注册，可能更好找到你要的信息。

（五）社交网络

信息共享使世界变成地球村，所有村民成为一家人。推特、脸书、G+、领英等成为大家联系的主要渠道，蕴含丰富的客户信息资源，只等待你的挖掘。

四、软件使用

（一）搜索软件

对于滥发邮件者而言，邮箱搜索软件确实可以快速收集成千上万的邮箱地址，然后再用群发软件瞬时发送出去。但对于精耕细作的精准外贸电邮营销而言，则需要一个个地细致考察客户资讯，并据此写出有针对性的外贸开发信。因此，邮箱搜索软件对电邮营销来说作用有限，主要在于减少一些复制粘贴的时间。

（二）群发软件

邮件群发软件在外贸电邮营销中除了偶尔使用以检测邮箱有效性之外，一般不用为妥，还是以手工精准发送为主。因为，大量群发很难建立企业与自身的专业形象，相反，滥用群发即使你的 IP 可以通过变换而逃避被阻的命运，但你的公司或个人的名字及联系信息等都很可能被列入反电邮垃圾管理机构的黑名单,从此不见天日。目前,群发仅适合许可式外贸电邮营销。

(三) 免费邮件收发管理软件

外贸营销人员有众多电邮确实需要软件帮助整理备档,而 Outlook、Foxmail 等可以帮助管理好外贸电邮的收发。

(四) 企业邮局和 CRM 软件

免费电子邮箱唾手可得,确实方便。但是为了企业形象和管理方便,还是需要购买自身的企业电子邮局和相关的电邮管理 CRM 软件。如果你通过自己的外贸网站收集了较多简讯订阅者,则可以使用外贸 CRM 营销软件进行群发。此类软件好的往往要数千元或更多,在校学生或外贸新手一般不需要。

(五) 专业网络营销服务

目前大部分外贸企业都是小微企业,操作流程小而全,难免导致专业性欠缺。因此,有条件的情况下应多加利用专业服务,如营销设计、人员培训、邮件转发、网络电商服务等。

有心者应在网上找出更多的谷歌搜索的专业介绍,以便更好地利用谷歌提供的各种高级搜索工具。在此,推荐外贸界的料神 Sam,他是外贸搜索行家,你可在福步论坛或其料网,找到最新的外贸搜索的内容来学习借鉴。

第四节 如何让潜在客户留下资料

近年来,外贸新人写开发信都只是"你抄我抄+拼命发送"的模式。其实简单照搬模板,哪怕是大神陈毅冰的模板,最终也会导致失败。外贸开发信,我们需要新思想、新东西。笔者花费一个月仔细读完 *Letter* 一书,此书是直邮销售的百年经典,其主体思想对于今天的外贸开发信依旧完全有效,部分读书摘要和笔记见本书附录。看书的同时，我也在思考如何提炼出撰写优质外贸开发信的要点，好让大家记住。暂且总结以下外贸开发信成功三要素：

（1）精准自发（客户）。

精准自发是指你的目标客户通过网络自发找到你，允许你把他加入你的邮件列表。

（2）突出优势（自身）。

突出优势是指自身定位要清晰，要比你的竞争者有明确的优势。

（3）持续专业（操作）。

持续专业是指精耕细作的操作过程。

中国外贸早已过了高速发展时期，弱肉强食就在眼前，一招已无法制胜了！转变思维是找到客户的关键。网络营销已经进入互动时代，因此，你的客户对象必须是精确的，而且是自己找上门的。你的外贸开发信也必须有的放矢。在可见的将来，外贸营销的主流会完全转为 SNS 营销。至少对互联网发达的欧美市场，展会、B2B、非许可电邮、陌生电话等现在占主导地位的外贸营销，很快就会被彻底淘汰。只会网上找名单并发信，注定会失败。

是的，外贸竞争惨烈。如果你的行业、你的产品，或你所在公司没有优势，你就必须果断跨行、立即跳槽！如果你不能持续地为潜在客户提供具有说服力的服务、专业知识、行业资讯，客户就会选择你的竞争者。下面介绍如何让潜在客户留下资料的一些方法与案例样板。

一、技巧分享：如何建立你自己的电邮营销数据库

你需要建立和扩大你的潜在客户基础，以便不断分享和推送行业、产品信息。你可以把下述客户和潜在客户加入你的数据库。

（1）你的所有客户（包括将来有客户时都让他们注册）。

（2）你所有曾经联系过的潜在客户。

（3）把你的网站做得专业有趣、内容丰富，成为行业资讯要地，并在你的网站上多处设立注册标志，让你的访客留下他们的邮箱，让他们同意你发

送资讯给他们。

（4）增设一个"推荐给朋友"的按键。

（5）在你的博客、脸书、推特等社交媒体上推广你的网站，鼓励注册。

（6）到其他相关网站搜罗。

（7）搜索引擎或点击广告。

（8）购买或租用别人的名单。

注意：不建议使用网络蜘蛛的办法收集电邮名单。

二、注重官网建设、有效获取潜在客户资讯

外贸人必须在自己公司的网站上设立链接，以便让潜在客户：

（一）跟随公司在社会化媒体上的信息

在公司官网以及社交媒体上，例如脸书、推特、G+、油管、领英，等等发布资讯，让客户了解公司及行业情况。

（二）订阅公司的 newsletter（许可式电邮营销）

为了让潜在客户有足够兴趣和动力留下他们的信息，你必须有高价值的信息与内容，或是价格优惠等手段，即 WIIFM，为对方提供价值。不然，别人为什么会理你？仅仅是公司介绍、产品图片的网站，是无用的死网站。新一代外贸人，必须学会与客户互动，成为朋友，而不仅仅是翻译、答录机、传话者、等客上门的卖货员。你的文案可以如此：

At certain periods of the year, we have special events which we do not advertise. In order that we may personally advise you of such sales, we would like to have your name and email address. Won't you please give us this information right now by hitting the reply button?

（1）回复按钮 Reply Button，如图 1-2 所示。

（2）网络订阅案例，如图 1-3 所示。

（3）网络分享案例，如图 1-4 所示。

图1-2

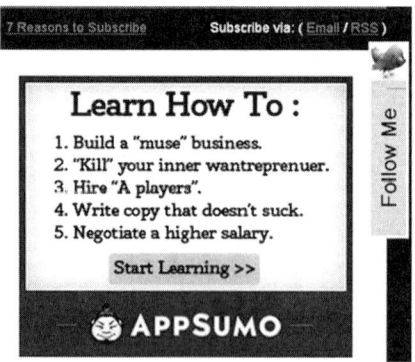

图1-3

图1-4

三、用好社交营销手段 SNS Marketing

做外贸可用的社交营销手段多种多样,比如事件营销、病毒传播、一键分享、联盟营销、用户自创内容等。当然,你的营销内容和营销体系设计必须符合社交营销的特点,如果足够有趣、有用、有利,你的客户就会帮你主动分享、主动推荐其他客户。比如上述案例中,让网民一键分享你的页面或文章给朋友(电邮)或其他社交网站(脸书、推特等)。

给些好处、设计出你的联盟营销方式(affiliate program),你的外贸营销就会收获源源不断的潜在客户。网民的力量是无限的,让你的用户为你自主创造内容吧(即 User Generated Content,UGC)。图1-5就是一个成功的案例。

Related Product Reviews

Purrrrfect
Rating:★★★★☆
Love this dress. It looks awesome on me. I still can't figure out why you never offer your customer's the view of the back of the dress, however. You should show your cloths at a 180 degree view for us women. Other than that, It looks great and feels great. A lot of

图 1-5

第五节 "回归本源、以客为先"——SNS 时代的外贸营销

笔者涉足销售已 20 余年，时时谨记营销或推销绝不能自以为是，必须以客户为先。实践中除了顾客给我深刻教育之外，还有各族裔的前辈师父。其中有关客户价值的印象较深的场景如：

一、换位思考，从客户角度考虑销售

20 世纪 90 年代初入销售行业时某印度裔经理谆谆叮嘱，Put yourself into customers' shoes。

二、提供丰美食物，自己才会有生意

某位广东台山籍的快餐老板娘说："你不给客户吃，客户不给你吃。"

人是复杂的,所以营销不能局限于方式,更不能简单地模板化。不过,外贸电邮营销也不能盲目行事和神秘化,需要总结一些便于理解与实践的思路或模式,因此我提炼出成功外贸电邮营销的三个关键点。

(1) 客户来源:精准自发。

(2) 自身定位:突出优势。

(3) 操作过程:持续专业。

本书将提供具体实施这三个方面的技巧与案例。前文已有所列举,后面还会不断介绍。但希望读者不要拘泥于本书所提供的具体做法或案例,而是时刻从客户的角度来审视并用于实践。上述的成功三步骤,如果以客户角度 WIIFM 来考虑,那就是:

(1) 获得用户许可。

(2) 提供用户价值。

(3) 持续服务用户。

你能做到以上三点吗?如果能,我坚信你的外贸电邮营销肯定会逐步呈现效果。但是当前外贸实战现实是外贸电邮营销极少能达到上述三条要求(基于用户许可+对用户有价值+持续跟进服务)。基于各种因素,中国绝大部分外贸电邮营销没有得到客户许可,属于不请自来的垃圾邮件。在提供客户价值上没有突出优势,如果再没有系统持续跟进的服务,势必毫无成效。

你满意你现在的外贸电邮营销结果吗?请检查你在上述三项上与同行相比做得如何?

参阅本书"世界上最受欢迎的广播电台 WIIFM"章节。

 实战案例 1-2:了解客户、服务客户

某福友给我的信息,介绍了她的外贸销售经验。

(1) 刚开始不太了解客户的需求时,只能盲目推荐产品。但当收到一封询盘,里面的需求不是很明确,则要想办法问清楚需求:如材质、尺寸、特殊要求、采购量、目标价等信息。等了解了后,再为客户推荐合适的产品。

(2) 当客户目标价远低于自己的成本价格时,不应该反复和客户在这个问题上周旋。因为这说明客户有可能要的不是你这款产品,你应该推荐其他价廉的产品。

(3) 报价要合理,让步空间要小,如果到了自己的底线,应该坚持不松口。

第二章 外贸电邮营销的精细管理

内容提要

工欲善其事,必先利其器。磨刀不误砍柴工。做好精细管理是提高外贸电邮营销效率的保证。

第一节　如何准备外贸电邮营销计划

一、准备好详细配套内容

外贸电邮营销不仅仅要准备外贸开发信，还有以下有关英文网站、电子邮箱、产品目录和报价单、客户疑问简答等资料需要妥善准备。它们是外贸开发信必需的配套工具，绝对不可缺少。因而需要精心研究和炮制，切不可掉以轻心。外贸电邮营销的最高目标是通过发送外贸开发信成功获得订单，这个目标的实现，不仅要有高水平的外贸开发信，而且需要这些强大和高效的外贸电邮营销配合体系。

（一）英文网站

现在是全球化信息时代，做外贸，英文网站是必备的。关于这点，很多小微外贸厂家和外贸公司只是听说而没有行动，还没有建立属于自己的网站。还有很多外贸企业虽然有网站，但只是随便找了个网站公司造了一个壳子而已，其中至关重要的产品和营销内容寥寥无几。公司老板和管理层不懂外贸网站的重要性，而下面第一线的外贸业务人员又难以主导网站的建设，网站流于形式。问题更严重的是，大部分网站的英文写作惨不忍睹，内容陈旧，缺少信息，语言空洞，错误百出。作为专业外贸人员，你应该对此高度重视，主动承担起公司网站内容的充实、修改、更新、提高的责任。中文内容可以不管，但是英文部分请一定要有符合国际需求的专业内容，千万不要翻译公司的中文网站，坚决杜绝"八股"文风和"假大空"的词句。

外贸开发信中还需要给出具体的网络链接，用于进一步详细说明特定的营销内容。这些还需要反复推敲、精心制作。必要的时候，付费聘请外贸行家或专业外贸写手进行指点或捉刀。

（二）电子邮箱

做外贸的不能仅仅使用免费邮箱，如谷歌、雅虎或热邮账户（Gmail, yahoo, hotmail），还需要体现专业形象的电子邮箱。在外贸交往中，要备齐诸如：info@chnABC.com，sales@chnABC.com，service@chnABC.com 等公司公用的电子邮箱，对客户和潜在客户使用。同时要以自己的名字注册邮箱，如：jane@chnABC.com。

做外贸开发最好还是在国外申请或购买有关的电子邮箱，以免海外邮件服务器阻止接受内地 IP 发出的开发信。

（三）产品目录和报价单

很多公司有钱之后，洗泥上岸，财大气粗，开始注重自身形象和包装，花了不少钱去拍照和印刷精美的宣传画册，却不舍得花钱请专业人士提高画册的写作内容和英文词句。只重形式、不重内容，重硬件轻软件的思想严重，往往导致金玉其外、败絮其中。

简洁高效的电子版产品目录和报价单非常重要。一是省钱省力，容易编辑；二是灵活多变，容易修改；三是发送简便；四是便于追踪和精确管理。作为外贸专业人才，一定要自己学好如何制作精美的电子目录和报价单，掌握外贸开发的主动权，不需要找老板去申请任何经费和支持，自己当场解决问题。凡是高手都是自己动手的主动型人才，做事情积极主动。持之以恒地追求完美效果，你就会在实践中从菜鸟成长为专家。

电子版的产品目录和报价单可以准备多种模式，有的简单，有的全面；有的细致正规，有的轻松幽默；有的长期备货，有的一时促销。重要的是主打的产品要准备单独详细的产品说明，类似纸质的单页产品介绍画册。

预先做好多种准备可以让你根据不同客户的情况，非常有针对性地发送报价单，而不是让客户从你的海量宣传资料或"迷人"的公司网站里，自己去挖掘对他有用的资料。因为是电子版，有的时候你还可以挑选出最接近的模板，当客户有回复或在线联系时，在几分钟内做出修改，专门为客户定制宣传资料，并在上面填写上对方的名字和其他特别信息，这样可以让潜在客户倍感亲切和实用。

（四）客户疑问简答（Q & A）

注意收集潜在客户和客户的所有问题和反馈信息，充分分析和研究这些问题与反馈信息的字面意思和深层含义，深入思考对策，并形成文字，组成有用的问答系列。对于常见的问题，你要放在公司网站上供客户参考，或提供单独的问答资料电子文件，在需要的时候立即发送给客户。对于敏感和特别的问题，你要更认真细致地准备好应对的资料，在对方提起的时候，按准备好的答案沉着回应。

准备齐全了上述四项内容之后，你在外贸开发实战中，就可以对客户的各种需求第一时间做出反应。同时，你要建立数据库，不断收集自己的各种反应，进行开发效果的分析对比，以不断思考和完善这些资料，精益求精，提高效益。

二、外贸电邮营销的管理体系准备

（一）客户管理系统 CRM（客户分类、跟进、分流等）

客户管理系统是指专业的客户关系管理软件（CRM）。软件以客户为中心,把科学管理与信息技术结合起来,实现市场、销售、服务协同工作统一管理。帮助企业规范业务流程,加强挖掘和维系客户的能力,提高服务质量,有效管理客户资源,提高销售成功率,达到全面提升企业核心竞争力的目的。好的CRM软件界面设计简洁、美观、人性化,软件流程直白易懂,具有强大的报表与集成查询功能,普通用户不需培训也能很快掌握软件操作使用方法,极易上手使用。它广泛适用于各个行业,被用来进行客户管理、销售管理、流程控制和质量管理,是企业进行客户档案管理、客户资料管理、客户服务管理、客户信息管理的强大工具。

为什么要使用客户管理系统?

(1)靠手工纸张和表格的方式管理客户资料已不能适应信息时代销售的发展,容易出现客户资料丢失、对潜在客户缺乏足够关注和跟进、重要客户流失等问题;

(2)对于重要客户没有一套合理的过程监控机制,使得很多重要客户没有得到足够的关注,同时,项目的成败交到某个业务员手上,没有发挥出团队协同跟进的力量;

(3)公司内部管理失控导致一些业务人员出现了卖单、飞单的状况,把公司准客户资料卖给竞争对手,致使公司蒙受损失;

(4)人员流失容易带来客户的流失或业务中断,虽说是"铁打的营盘流水的兵",但因为对客户资料没有真正做到集中管理,每一次人员流动都会造成客户资料的流失,甚至因交接问题造成业务的中断;

(5)公司重要业务文档(如发盘、合同等重要文件)都分散存放在公司的电脑中,没有统一管理,重要文件容易丢失,造成业务开发陷入被动;

(6)各种销售数据统计十分困难,得到的报表多半是滞后的,严重影响企业经营决策的制定;

(7)无法对外贸业务员的工作情况进行很好的统计、查询,业务员提成计算也很复杂,易出错。

使用客户管理软件就能解决上述问题,增强企业的核心竞争力,提高外贸业务的开发能力。如果没有资金或老板不同意购买相关的客户管理软件,外贸业务员也可以自力更生,以Excel软件或Access软件自制相应的客户管理系统，用 Outlook 软件自制客户追踪系统，所有来往邮件分客户做好归档处理，便于随时调用。

（二）人员的分工与合作

很多公司或厂家的外贸部门虽然有不少人员，但是缺乏合理的专业分工，外贸业务人员变成多面手，需要自己动手的流程过多，例如，营销设计、网络开发、外贸参展、B2B 平台、接单、跟单、制单、服务、收款等，样样都要做，这导致各项工作的细致和专业程度无法深入和提高，整体效益不高。当然，这样粗放的企业管理情形对于将来准备自己创业的有志人士，还是十分有利的，可以逐一学习和钻研外贸的各个流程，成为外贸全才，迅速学到独当一面的本领。

（三）精细管理、不断提升效率

科学管理要求有细致的记录和深入的分析研究，注重高效的工作流程和方法，并固定最佳流程，不断提升。在外贸开发客户过程中，要不断分析研究各种模板和不同对象的外贸开发信效果，积小胜为大胜，每天进步，终成伟业。

三、外贸电邮营销的工作流程

（一）每天的工作安排及重心

工作安排：对于主要任务是外贸开发信的外贸新手而言，每天上班的任务就是计划一天的工作安排、开机、上网、寻找潜在客户名单、根据发送对象的具体情况把事先准备的外贸开发信进行修改、发送外贸开发信、查收邮件、有对方回复时认真研究和及时回答、整理潜在客户名单、记录工作情况、研究和分析工作效果、计划和安排明天的任务，最后是关机下班。

工作重心：你的今天和昨天一样，也是面对屏幕在网上辛劳一整天。明天也会是如此。后天也没有什么大的不同，日复一日、循环往复。为了更好地完成外贸开发工作,作出成绩,你就要多动脑筋,不仅要集中精神提高数量,而且要把自己的工作重点放在研究如何提高质量上来。

(二) 每天的工作量

正常情况下,建议至少每天给客户发 20 封以上的外贸开发信。同时,有潜在客户回馈时,要深入研究对方的回复内容和要求,及时做出相应的跟进。如果没有很多老客户要跟踪的情况下,大多数人每天可以发 50 封以上针对个人的外贸开发信。如果是按简单模板群发邮件,那就数量更多了。

(三) 每天的工作心态

1. 积极发信

在不降低质量的情况下,多多发送,天天发送。这是获得大量潜在客户的根本方法。

2. 耐心等待

无谓的担心和期盼是浪费时间,发了之后就是等待,收获是自然而然的。要想有多的回复,就只有在深入研究外贸开发信写作技巧的基础上,尽量多发送、不间断地发送,要相信"功夫不负有心人"的古训。

3. 精心回复

外贸开发不是一锤子的买卖,第一封开发信得到的往往只是询问式的回音,需要你根据不同的情况,预先组织好相关的文字,再针对对方的询问精心做出精准的回复。细节决定成败,不要让好不容易得来的潜在客户的第一声回音变成最后的绝响。

4. 规律跟进

按一定的时间间隔和内容,不断有规律地跟进客户。注意行业新闻、节假日、客户生日等有意义的日期,这些都是跟进的好时机。作为专业的外贸企业人员,你要定期联系客户和潜在客户,用以分享信息、联络感情。

做到以上"积极发信,耐心等待,精心回复,规律跟进"十六个字,成功就只是时间问题了。早上、中午、下午、晚上定时地查收邮件,心平气和,不急不躁。做最好的准备,最坏的打算,努力加油。

第二节　如何优化外贸电邮营销

一、极端重视回复和跟进的细节质量

有位采购人员曾经把自己收件箱里的外贸业务员的回复和跟进邮件做了彻底清理，总结整理出如下非常典型的细节问题：

（一）过分简约型

如：in before email attached, including the XXX picture.

无头无尾，简约至极。对方若非极端熟悉，而且将你作为唯一供应商，恐怕很难搞明白是谁？怎么回事？若是在对方忙碌时，信件则会被丢在一边，再无机会阅读。所以，请不要过于贪图自己的简便。

（二）喋喋不休型

如：Per your information, you would like us to quote you the prices as below. Pls kindly check. Thanks. XXX

Now we would like to introduce our company to you. Our company XXX is founded in the year 1999. Its headquarters is at the foot of beautiful XXX Mountain which called "the lung of GGGZZZ, also close to the south gate SSSZZZ city". We specialize in manufacturing all kinds of XXX. Now factories we own covering an area of XXX m^2, more than XXX workers, a most professional team consisting of technicians and sales. After 5 years hard working, our company has developed into a large corporation, integrated with XXX, manufacturing processing and trading. Since the first day of establishment, we insist in creed "XXX" led by customers' requirement, based on quality, ruled with ISO9001：2000, following fashions. We take it as our goal to build famous brand. Products bearing "XXX" are sold all over the world, such as America, Europe, Southeast Asia and Middle East, etc.

采购商所要求的只是几个产品的报价而已,不需要你把自己公司整个网页上的东西都搬来展示。而且,若采购商对公司一无所知的话,也不会轻易要求报价。所以,如无特别推销的内容,给客户一个公司网址就可以了。采购商有兴趣了自然会找机会上去看看的。采购商很忙,往往有很多供应商的邮件等着回,有一大堆的报价要整理取舍,根本没有时间去听这些空洞的口号。

(三)非常天真型

如:Thanks for your Email. But I would like to know your customers opinion at first. How about their target prices?

基于商业机密的原因,客户一般是不会在获得第一次报价之后就告诉供应商自己的目标价。要培养铁杆采购商,需要你长期的特别专业化的服务。所以,不要太天真。

(四)管理混乱型

如:I have deleted a lot of email last week to save hard disk space. I will ask XXX to check that for you tomorrow morning, is that OK?

真是好大胆子,竟然把潜在客户或客户的电子邮件都删除了,而且还大大咧咧地直言不讳。客户严重受伤,感到自己被忽略了。所以即使你真的犯了此类错误,也应该有技巧地向对方说明。

(五)自以为是型

如:Orders are now coming in every day, so we have attached our amended price list in which you can fill in the quantity you want to order. It will automatically calculate the total cbm & amount for your order.

听上去供应商的订单每天都如雪片般飞来,一定是忙死了,连询价都要DIY。采购商都是懒人,遇到这样的情况,恐怕会以脚投票,走人。

(六)反客为主型

如:Can you send me the photo?

采购商清楚列出了所要产品的编号，而且是根据供应商的目录，怎么可能反倒要采购商提供产品图片？有点颠倒黑白，让人啼笑皆非。

（七）强人所难型

如：the switch we can't revised, we shipped many goods to our customer like this. Please note！

其他客户能接受的，不一定所有客户都可以接受。这个语气好像是对采购商说："同样的产品我们销售给其他的客户都没有异议，所以你们最好闭嘴。"

（八）拖拖拉拉型

如：I will check with my engineer with the old samples, and find out how to solve the problem that you mentioned on the mail, in order to send the best samples to you.

难道手上就没有合格的样品可以先寄了？采购商着急要合格的样品寄给他的客户，怕是没有时间等待你慢慢完善研究报告。

（九）模模糊糊型

如：Thanks for your e-mail. We will send the samples to you as soon as possible.

客商要求的是在特定日期前收到样品。而这个 as soon as possible 到底是什么时候呢？没有具体内容，无法确定。

为了最好地发挥外贸开发信的效果，请务必注意后续回复的细节处理，切实避免以上所列的九条低级错误。

二、外贸淡季该做什么

对于销售淡季的外贸工作安排，以下意见可供参考：

（一）认真完成跟单工作

淡季来临之前，很多买手已经下好单并打完预付款，此时已去度假了。建议你将现有的订单安排好、跟踪好，建立和保持你的信誉口碑。有条件的销售部门可以专门指定一两个人负责，而其他的人员就可以另外安排休假、学习、工作等。

（二）在完成工作交接的前提下，安排好有意义的放松和休假

文武之道，一张一弛。多多休息养好身体，多陪陪父母家人，与配偶和孩子一起多玩乐，与同学朋友多联络感情和交换商机。把你在旺季失去的机会追回来，有误解和过失的地方尽快弥补回来。你可以请假出去逛逛，生活事业两不误。生活和家庭第一，事业的打拼是为了自己的美好生活，而不是本末倒置。

（三）加快积累生产技术和实践经验

去工厂的生产车间学习和巩固有关产品知识，多学多问。牢固的产品知识可以起到事半功倍的效果，在外贸信件交往中让客户体会和认定你非常专业，提高可信度，你的生意就滚滚而来了。

（四）学习、总结和思考过去的工作得失

参加外贸专业培训，或者去逛逛书店，买些书籍来充充电。回顾和总结过去的外贸开发情况，修改和完善你的网站，介绍，开发信的内容和形式。另外还可以上外贸专业网站学习和了解别人的经验教训，学以致用。对业务中很可能会碰到的问题，多上网搜索和浏览相关经验帖，这样就能做到有备无患，一旦自己碰到相同问题时不会手忙脚乱、不知所措。

（五）收集和整理行业动态和客户资料

善用谷歌等搜索引擎，多找一些行业目录网站和黄页等，收集国外采购商的网站和联系方式，建立数据库，等淡季结束后，就可以有的放矢，发送

你的外贸开发信。

（六）提前整理好材料为旺季做充分准备

在淡季快结束的时候，提前整理好你学习研究和修改过的材料。更改你的网站、产品目录、开发信系列、电话说辞等，并到自己的付费外贸平台或免费 B2B 平台上，把自己的产品和供货信息重新修改发布。这样，你的国外采购商度假回来，就会看到你最新的供应信息。

（七）注意发送外贸开发信的时机

开发信建议在淡季结束一周或两周后再发，客户刚回来信箱里肯定有很多垃圾邮件，发得太早你的邮件很可能会被直接删除掉，只有等客户邮件少了、压力轻了，他才会注意到你的邮件并且乐意慢慢看。

第三节　如何突破垃圾网关

信息时代，瞬息万变。用英文说就是："The only thing that doesn't change is CHANGE itself."

确实，现在邮件服务器的更新速度是非常快的！三天不学习，赶不上服务器。做外贸更是如此。邮件服务器越来越聪明，拦截功能越来越强。笔者估计，五年之内，纯粹垃圾邮件将很难突防让客户看到了。如果现在外贸开发信的群发回复率是千分之一，五年后可能就是万分之一了。还想发电邮联系客户的话，许可电邮恐怕是唯一出路，任何公司迟早都要如此。随着技术进步，没有许可的垃圾邮件，未来没有任何被打开的机会。你准备好应对了吗？

基于各种现实因素，目前中国绝大部分外贸电邮营销没有得到客户许可，属于不请自来的垃圾邮件。为提高你的外贸开发信的突破几率，请注意如下三点。

一、内容垃圾、蒙在鼓里

你的电邮送到了对方的邮箱里吗？很多时候答案是否定的。以下这封真实的外贸邮件，就被谷歌归入了垃圾箱：（除敏感信息，原文照录，包括错误）

 实战案例2-1

Dear ABC,
we have met in XX trade fair and you are interested in our XXX.
So I enclosed our catalogs and price list to you.
if you interesting , please reply me about more details.
Thank you!
our website is：www.XXX.com
regards
sophy
135555555/0555-6789123456
Fax：0555-678954321
E-mail：XXX@yahoo.com
10 attachments

▶ 案例分析

为什么这封邮件被归入垃圾箱呢？谷歌给出了说明：Why is this message in Spam? It contains content that's typically used in spam messages. 其中可能包含的原因：

（1）发件IP问题。

（2）敏感词（SPAM words）：catalog, price list 。

（3）链接。

（4）多封附件。

上述案例中的每个单项也许都不是问题，但结合在一起的"垃圾得分"就非常高了。邮件服务器根据邮件的蛛丝马迹来判断是不是垃圾邮件。所以，无论你的外贸开发信写得再好，一旦进入垃圾箱，就会石沉大海。更何况上述案例中文句语法也是问题多多，极不严谨。

还有很多从中国发出去的邮件，对方服务器根本不审查，直接打入垃圾箱。比如，有的垃圾邮件，谷歌给出这样的原因：Why is this message in Spam? We've found that lots of messages from yahoo.cn are spam.

很多外贸人只知道使劲儿发信，却不知道自己的邮箱与邮件被拒。怎么办？以下是部分可采取的对策：

（1）先查一下你的发件 IP，看看有没有进入黑名单。自查网址为 http://whatismyipaddress.com/blacklist-check.

（2）采用企业邮箱。

（3）使用海外转发。

（4）改换 IP 地址。

（5）一对一发件。

二、垃圾名单、退信连连

本人亲身案例：好不容易找来一批最新广交会行业采购商名单，里面很多重复、明显错误的地方，负责录入数据的人显然根本不懂怎么正确读取名单与准确输入。即使去掉这些明显错误，仍旧有 40% 的邮箱是错误的。于是我全部检测了一下，10 000 多个名单，最后有效的只有 3 000 余个。

你也经常有退信吗？如果邮件经常被退信，你的发件邮箱有被迅速列入黑名单的可能。建议不管你采集到的邮箱来自何处，为保险起见，每次发件之前，务必检测一下这些邮箱的有效性。参考地址或软件：http://verify-email.org/; http://www.verifyemailaddress.org/。

三、来自火星？一概删清

 实战案例2-2：煋文字

謡价收菊↓芝……
From：跼圉玊
Re：hvernig á að setja mynd á Gmail og gera peningar
π ώζ να εισάγετε εικόνα στο Gmail και να κερδισει χρ ήματα
پول و Gmail به تصویر کردن وارد برای چگونه

▶ **案例分析**

想象一下，当你正在忙碌工作之时打开邮箱收到上文的邮件，怎么办？一删了之吧。谁有闲工夫去搞清楚那究竟是什么东西啊。但是，我们有些外贸人从来不想这些，他们从不检查自己的邮件到了对方那里会显示出什么。

常见错误有：

（1）发件人名字自动显示中文（对老外来说，那就是天书啊）。

（2）标题等栏目出现中文，比如"转发"、"来自"之类。

（3）出现乱码。

（4）正文出现中文或其他不明状况。

解决建议：立即使用海外邮箱服务器，把自己当成接收方，从现在的发件邮箱试发开发信，定期（如每周）测试一下你的文件显示状况。或者请海外客户和朋友帮忙看看，最好进行多点（不同国家地区）、多浏览器、多常见邮箱的测试。

 实战案例2-3：老外如何对付飞速增加的电子邮件

Christina DesMarais

Two years ago I answered nearly every message. A year ago I downgraded to at least trying to read them all. Last winter I started scanning the sender subject fields concentrating on the ones coming from people I knew or looked like they might contain information I needed. And lately, I've been considering closing my account and starting over with a private address reserved for only work colleagues and select sources.

▶ 案例分析

真正能让潜在客户读到的外贸开发信其实少之又少。多数外贸开发信都被聪明的邮件服务器识破并归入垃圾箱,部分好不容易因为善于伪装而逃避被删的命运,但现在很多邮件阅读器可以让用户窥见电邮的开头部分,幸免的外贸开发电邮本来就少,却又因此未被对方打开就惨遭删除。所以,成功的外贸电邮营销要全面关注技术、形式、内容。

四、精准开发、深挖客户

(一) 如何走精准开发路线

有位朋友问笔者:"作为外贸新手,每天都在想开发信怎么写,我找到了一些潜在客户的邮箱,但是给他们发开发信后回复的不多,发了一个月才有一个人回,而且我每天至少发3封。"

其实,外贸开发信作为销售前期的挖潜工作(即英文 prospecting),是一种较低成功率的开发手段,一般来说只有百发一中的概率。比如上述朋友的案例,每天至少发3封—月积累大约100封,有1封回复。想要将回复率提高到1%以上,需要精准深挖客户。

如果你要走每天3封的精准路线,那你就必须保证每封邮件都做到如下3点:

(1) 邮件发到对的人手中(小公司是老板,大公司是采购经理,超级大公司是你的产品线的采购主管）。

（2）传达有效的信息（不是简单地介绍你的产品，而要突出你与其他供应商相比的卖点、优点、客户利益是什么）。

（3）设置让人回复的钩子（提问是技术和艺术，不是简单一句：If you have any question, please contact us/me.）。

上述3点每个都是技术活，都要做好不容易，但只有做好了，才能有5%到10%的较高回复率。

（二）如何深挖客户

经常有外贸新手问："目标客户的邮箱在哪里找呢？information sales 这些邮箱没用怎么办？"百度、谷歌等能够解决的问题，都可以由你自己解决。福步论坛还特地为大家设计了一个懒人工具，帮助你找到目标客户的邮箱。如图2-1所示。

图2-1

为尽快成为外贸达人和金牌业务员，希望大家都能注重外贸开发的前期工作。

（1）提高自身素养和营销实战能力；

（2）避免进入夕阳行业（比如劳动密集加工产品），选择有竞争性且有前景的行业；

（3）多方打听以寻找并加入好的企业；

（4）快速熟悉行业与产品并有效定位自己的畅销产品；

（5）搜索和研究产品所针对的国家和市场；

（6）以各种方式搜索出至少上千的优质潜在客户。

怎么精准判断客户是否优质？可以看以下六个方面：

（1）研究客户的购买理由，他的买点和你的卖点，即知道为什么要让他掏钱；

（2）研究顾客的性格与风格，预判他是什么样的人；

（3）研究顾客接受信息的习惯，他的观点与思维方式；

（4）研究顾客面临的问题，需要你为他做什么；

（5）研究顾客的支付能力，愿意花多少钱；

（6）研究顾客的决策能力，说了算不算。

第四节 水滴石穿之外贸渗透营销

一、只要工夫深、外贸多出单

你知道怎么在沙漠上种地吗？以色列的农业滴灌技术成功解决了这一难题。同样，在茫茫荒原开拓外贸客户，也可以借用所谓的滴灌营销方式来培育客户，即事先准备好一系列的营销信息和有用的资讯，按一定的时间间隔，以点滴的方式发送，打动和影响潜在客户，让他们逐渐相信并信任你的产品和服务，从而最终挖掘出支付客户，此种营销也被称为"渗透营销"。

渗透营销目前最常用的载体是电邮。一则费用低廉，二则方便设定。一旦有潜在客户对你网站上的信息表示出兴趣并输入自己的电邮地址，就触发网络预先设定的自动回复功能（即英文 autoresponder），你的渗透电邮营销系统就会按预定的时间向对方发布一系列的有用信息。

在电邮发明之前，邮寄纸质信件或产品销售目录（DM 和 Catalog Sales）是渗透营销的主要方式，不过在中国外贸中极少见。最新兴起的社会化媒体

（SNS），是使用渗透营销的好地方，可以使用软件在推特等媒体上设定发布内容与时间。

做外贸 B2C 的可以学习很多国外零售网站的渗透营销技巧，对那些看看不买的来访者，结合其搜索条目、收藏产品、购物车等内容，不断提供最新信息，让访问者最终下单。国内电商在这方面也有做得很出色的，例如，当当网会自动发送我收藏书籍的降价通知等。

外贸属于长时间复杂交易的销售，从寻找有需求者到最终成交要经历很长时间，特别是比较复杂的设备或工程等项目的外贸，更是可以以年为单位来评价进度。运用外贸渗透营销技术可以帮助你吸引与筛选合格的潜在客户，自动按时进行长时间的有效跟踪，从而有效扩展营销撒网的广度，大大提高跟踪效率，优化跟踪精度。

向客户和潜在客户定向定期发送企业或行业商讯（Business Newsletter）也属于广义的渗透营销。渗透营销是自动完成的，部分外贸人感觉比较机械化，缺少人情味。因此，外贸渗透营销在注意内容的个性化的同时，也要注意与人工服务结合，运用电话营销、邮寄信息等个性化手段，更好地转化客户。

2008 年时国内电邮营销较落后，自动回复技术的运用仍是空白状态，故第一版书中没有引入外贸电邮渗透营销概念，而冠之以"外贸系列电邮"，以便技术上缺乏条件的外贸新手可以引进此概念，以手动方式自己人工操作外贸电邮渗透营销。七年后的今天，使用渗透营销概念和技术的外贸人依旧不多，所以，如果你可以善加利用，仅此一项你就能战胜 99% 的外贸同行！

 实战案例 2-4：放大优势、复制成功

大师，我乃苦逼外贸小菜鸟一只。

我们外贸部经理做阿里巴巴，做得很大，老板自己手握美加几大零售商巨头的单，并与一家公司签协议作为他们在美国市场的供应商，我表示压力山大……开发信不敢发往美国，偏偏美国做我们产品的超级多……求大师破解……

有时老板会让我接一些国内外贸公司的询盘,但我的报价大多石沉大海……你懂的……外贸 7 个多月 2 个小单是不是太丢人了。

根据大师的帖子不断改进我的开发信,虽说现在每天发的量远远不够,但是相信坚持就是胜利!①

案例分析

帖主算外贸新人,其实,他的条件非常优越,在这种情况下,他应该如何利用已有资源呢?

第一,好好挖掘老板和经理的外贸故事,越多越好,特别是跟客服相关的故事(为挖故事必要的"马屁"与"贿赂"还是需要的,注意,决不是花钱哦!)。

第二,从客户关注的角度整理这些故事,越多越好(每天写一个英文版的)。

第三,先找与美国类似的西方国家开发,比如加拿大、澳大利亚和西欧国家等,美国行,他们也行!

二、杜绝"外贸牛皮癣"

很多老板和员工把外贸电邮营销片面理解成滥发广告。广告多了就出现许多垃圾信息,而垃圾信息就像城市牛皮癣,客户很讨厌。在前信息时代,城市牛皮癣也是一种引发关注的手段,就像那个知名的"羊羊羊"广告,管他什么名声,有名就好。而到了信息时代,特别是 SNS 时代,即时、平等、双向沟通的社会化媒体的出现,让我们开始注重建立信息时代新型顾客关系。

要想在信息时代做好营销,要有全新的思路,其关键是为客户及时提供有益的信息。你决不能像当前绝大部分行事者那样,将社会化媒体当成另外一种单向灌输信息的广告媒体。比如,看这位福友的帖子,他家老板让他拼命发网络小广告,成为"外贸牛皮癣"专家。

---

① 原帖由福友 *youri_ lq* 于 2013 - 6 - 6 11:54 发表

第五节　如何做好一个人的外贸部

 实战案例2-5：外贸新人做光杆司令

我们工厂刚开始做外贸时，连产品目录都没有，阿里巴巴平台的维护、采购询价、网站的建设、产品知识等都是我一个人来做，因为公司只有一个外贸业务员，两个月了，看不到希望在哪里，什么都要做，却什么都做不精，做不好。

想跳槽到好一点的公司去，但是想着没做出成绩就放弃真的有点丢人，坚持下去又很难熬。给点建议行吗？②

▶ 案例分析

作为外贸新人，第一还是选择工作条件完备、工资及时发放，并有前辈带路的好公司去！但这些公司很少，有也在少数特大城市，人员比较饱满，进去的竞争压力很大。即使进去了，也有办公室政治的问题，或者没有"灵活"的价格政策。

第一，外贸新人最大的问题还是选择的企业有没有正规的培训与师傅带徒弟的公司制度？

要知道，自古以来，教会徒弟饿死师傅。国内绝大部分公司的构架，师徒都是做业务的，往往有直接竞争关系，所以很难有做外贸业务的前辈师傅真心带你。很多外贸经理的任务也是出单，不抢新人的资源就不错了，遑论全心全意带新人。而且，即使你有师傅带，师傅的带法是否妥当，也很影响效果。

第二，留在现有公司。特别是有较强的自学能力和自我管理能力的外贸人，或者是极端期望自己有所成就的外贸人，可以学着如何做好一个人的外

---

② 福步原帖由 *ayianayue* 于 2013-3-13 11：52 发表

贸部。建议列一下工作计划，不然会手忙脚乱，都不知道完成了些什么。最好的计划，当然还是快速出些成果，这样老板才有动力支持你（主要是财力投资）。

一、免费先行

先做些免费的营销，比如：

（一）开网店

花一周时间，做个速卖通网店，上1000个产品以上，争取在一个月之内出单，让老板看到希望。

（二）铺信息

花一周时间，注册尽可能多的免费B2B，并将注册的网址等都整理好向老板汇报，让老板知道你在网络上贴广告的辛劳，也看到你家公司在网络上信息变多了，谷歌一搜出现好多页，老板肯定会高兴的。

（三）做好社交营销（SNS）

花一周时间，注册好公司的推特、脸书等新媒体，并发布足够多的有趣信息（不要硬广）。

你把免费的工作做出点成果，如：数量、询盘、联系名单等硬数据，或做一两个单子出来，让老板看到希望，老板就可以继续往下投资了。

二、小试牛刀

有了免费做出的成绩铺底，你就可以申请做些费用较低的营销，比如：

（一）营销型网站

花一周时间，说服老板重新投资公司网站，做个营销型的网站，争取带来流量与询盘，同时，注意向老板汇报，这项投资大约一两千元。

（二）产品画册

花一周时间，说服老板做个简要的画册。然后，你可以去外贸公司联系，争取他们的外贸单，再将部分画册寄送给潜在客户。这项投资大约两三千元。

（三）电话销售

花一周时间，说服老板购买网络语音电话或付费电话卡，然后电话推销，电话或卡需投资两三千元。

花小钱的投资布局有了更进一步的效果，就可以让老板投入更多的钱。只要老板看到足够大的希望，即使不一定马上开始盈利，他也会下赌注的。

三、投入大钱

这里的大钱是相对没有做过外贸的公司而言，特别是做直销的私企工厂。投入大钱主要用于做以下几种营销：

（一）购买 B2B 平台

B2B 平台如阿里巴巴至少需 3 万元年费，其他中国制造网和环球资源网的价格更高，有了平台你就可以拼命上架产品，拼命邀请报价、报询盘了。

（二）国内外参展

国内的展会非常多，比如广交会、华交会、义博会以及专业展会。为最大化利用资源，可以先参加国内展会，再参加国外展会。

（三）其他

其他营销方式就更多了，比如更进一步地招兵买马。首先你自己要快速成长变得强大，然后有了新人，你就自动升职啦！

以上三大步策略供外贸人参考，其中的关键是你自己要下定决心，一件一件事情推动，循序渐进。每一步都要尽可能知道更多，努力成为专家或半个专家。比如做个公司网站，你要知道什么风格适合你的产品与市场，怎么样才能排名靠前，如何做成营销型网站，等等。具体事务可以外包，但你自己也要懂行。

一个人的外贸部，很好，至少关系简单，只要大老板支持，就一定能做起来！

第六节　外贸开发流程的重点与新手建议

一、外贸开发流程

（一）事前：外贸开发信、功夫在信外

外贸开发信只是形式，内容才最重要，要想写好开发信首先必须了解产品、市场、技术、价位、服务，等等。其次要找对你的方向与时机！知己知彼，找对接受方。

（二）事中：就信论信

（1）标题第一，占90%的重要性。

（2）数量是质量的基础：先求数量，再求质量。

（3）表达：内容要简明，使用对话式表述方式，在不经意间显示自己的专业性，切莫硬性推销。

（4）优化：不断创新，不断检测，不断提高。

（三）信后功夫：远比发信本身更重要

（1）有计划地长期跟踪。

（2）为对方提供有价值的信息，而不是死缠烂打，即许可式电邮营销。

注意两条：（1）换位思考（Put yourself into others' shoes）。（2）客户价

值(WIIFM)。

二、给外贸新人开发的建议

(一) 每天采集

每天平均收集100个以上的潜在采购商名单,连续收集三个月(共1万元以上)到一年(5万元以上)。具体数量根据你的行业情况,专业度比较高的,则不贪多而要少而精。

(二) 每天发件

研究客户特点每天平均或精发10封以上开发信,或自己动手,或借助工具每天单发500封以上,尽量避免群发。

(三) 不断跟进

10 000潜在客户≥100+有交流潜在客户≥10+下单客户(其中1~2个长期优质客户)。

(四) 坚持努力

坚持1~3年,努力工作,不断学习,勤于思考,必然会有成果!

 实战案例2-6:找潜在客户与发邮件之时间安排

老板让我每天发200封开发信。我到哪儿找客户去?每天找100个客户都需要好长时间……每天让发200封。我整天就是在找客户了。③

---

③ 福步原帖由 skjrubby 于 2012-9-5 08:55 发表

> 案例分析

上面是福步论坛上某个朋友的帖子，此类抱怨似乎很普遍。一是找不到足够多的客户名单，二是发不了足够多的邮件。遇到这些问题应该怎么解决？

1. 邮箱

找邮箱，其实很容易。你要慢慢找，要有耐心，等你找到某个行业协会、展会目录、企业资讯网站等富矿，那就立即有一大串可用名单了。这样，花一两周时间，你可以谷歌搜索到3 000个客户名单。运气好，或者你特别会找捷径，那一两天或两三天就可以找到这么多。实在不行，可以购买名单。

2. 发邮件

名单问题解决了，接下来就是发件。假定一天发200封开发信。你先花点时间，写一封开发信，然后，从上述3 000个名单中，找出适合此开发信的潜在客户200个，手工修改部分内容，一封一封发，一两分钟发一封是可行的。这样，你这个名单中的潜在客户，每两周左右可以轮到一次。

3. 管理

模板积累，每天写一封新颖的外贸开发信，好的模板修改保留，变换一下，下次再用；不好的模板，丢弃。有无法发送的无效邮箱，不断清理丢弃，再补充新的，让你的潜在客户名单一直保持3 000个左右。这样坚持半年到一年时间，你肯定会有单的。

三、做好持续跟进

发送外贸开发信与潜在客户联系之后，你是如何跟进的？请对号入座：

（一）杳无音讯型

发了外贸开发信之后，无任何跟进动作。

（二）心血来潮型

发了外贸开发信之后，跟进动作非常随机无规律，有时有，有时无；有时长,有时短;有人有,有人无。

(三) 死死紧逼型

发了外贸开发信之后,或对方有反应之后,紧逼对方,死缠烂打,要求下单。

(四) 细水长流型

发了外贸开发信之后,有计划有步骤地跟进。这个是行家所为,建议你也这样坚持。最好如何做呢?请看以下案例:

实战案例 2-7:如何持续跟进潜在客户

下面是我的开发信,已经发过 1 000 多封了,回复率大概 3% 左右,但成交的只有 2 个, 恳请老师帮忙看下。④

▶ **案例分析**

其实有 3% 的回复率算不错的了。成单率超过 5% 就足够了,但确定还有可能提高。具体提高方法可按如下流程走。

(1) 发 1 000 封,回复 30 封。

(2) 30 封回复邮件重点对待,特别处理,注意时效,立即回复;970 封未回复邮件,继续跟进发送外贸开发信。注意内容要与上一次的不同,时间至少间隔一周之后再发。一般是会有回复的,只是比率可能低于上一次的 3%。

(3) 继续第二轮的工作。

这样一轮一轮地发,同一名单里面,只要没有回音的,至少要做到第七轮才可以罢休。其实,只要是产品对路的潜在客户名单,优秀的外贸业务员是会

---

④ 福步原帖由 ksqc777 于 2008-10-10 10:14 发表

一直坚持发送外贸开发信的，反正现在电脑科技发达，这样做不是特别费力。

对于有过回复，但是没有下单的应该按如下方式处理：

（1）先发征求意见式电邮，找出暂时不下单的原因（会有少数回复的）。

（2）保持一定的联系，继续定期发送公司资料（最好是 newsletter 式提供有价值的信息模式发送）。

（3）长期如此跟进，逐渐转化对方，从而提高名单的整体转化率。

（4）以上方式，往往需要软件帮忙。手工处理，会有错漏且费时费力。

第三章

外贸新人之实战流程：
真刀实枪，争创第一

内容提要

本章罗列了外贸新人在实习与工作中遇到的诸多第一次，并提供各种实战样板，可供立即运用，以帮助新人在实践中快速完成"成功定位、高效耕耘、喜获丰收"的三部曲。外贸新人如果能够正确处理关键环节、注重细节，则成功可期。

第一节　定位篇

山中方一日，世上已千年。信息社会与农业社会的最大区别就是获取知识变得轻而易举，但如何正确选择成功路径变得至关重要。现实社会跟学校的最大区别就是没有唯一正确的答案，八仙过海可以各显神通。所以，外贸新人要想在真刀实枪中杀出自己成功的血路，就要快速而精准地找到自己的方向。本章按"定位、耕耘、收获"三部曲，为外贸新人提供第一手案例素材，让大家快速进入外贸实战的状态。

准确定位是快速突破的第一要务。无论是寻找实习岗位、外贸职位，还是找到老外客户、搞定工厂生产、顺利出货、回收货款等，都需要发挥自己的才能与长处，并将此切合到对方的利益上，才能创造出双赢的局面。

一、第一封简历

新人找外贸工作，途径无非是经人推荐、校园面试、招聘会、中介等，或者通过电话、网络、上门等方式毛遂自荐。无论哪种方式新人都需要一份简历让用人单位愿意给一次面试机会。那么，怎样才能通过简历与面试，成功地达到被聘的目的呢？

（一）立志成功、决无借口

在学校是百分制的，60 分就及格了。但社会是二进制的，就是 1 和 0，要不得到成 1，要不失去为 0。奥运会上，前三名的成绩往往相差无几，但冠军所得到的荣誉和利益却比其他人高出一大截。商业上就更严酷了，客户要么被你争取到，要么就丢失给竞争对手。胜负就差一点点，完全取决于你对细节的把握。细节反映实力，实力决定成败。建议你花点时间，上网学习简历与应试技巧，与师兄师姐了解学习，向行业前辈虚心求教。

（二）化难为易、找对要点

当前中国劳动力极端紧缺，好多工厂招不到人。但是每年高校招生与毕业人员都多如牛毛，因此中国大部分白领新人的起薪工资已经远低于同龄劳工的工资，导致很多外贸新人感觉找工作很难。其实，只要你求职时放下以自我为中心的心态，认真研究对方需求，把自己打造成招聘经理与老板能看中的人才，你自然会获得很多面试机会。负责招聘的人事经理主要关注你的学历、英语证书等硬性指标，真正用人的经理或老板则关注你的为人处世和实际工作能力，能否快速进入工作状况，能否为企业带来价值。改变学生心态，树立为企业创造价值的心态，才容易在职场立足。

（三）认真规划、慎重选择

在大城市就业能让你广交朋友，丰富见识；小地方上班可以使你专注工作，埋头学习；制造工厂能让你贴近生产和产品；外贸公司给你机会贴近客户，提供服务；大点的公司福利待遇比较好，小点的企业交流比较灵活。

行业的选择更是让人眼花缭乱，服装制鞋等传统外贸轻工行业市场广阔，电子机械等制造行业技术可以不断更新，新兴的外贸 B2C 行业发展形势大好。

除了外贸外围服务职位如报关、货代、电商等，外贸主业的入门职位主要有业务员、单证员、跟单员、外贸助理等，选择众多，因此你只要略微用心，避免一些明显的错误，找到与外贸业务相关的实习岗位和入门职位是极其容易的。

 实战案例 3-1：求职思路错误、技能表达不清

求职简历（片段）
求职意向：找一份适合自己的工作。
语言技能：英语；掌握程度：熟悉。

案例分析

上述简历的求职方向不明，技能描述不清，肯定被人事立马删除淘汰，音讯全无。

 实战案例 3-2：基本说明了语言与工作技能

求职简历（片段）
本人通过了全国大学生英语四级和六级等级考试，以及英语专业四级考试。具有较好的英语听、说、读、写能力。还通过了计算机二级等级考试，能够熟练地运用 Office 系列办公软件，还能熟练地应用 Excel 表格。本人认真踏实负责，具有良好的表达能力，性格开朗，乐观向上，自信，稳重，诚恳务实，待人热情、真诚。工作认真负责，积极主动，能吃苦耐劳。有较强的团体协作精神，能迅速适应各种环境，并融合其中。在学校与同学关系融洽，在各类社会实践活动中，如家教、各种单位的销售工作等，与同事建立了良好的人际关系。这些社会实践工作使我具备了敏锐的洞察力、独立的思考判断能力、果断的行事作风以及团队合作精神。

案例分析

外贸行业的基本职业要求是有良好的语言表达能力、熟练的英语口语技巧和网络应用技能，上述简历基本符合要求。但求职简历要突显自己的实际开拓经验与独立工作能力，要让招聘者觉得值得一试。上述自我介绍缺乏很强的说服力，投出简历后很容易石沉大海，找到理想外贸工作依旧只能靠运气。

 实战案例 3-3：找第一份实习岗位

求职简历（片段）

- Finished freshmen and sophomore year with straight A. Becoming more confident and determined to pursue sales career in international trading. My first career aim is to be an intern this summer to create value for company in sales.
- Passed CET 6 and fluent in spoken English. Worked as a tour guide for foreign tourists during weekend in last two years.
- Familiar with internet marketing and software (Word Excel, PPT, PS, etc.). Experienced with Ebay and AliExpress,

实战案例 3-4：外贸新人入职

求职简历（片段）

- Created Ebay and AliExpress stores to practice selling made in China goods to overseas customers. Generated over USD 3 516 in two months.
- Developed and handled international marketing campaigns and budgets for three private factories in different industries and markets as summer intern.
- Extensive experience handling different foreign clientele through various levels of communication, from corporate buyers, importers/wholesalers, to web store owners, to individual purchasers.

第三章
外贸新人之实战流程：真刀实枪，争创第一

▌▶ 案例分析

作为外贸新人，无论是实习还是求职，宜去掉空话套话，避免主观自我评价、量化能力与成就，突出实践经历与经验。以上两个案例提供了部分英文简历片段，重点突出外贸相关实践，可供新人参考（注：很多外贸企业不一定需要英文简历，但好的企业一般都要）。

二、第一次面试

怎样找到理想的外贸实习职位或正式工作？先要有鹤立鸡群的简历，然后就要想尽办法在面试中脱颖而出。细节决定成败，定位决定盛衰。外资或内资、台资或美资、国企或民企、浙商或粤商、外贸工厂或外贸公司，其面试要求与企业文化等均有很大不同，你面试会遇到的前台、人事、部门经理、老板等，更是形形色色。在你面试之前，请千万做好充分调研，多方打听清楚，准备齐全，做好模拟预演，切莫仅带简历和证书等就上路了。

换位思考。面试要有营销的思维，转变立场从招聘者角度来考虑问题，从而积极主动说明自己能够为企业带来什么。大部分应聘者都比较被动，面试时即使有机会提问也只会关注自己的工作岗位、职责、工资、福利等。在此，建议你在应聘前，仔细研究对方资料，然后再结合自己应聘的目标岗位，写个书面计划报告。主要写两点，一是现在公司与竞争对手相比所存在的问题；二是我能为公司带来什么，如何解决这些问题。报告书不需要介绍自己种种经历，只说公司眼下的事情，简单明确，有资料有数据。

无数人去面试，但极少有人这样做。因此，大部分人得不到理想的工作也是理所当然。人和人其实智力相差不大，但是否养成了良好的思维习惯和工作技能，其做事结果就大不相同了。

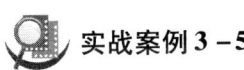
实战案例3-5

有个朋友想面试一家年销售几十个亿的小家电公司，第一轮面试顺利通过，然后第二轮面试安排到杭州，但他在深圳，去杭州面试万一不成功，岂不浪费感情和路费？怎么办？

我跟他讲了几个面试原则。

（1）事先准备20个题目，然后再找到相应答案。

（2）冒充消费者到超市做详尽调查（包括一手资料，并拍照）。

（3）事先自己做模拟测试，争取回答问题时带上感情色彩。

（4）少谈过去从业经历，只谈你加盟后，能给集团带来什么？你将如何在地级市操盘？

朋友告诉我："第一轮面试得知，今年广东市场销售任务是2亿元。自己应聘某地级市的区域经理。"我贡献了三个新想法。比如，叫他去查去年广东的GDP和某地级市的GDP，按2亿元任务换算成某地级市今年销售任务（GDP跟经济发展程度、消费量和人口密切相关，是个不错的参照物）。最后他计算出某地级市今年大概有1 500万元的销售任务。我告诉他在面试的时候给考官抛出这个答案。

数字匡算法？我帖子里有大把的例子，比如从报摊调查杂志发行量，美国人进口钢琴数量的匡算。你得有举一反三的本事。

他们一行三个人从深圳出发，为一个职位奋斗。其他两个人具有明显优势（有一个是从美的集团出来的，行业销售经验丰富，而我这位朋友是卖瓷砖的）。

因为朋友事先准备充分，所以面试进行得非常顺利，他如愿加盟了这家超大集团。在面试中，那个某地级市今年有1 500万元销售任务的说法狠狠打动了考官！因为他们安排这个地级市的销售任务就是1 550万元，只差了50万元。考官自然会觉得，面试者是个有头脑的人，很会算账。当然，再配合其他招数，自然击败了别的竞争对手。

回来他告诉我，其他人准备工作感觉很一般，现场表达不尽如人意。

讲这个案例，是想跟大家分享一下，帖子里的实战技术都是经过检验的，只要看完学完，做成一件事很难吗？[5]

---

[5] 来源：天涯论坛之创业家园。

▶ 案例分析

有认真刻苦的精神，必能找到理想的企业与职位。而找到合适的外贸企业与产品，是外贸生涯的最佳营销基础！

三、第一份实习/工作

恭喜你终于找到自己理想的外贸实习职位或正式工作。那么，作为外贸业务员，你是否知道如下关键词，或对它们情有独钟呢？

（1）目标管理 SMART。

（2）时间管理（按紧迫与重要程度分类等）。

（3）戴明环 PDCA。

如果你很喜欢，那你可能属于理论为先的做事风格（也就是 MBTI 职业性格测试中 N 值较高者），你可以从分析产品和研究客户与市场的角度，做好调研工作，然后结合公司的实际条件，做好详细的工作计划与时间安排。详见案例 3-6 中的流程图示，先进行 1 管理层面的工作，然后 2 具体操作，最后 3 获得结果。

如果你是喜欢先动手的人士（也就是 MBTI 职业性格测试中 S 值较高者），可以先从 2 操作入门，从上班第一刻起，就大量收集潜在客户名单，然后立即尝试发送外贸开发信或电话营销，经过几轮实践，获得感性认识，再在此基础上，分析研究客户市场，做好下一步操作的目标与计划，然后不断循环、提高外贸开发的数量与质量。

通常第一层面的研究与管理，决定了工作的正确方向（do the right thing）。第二层面的实际操作是外贸业务员的本职，需占外贸业务员工作时间的 80% 以上。通过目标、时间、质量管理工具，不断提高水平（do the thing right），获得结果。第三层面的结果部分，虽然其中也有很多的流程以及工作技巧，但关键还在于之前的管理与操作有没有产生足够的客户询盘，所以在整个流程中所占份额较小。

外贸业务员应该是靠提成吃饭的。所以，聚焦最初的客户搜索，才能得到最终的销售结果。高效做好前期寻找客户的基础流程,是成功销售的关键。

 实战案例 3-6

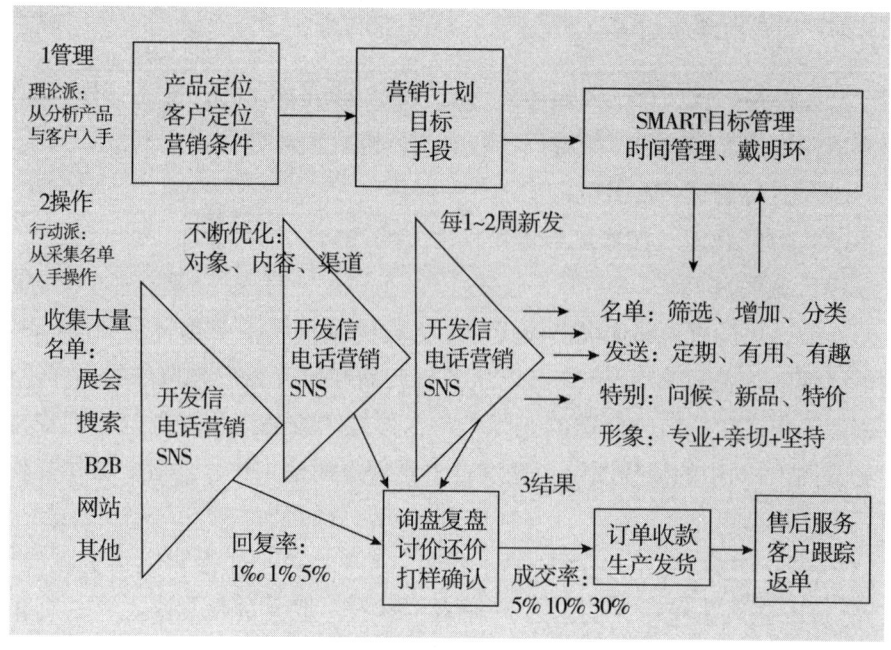

图 3-1

IIIII▶ 案例分析

参考图 3-1,新人可以按最初工作指标行事:第一,至少收集 3 000 个潜在客户邮箱,并对所有潜在客户每周发送一封新写的外贸开发信(当然,量小、客户流失快的行业,可能需要积累数万的名单才行);第二,邮件回复率 1‰ 以上,在此基础上不断改进你的外贸开发技巧,使回复率提高到 1%,甚至 5%;第三,使所有有过回复的潜在客户的成交率达到 5% 以上(随着时间推移、经验增多、潜在客户的寻找越来越精准,相应的成交率可能提升到10%，甚至30%）。

同时新人也可以据此推算出收入，比如收集有20 000个名单，平均每十天发送一封崭新的外贸开发信，一年总计发送大约70万份，按0.1%的回复率计，大约有700个回复，按5%的成交率计算，大约有35个客户。如果每个客户一年带来约3 000元的提成，就可以有10万元的奖金收入。（注意：不同行业或企业的客情与提成的差异极大，请代入实际比例进行调节计算。）

四、第一份报告

 实战案例3－7：周工作总结

第一周工作总结（提纲）

××机械配件公司外贸部 小新，2015－10－8

周一：产品材料知识（各种原材料特性、期货价和进货价、回收料利用等）、产品特性（制作PPT）。

周二：实地了解工艺流程、成本核算表、产品报价单。

周三：市场调研报告、竞争对手分析。

周四：网站修改与内容更新、外贸开发信写作。

周五：收集潜在客户名单、发信。

周六：整理资料、本周工作总结、下周工作安排、外贸电邮营销设计。

周日：休息、熟悉周边环境。

▶ 案例分析

周一至周三所罗列的七个工作项目，是外贸业务必须做的！由于很多中国企业缺乏对新人的传帮带，甚至很多老人还很防备新人，新人需要自己想方设法搞清楚这些基本资料！不然在有客户回复的时候就会手忙脚乱，很难显示出自己的专业性。当然,很多情况下,需要数周甚至更长时间的搜索、学习、总结,才能对行业内外情况了如指掌,可以分几轮进行,逐步深入。但是作为业务开发的关键,收集潜在客户名单与发送外贸开发信,则必须在第一周就有足够多的行动,以便让老板知道你不是来吃闲饭的,而是来工作的!

 实战案例 3-8:新市场调研报告

PEX 管美加市场简况

××管业公司外贸部,2015-10-29

产品:PEX 管。

市场:美国、加拿大。

用途:上下水管、地暖管。

技术标准:ASTM F876-10e1,ASTM F877-11a,(标准简要见附件一);上水管还要符合美国全国卫生基金会(National Sanitotion Foundation,NSF)卫生标准。

技术标准年份:2010,2011。

市场规模:PEX 管将全面取代紫铜管。

水管简史:20 世纪初使用镀锌铁管,极易生锈出黄水;60 年代末开始全部改为紫铜管,70 年代之后开始使用塑料管(PVC 或 CPVC);PEX 管从 60 年代开始启用,最初仅用于地暖管,进入 21 世纪后,由于铜价飞涨,PEX 管逐步普及,用于上水管,以取代日益昂贵的紫铜管,加州于 2009 年同意全面使用 PEX 上水管,它是全美最后一个批准 PEX 上水管的州。

市场卖家:主要品牌制造/供应商共 10 家(详见附录二)

行业协会:PPFA。

市场价格:主要参考 Home Depot,与我们的出厂价相比,市场零售价和批发价格都有不少的利润空间(详见附录三)。

市场定位:由于美加市场准入有明确的标准,本公司现有产品无法直接销售。可能的途径有二,一是联系美加当地的品牌商和厂家,仅做代工,但进入很难;二是投资资金成为美加注册的 PEX 供应商,这种方法需要注册商标、技术检测、申请认证、购买保险等工作，费用估算最少为××万元（详见附录四）。另外，本公司的生产与质检体系必须进一步完善。

加拿大市场与美国市场极为类似，其国家技术标准为 CSA B137.5

　　附一：PEX 管美国技术标准

　　附二：PEX 管美国市场主要厂家与品牌

　　附三：PEX 管美国市场渠道与价格

　　附四：PEX 管美国市场营销方案纲要

案例分析

多多研究新产品、新市场、新趋势是外贸业务员突破价格竞争红海、挖掘新客户的最大利器。有些即使暂时不具备条件，也可以先做好基础调研以供老板决策。急老板所急、想老板所想，是职场升迁制胜法宝之一。

第二节　耕耘篇

对于外贸新人而言，有大把时间而没有客户，所以无奈之下不得不给对方大量发送"不请自来"的非许可式外贸开发信，俗称垃圾信（电邮）。在缺乏其他营销手段，如展会、B2B 平台、海关资料、客户基础、电话营销等不利条件下，"网络搜索＋外贸开发信"模式往往是新人采取的主要方式。兢兢业业，不断撒网，广种薄收。以下根据各种情况，为新人提供简单的成系列案例，供大家参考写作开发信。

一、第一封电邮

在潜在客户没有任何回应之前，发送的所有邮件都属于第一封电邮。写电邮占了新人工作时间的大部分。以下案例介绍了自荐新产品、促销、简讯、特定问候四类内容的写作。

实战案例 3-9：简明自荐+新产品

[customer company + name]: Order information of XX Product Item#888

Hello, XXX,

This is Jane from ABC Co. to introduce our NEW XX Product Item#888. It sold very well in US market. You can also try them in [your market].

The following email will show you photos and how well it sold.

Best wishes,

……

P. S. A picture worth a thousand words.

Please add me to your contact so my next email with photos won't be blocked. Thank you in advance.

 实战案例 3-10：定期价格促销

[customer company + name]: National Day Special Prices on XX

Good morning, XXX, Great news: You can get the unbelievable best price of $0.15 for...

This is Susan from ABC Co. and we are now launching a NEW promotion. 15 of our XX products have special offers. Hurry up before it expired on 20th of December.

If you skip this time, you may still contact me later when you need it.

Remember: Any time you want information about XX products or sourcing other suppliers from China, please feel free to contact me and fully utilize my 10 years experience and wide contacts. Will you?

Wishing you the best luck in everything you do!

Sincerely,

...

P. S. "XX Product Update" Newsletter will be sent to you next month to keep you update on prices and new designs.

 实战案例 3-11：企业简讯不断跟进

August News Update for [customer company + name]: Two FCL XXX Items to YY Market

Hi, Buyer,

In order to let you know us better, we promised you in the last email that we would update our production and sales on a regular basis. Here it is:

Container Load, Items, Description...

[Pictures]

How is your recent business? Any new project that we can participate in?...

 实战案例 3-12：定期问候（节假日、生日、升职、乔迁、婚嫁、生病等各种情况）

Congrats to [customer company + name]

Hi, Buyer,

Congratulations!

I just learnt from Facebook that you...

...

P. S. I just send a request to your [Facebook / Twitter / G+] account. Did you get it? Please add me.

▶ 案例分析

除极少部分采购商会在第一次电邮联络时热烈反应外，绝大部分客户不会第一次就下单购买，有些永远不会成为你的客户，但其中很多还是你的潜在客户，只是要在你长久跟踪之后才会购买，所以持续跟踪非常重要。但跟踪方式不妥却导致客户反感，极大地浪费了营销时间与客户资源。对于没有正面回应的潜在客户，千万不能催促"为什么不回复"或反复发送同样的邮件，也不能短期内持续骚扰。

以上四个案例给出了第一封外贸开发信以及随后跟踪的样本，以供参考。更多跟踪方案，需要你根据实际情况自己撰写，请参考本书第四章。

二、第一次回复

本书主要关注第一轮开发，所以，如果你的回复中有实质性询盘，那恭喜你了，你可以参考其他更高级的实战教材，比如陈毅冰的书籍，介绍了很多采购商的心态和谈判夺单技巧。但苦恼的是，很多潜在客户只是给予完全拒绝性的回复，或者是礼貌性拒绝，如说"收到了，暂时不考虑"等。还有的就是随便问问。怎么办？

 实战案例 3-13：如何回应那些客气的"不需要"

Thanks for your reply! [XX Product]

It doesn't matter when or whether you will need us or not. It's my great honor to serve you when necessary. Any time you want to get information of XX products or other suppliers' from China, please remember to contact me. Will you? Good luck in everything you do!

Sincerely,

...

P. S. I'll send you "XX Product Update" Newsletter regularly to keep you informed.

案例分析

礼多人不怪。先感谢对方的回复,然后继续殷勤地表示将提供有用信息。只要对方不是斩钉截铁要求删除,就要继续发送各种跟进信息,让对方参考。

实战案例 3-14:如何回应那些只要报价单的

[customer name]:[XX Product] Price List for you

Thanks for your request for [XX Product] Price List. Please review it and tell us your opinion. Any comments?

Important note about [item]:

Our price is $6.15. This is based on XX quality material and the net weight is XX [or size of XX].

You can find some suppliers offer them from $4.50 to $5.50. That's made of YY material and sometimes weight was below 30g. They might also lack of roundness on YY part which will reduce the usage life in half...

案例分析

不能简单就按对方要求提供冷冰冰的报价单,宜多多增加人情味与交流。外贸切忌陷入价格战的陷阱,要像如上案例一样指明一些技术要点,或者提供过去成功实例供对方参考。独特的差异性才能让你摆脱价格战,达成交易。所以,选择优秀的企业和产品,是外贸成功的基础。

三、第一次跟进

 实战案例3-15：追踪要了价格没有音讯的客户（以征求意见方式）

Price of [XX Product Detail Specs]

Hi, Mr. XXX

How is everything?

Wondering if you have any suggestions for the quote I sent you on 28th of Dec.

Please be kind to tell us, so we can do our best to serve you.

Can you give me a short remark now? Thank you.

Regards,

XXXXX

P.S. Attached is a photo of our recent shipment to [your region/country].

▶ 案例分析

要了价格没有音讯的客户，往往需要不断跟踪，才能让对方有所关注。你可以笼统提问征求意见，最好是就某个具体问题提问，以引导潜在客户回复你的电邮。此案例中就以提问的技巧，促使潜在客户立即给出意见。

 实战案例3-16：追踪要了价格没有音讯的（以提供信息方式，如涨价、跌价、市场风险、过季下架等）

FYI: Important Price update [XX Product]

Hi, Mr. XXX

Any news about YY Project?

The price for [raw material] has increased 5% since I quoted you on 16th of Jan. According to [reliable source], it might rise further.

So, please let us know your decision and we can prepare for you sooner rather than later.

Thank you.

Regards,

XXXXX

P. S. Attached is an article about the price trend of [raw material].

案例分析

持续有效跟进是获得业务的关键。通常情况下，80%的销售是在第4至第11次跟进后达成交易的。而外贸一般都是复杂的销售，更是极少能够在一两次联系之后成交的，有些甚至要追踪几年才会拿下第一单。但是，追踪邮件绝对不能千篇一律，让人厌烦！你可以以涨价、跌价、促销、新情况、新发展等原因，提示对方。

实战案例3-17：追踪久拖不决的

X-mas is just around corner! [XX Product]

XX products sold out quickly last Christmas Season. Please order soon this year before it's too late! We have only XYZ amount in stock today. How many do you want now? [picture]

案例分析

只要潜在客户没实质性答复，那就秉持"客户虐我千百遍，我待客户如初恋"的态度，不断追踪。

四、第一次参展

 实战案例 3-18：展前预邀

XYZ Fair again！［This year's hottest style is...］

Do you know, this will be the hottest style for 2016 Spring Season？［picture］

Please come and visit us at Booth#12345 on XYZ Fair！［map］

Cash'N Carry：

We have prepared a hot list for you and you can order immediately for in stock items now.

▶ 案例分析

国内做外贸的，有几家参展企业会在展前"大规模+多次+多形式"立体式地推销自己呢？别人不做，你的机会就来了。拟定个全方位参展营销计划吧！

 实战案例 3-19：展中紧盯

Thank you for stop by our booth！Your［Product］sample will be ready on Friday.

Good evening, Mr. XXX

We are so glad that you visited our booth at 2：30pm today.

You told us...

I called our factory's R&D and they will rush your sample of［product and details］and sent it overnight. You can expect to have a look this Friday afternoon. So, please contact me and set up a meeting to discuss. How about Friday night at

Hilton Hotel?

Thank you.

Regards,

XXXXX

P. S. Attached is the photo of you while visiting our booth.

▶ 案例分析

近年来，外贸参展客户稀稀拉拉、企业参展人员无精打采。但少部分聪明的企业，就能充分利用展会的机会，投入数倍于对手的人力物力，做好展会的终端阻击战，带来一拨拨的客户。

 实战案例3－20：展后追踪

Photos from XX Fair of Mr X

Dear X,

Here is the photo while you were visiting our booth #A－2316 of XX Fair.

XX looks cute, doesn't it?

Just wondering what's your comments about item XYZ that we discussed...

▶ 案例分析

持续深耕细作才能赢得客户下单。作者实际经历表明：外贸参展商往往花了大价钱参展，但80%的潜在客户却被外贸业务员认为无价值，展后不去追踪。而针对主观判断为有价值的20%的潜在客户，也仅仅只发送1~3次信息，就不再跟进。这样，机会就留给了那些锲而不舍认真努力的外贸人了。

五、第一次来访

实战案例 3-21：邀请来访

Kinda Wired but VERY Profitable！[XX New Product Demo On-site]
Hello X,

You want new XXX product to get ahead than your competitors, correct?

Come to visit us at XXX factory! Just take a tour and see one secret new product release and check it out by yourself...

▶ 案例分析

这封邮件关键在于抓住好奇心。勾起对方的好奇心并诱之以利，才有可能让对方考虑去工厂参观。What's in it for me? 你得时刻想着给对方好处。不然，采购商为什么要千里迢迢来你这里呢？

实战案例 3-22：来访安排

Steal these in stock clearance XXX products!
Dear,

You're invited to our 2015 Year End Annual Clearance.

Original Quality Products. Dirt Cheap！(at half the normal cost or less)

Date & Time：December 20th. 9am——3pm (Only One Day!)

Location：Factory Warehouse (xxxx)

Transportation：Free pick up from Hangzhou Int'l Airport

Reception：Seafood Buffet/Cocktail, free of charge

Factory Tour：Escorted by boss himself and key management

Call us now and reserve your entrance ticket!

▶ 案例分析

给客户足够利益+限定时间以显示稀缺性，让潜在客户认真考虑。同时提供周到服务以诱惑潜在客户前来。

六、第一次拜访

实战案例3-23：拜访自荐

Your Counterpart in Canada Sold 2.536 Million Pieces of XXX Last Quarter

Dear XXX,

Here is the chance you can take the advantage of:

XXX Product Demo Team will show up in XX City on next Thursday and Friday. What time frame is best for you?

A quick half hour visit to your office will bring XXX samples to you, along with the secret selling tricks that Mr John Smith, your counterpart in Canada who had sold 2.536 million last quarter.

Book your time slot now!

▶ 案例分析

客户见证是最有说服力的营销武器！以此可轻易敲开潜在客户的大门。外贸平台只能守株待兔，展会无法天天开，外贸开发信或电话推销可能鞭长莫及，限于各种原因直接拜访客户变成少数外贸达人的营销利器。配合外贸开发信或电话推销，可构成外贸立体营销的强大方阵。

实战案例 3-24：拜访续后

Thanks for your hospitality! Here is a Gift for you!
Dear,

Nowadays, few of us could live without email. Yet who could argue that a hand-written letter has significance beyond what any words electronically transmitted could possibly convey? Email may, in the end, prevail, but I am hopeful that, like the hundreds of customers with whom we personally visited in the states, the hand-written letter will be served as a reminder to you as a gift from our hearts. Therefore, our hand-written thank you letter, along with a small gift, were Fedexed to you today.

▶ 案例分析

礼多人不怪！投桃报李的互惠原理屡试不爽，时不时找个机会送点小礼物小恩惠，是你打败竞争对手、与潜在客户作进一步交易的高性价比热身武器。

七、第一通电话

 实战案例 3-25：预约电话

Business Telephone Appointment, Tomorrow at 10am
Dear Mr Smith,

This is Allen from ABC Industry and would like to schedule a telephone time with you tomorrow, regarding the hot new Christmas item, self balancing scooter. Is

10:50am a good time for you?

Tomorrow's telephone will be about 10—15 minutes. You'll be informed about sales price, shipping arrangement, and payment terms.

Don't miss this opportunity of increasing sales for Christmas season. Please suggest for any changes if required.

▶ 案例分析

外贸电邮可以为你的电话营销先行铺路,类似炮兵开火为步兵开路。当然,在对方不熟悉你的情况下,用富有吸引力的产品或者促销去打动客户还是必需的手段。

 实战案例 3-26:电话后续备忘

Thanks for your reply![XX Product]
Dear,

Thanks for taking the time to talk with me last [day]. This is indeed very productive and the following points summarize our discussion:

  * [list points of discussion]

As promised, attached is a copy of our most recent catalog, complete with price guides and information on XYZ [product line]. We will be happy to provide you with additional information, as needed. Simply call me at 555-5555; otherwise, I will follow up with you regarding your trial order next Friday.

Thanks again for your time and consideration.

▶ 案例分析

电话营销也有技巧和流程。

通话前:书面准备好通话的目标与对象,通话的开场白、对答和收尾,特别要想好各种可能情况的对答。

通话中：敏锐觉察对方情绪，按事先准备灵活应对；集中注意力；相关资料备在手边；最好有录音。

通话后：立即回忆记录，或回放录音，承认不足，总结提高；准备下一步的行动；趁热打铁给对方电邮，感谢对方并将电话中要点书面备忘。

第三节　收获篇

一、第一次打样

实战案例 3－27：打样结果

Product Sampling Review
Dear Ms. Edwards，

　　Warm greetings of seasons！

　　It is with great pride and honor we present to you our newly finished beauty product sample of XXX. It has won great reviews from all our customers and critics. (Here is the link：xxxxx) (or insert jpg photo)

　　This product is free of cost to you on a trial basis. Subject to your satisfaction and approval, we could supply it to you on a regular basis as you are treated as our valuable customers.

　　Our VIP service manager, Ms. Fowler would get in touch with you to know your feedback next week.

案例分析

随着外贸竞争白热化，主动提供外商免费样品已经越来越普遍。不管免费还是收费，寄样后要立即获得客户反馈，以便有针对性地解决各种可能的问题，获得下一步订单。切记要紧跟！

二、第一次砍价

实战案例3-28：价格破局

XXX Product Price Reduction Analysis

Dear XXX：

Thank you for your last inquiry into the price reduction of your XXX order. The XXX product team had a half day meeting today to deliberate on every way that could possibly reduce cost for you.

Please refer to the following facts that will help you understand why this is not wholly possible：

● XXX is an innovative technology that our competitors are selling for 10% – 15% more than we are in 20K + MOQ.

● Our gross profit stands at a mere 6.35% at the price per unit that we have offered to you.

There are two document attached with this email that provide detailed analysis for you to review if you wish. Considering these two factors, we are sorry to say that we cannot reduce the price of your order by a 12% as you requested.

However, we can make things easier for you by offering：

1) PE material used instead on part A. That will save a cost of 4.68% without reduction of quality in usage.

2) Free upgrade to FOB price instead of EXW if you order before the end of November. This in itself will cost the company much in terms of shipping and delivery but we are willing to take this on ourselves because we want to do business with you in future as well.

Please let me know if this is a viable solution to your predicament so that we can process your order immediately.

Attached is the new pro forma invoice. When will you be ready to make deposit for your order?

▶ 案例分析

生意不好做，客户永远在压价。在这种情况下，首先，第一次报价之前要做好价格调研和预案准备，对价格或交付方式（付款与日期）得留有后手。这样，客户来压价你就不会慌乱。其次，不要无故轻易下降价格，更不能大幅下降。你可以交换生意条件，比如给客户降价但换取更高的 MOQ、各种小的费用、提高定金、延后交货期等。或者做技术上的设计修改，更换材料等。再次，对于技术型客户可以给他详细的价格分析（技术分析和市场分析），以优于行业常规的价格或性价比打动客户下单。最后，准备好客户见证。比如各种技术报告、测试、过往口碑等。

上述外贸开发信就是遵循了以上原则，以附件形式给客户提供了详细的技术价格分析和市场分析报告，紧接着正文又给了客户优惠以换取尽快下单，而且最后以提问结尾，使用了让客户立即下单的逼单技巧。

三、第一回订单

 实战案例 3-29：感谢与扩展

Thanks for your order!

Dear Sam,

All of us at XXX Factory would like to thank you for your order!

Your XXX has been prepared and will be shipped on Friday. We would like you to know that your satisfaction is our goal. Anything you need, email or call me at XXX – XXXX.

Allow me to introduce [related products or services] which may be of considerable interest to you. It [FABE] ...

Thanks again and have a nice weekend.

Sincerely,

Lee

▶ 案例分析

对销售而言,订单为王。但随着竞争程度加剧和自身能力的提高,外贸不能仅仅是卖货、抓订单了。在互联网+浪潮之下,外贸业务员想靠信息不对称而赚钱是越来越难了,与客户的紧密关系与营销互动成为主要的外贸营销手段。特别是做外贸电商的,推销自己的能力远远比单纯卖货的能力关键。所以,一旦获得客户订单,就要考虑如何紧紧抓住客户。此信就是趁热打铁,试图在第一个订单基础上扩展客户可能感兴趣的新业务,尝试把新客户培养成忠诚的老客户。

四、第一次出货

 实战案例 3–30:出货细节

Thanks for your reply! [XX Product]

Dear XXX,

Thank you for your Purchase Order Number #xxxx, dated xx/xx/2015 for the following described merchandise:

1) Product, Photo, Spec., Quantity, Packing, Loading, etc.

2) ...

We expect to ship your order on [date of shipment] via [method of shipment]. It should be reasonable to expect receipt of your order no later than [date]. Should we experience any delays in processing or shipping your order, you will be promptly notified.

Thank you for your order. As always, we look forward to the next opportunity to be of assistance. Please don't hesitate to call upon us any time.

案例分析

外贸工作细节非常关键。鉴于目前大部分外贸 B2B 订单的毛利率在 10% 之内,任何差错都会导致亏损!外贸新人尤其要小心再小心,确认再确认。

五、第一回收款

实战案例 3-31:电邮后续备忘

Thanks for your reply![XX Product]

Dear XXX,

This is to confirm our recent email notification regarding your balance payment of $xxxxx for order #xxxx. Since your ordered product were already on the ship that has left for [destination] on Monday, we will look forward to receiving your T/T bank transfer within the next week. Banking information: xxxxxx (Please noted this is same as on our official website)

Once the payment has been cleared, three original B/L will be expressed to you so you can start your arrangement for clearing custom and claiming your goods.

Your cooperation and prompt attention to this matter will be greatly appreciated. If you have any questions regarding your account, please do not hesitate to contact me.

 案例分析

外贸收款往往分订单定金30%和见提单复印件付款70%。在最初订约之前就要谈好付款条款，中间保持沟通，出货后立即第一时间去收款。近年来，多次发生邮箱被黑，导致潜伏黑客在收款阶段误导国外客户将钱打入黑客指定账户，造成无可挽回的损失！所以，如上述邮件提醒一样，要事先跟客户约定好账户，并不断告诫客户不要上当。

六、第一次返单

实战案例3-32：以售后调查为名争取后续订单

Thank You for your Order! Important Link Inside
Dear Customer：

As the manager of [COMPANY], I want to thank you for your decision to start ordering [products] from us. Please help us serve you better by taking a couple of minutes to tell us about the service that you have received so far. We appreciate your business and want to make sure we meet your expectations. Attached, you will find a gift of... We hope that you will accept this as a token of our good will.

Sincerely,

[MANAGER_ NAME]

Manager

...

Approximate Next Order:

Date, Time, Item, Quantity, Tech Requirement

...

If you would like to tell us something about your purchase or ownership experience that has not been covered in this survey, please type your comments in the box provided. Thank you for your patronage and for helping us to better serve you.

...

... Thank you for your feedback. We sincerely appreciate your honest opinion and will take your input into consideration while providing products and services in the future.

If you have any comments or concerns about this survey please Contact:

...

 案例分析

老是在追寻新客户新订单的外贸业务员会很累,成本也很高。老客户才是利润中心。做成一单之后能否续单是外贸工作成功的关键!之后,随着客户对公司越来越熟悉、越来越放心,你只需要简单地定时提醒下单或提供最新产品信息即可轻松接单了。上述外贸开发信的目的就是要了解客户情况,以便安排后续订单跟进工作。

实战案例3-33:转介客户

Thank You for your Order!

Dear XXX,

Thanks for your order on August 10th of XXX products.

Since you have them for a month now, could you please tell us what you think? We'd like to have your review on our new customer feedback link: www.xxxx.com/newcustomerreview/

Also, as you think about the other purchasing managers in your organization, does one come to mind that has mentioned, or that you've noticed, is experiencing [product/service symptoms/problems] as you were?

You mentioned you belong to the local chapter of [professional association]. When you think about some of the people who have operations similar to yours, do you recall anyone mentioning [product/service symptoms/problems]?

Refer them to us and we'll serve them as we did same to you and solve their [product/service symptoms/problems].

▶ 案例分析

转介客户是稳固生意的主要环节。你的客户是否把他所有的生意都让你先做？是否把其他客户转介给你做？你跟客户做得越多，关系就越密切，关系越密切，就会有更多的生意。客户转介的生意，是稳固和盈利的生意。

获取转介客户的四条前提：客户与你沟通愉快，感觉到你能倾听客户声音、理解客户需求，认为你能为客户提供专业和有效的帮助，体验到你的产品和服务满足了客户需求。询问转介客户的最佳时机是客户购买了你的产品或服务并有了体验之后。

避免错误的询问方式，注意策略，不能直接询问客户名字，使得客户压力山大。比如，Do you know anyone else who would be interested in or could use our solution? 或者，Do you know anyone else thinking of buying something like this? 而是要像上述案例一样给客户一个方向和范围，并联想到为类似客户解决存在问题、解除痛点，而不是直接销售产品。

多种渠道获取转介客户。客户是生意和利润之源。要运用面对面、电话、电邮、网站链接等多种方式，让客户方便随时随地提供转介客户。

第四节　每星期写作一封全新的外贸开发信

前三节为外贸新人提供了在外贸三个阶段中取得进步的借鉴模板，目的仅在于参考。外贸实战时，很多外贸新人只知道一个模板打天下，天天在思索与寻找那万能的外贸开发信。但是，现实社会与学校受到的教育完全不同，解决问题的答案往往不止一个，很多时候甚至没有任何答案。你需要不断学习，不断创新，不断努力。以下分类提供部分写作外贸开发信的主题供外贸新人参考。

一、一定要突出新颖

请去掉"质优价廉"等陈词滥调，忘记所有的模板。不同行业对新产品和新供应商的需求相差很大。那些变化较快的行业比较容易获得新客户。按式样、变化速度，现对常见外贸轻工出口产品做如下粗略分类：

（1）经常翻新产品，比如礼品、饰品、电子产品、玩具。

（2）较慢翻新产品，比如陶瓷、玻璃、文具、家具、办公用品、家纺、家用五金。

（3）换季传统产品，比如服装、鞋袜、帽子、围巾、太阳镜。

（4）标准传统产品，比如建材、机械配件。

对于经常翻新的产品，外贸电邮营销可以通过强调新颖，招揽较多的客户回复，而那些标准传统产品，往往很难仅仅通过电邮获得新客户。另外，那些需要较多的组装或售后服务的产品，如机电设备、制造机械、工程等，销售的周期更长、难度更大，需要更高的渗透技巧。

二、不断挖掘自身优势

外贸营销要不断挖掘公司、产品以及自身的优点,并切实传递给潜在客户。比如:

(一) 强调新颖、设计、多种选择

Up to 5 new smart phone accessories released monthly.

300 – plus watches and clocks await you.

Diversify your metal premium and souvenir offerings. We create up to 60 new designs monthly.

Promotional sports caps with special flaps to secure iPads.

(二) 强调品质、给予安全感

Promotional goods made using the latest production technology.

Our items boast qualification rates of over 99%.

Source our CE –, RoHS –, and FCC – marked items.

Our toys meet CE, ASTM and CPSIA standards.

Source our canned plants, completed with SGS – certified fertilizer.

14 – day warranties.

SGS – tested privacy film for mobile devices.

(三) 强调服务、速度

Comprehensive multilingual services await you.

Orders completed in as quick as one week.

Your full – service provider for POP cardboard displays.

Our US headquarters makes us experts in that market.

Samples ready in 6 days.

Your inquiries will be replied to within the hour. And samples can be finished in just 1 day.

Free logo printing and large in-stock volumes.

Provide your design or logo, and we'll do the rest.

（四）客户与业绩证明

＄5 million worth of products exported last year.

Up to 300,000 USB flash drives monthly.

Coca-Cola, Nestle, Disney and Pepsi are among our distinguished clients.

Shopping bags that sell well in over 30 countries and regions.

Our products were used at the 2012 Summer Olympic Games.

Industry giant trust us from start to finish.

三、持续改进，不断实战、总结、提高、创新

以上部分案例可以用作外贸开发信标题或营销宣传主要内容，但是，这些仅供参考，请勿照搬。其实，真照搬了也无用！大量实战，并结合自身行业和个人特点，挖掘产品和客户特性，学会自主创新，才是外贸电邮营销成功的关键。

那怎么评判外贸开发信的优劣，并以此为依据来不断改进呢？外贸开发信是否有效的唯一标准是：回复率与下单率。

从外贸实践中看，随着国际贸易竞争的激烈，外贸开发信的泛滥，成功率不断下降。发外贸开发信就像体育比赛一样，谁的进攻能力强，谁就容易得分；谁的防守失误少，谁就容易取胜。客观地讲，发外贸开发信是个苦差事，所以基本都是些外贸菜鸟在操作，而他们由于缺乏经验而错误百出。竞争是个相对的概念，在中国外贸营销总体水平较低的条件之下，只要尽量少犯些错，就能超越同行。

以下罗列的是针对潜在客户的、主动性质的外贸开发信所可能犯的错误，以及其扣分标准。若按100分为满分的话，很多外贸开发信都是负分状态！请对照检查并切实改进。

（一）大错（战略层面，一个扣 30 分）

（1）缺失标题，或标题很弱，缺乏冲击力，对方根本没有兴趣点开。

（2）过于自我的态度，没有突出"you"，这种开发信被视为没有任何价值，可以立即删除的垃圾信件。

（3）假大空文风、企业口号式宣传，令人厌恶、被当成骗子。

（二）中错（策略层面，一个扣 20 分）

（1）低声下气，缺乏底气。生意不是求出来的，而是积极争取做出来的。所以，外贸开发信要写得礼貌但不要卑下。

（2）缺乏行动召唤。不是报个网站链接给对方就万事大吉了，要充分说明，对方为什么要看你的网站？

（3）老古董文。此类邮件就是大部分学校所用的外贸函电教材中列出的范例。

（4）技术资料堆砌。再便宜再高质，不与对方的想法联系起来，别人不会有兴趣。

（5）文体或调子随意而为。外贸开发是严肃的商业行为，要亲切自然但不是率性随便。

（6）其他，比如急于求成、乱发广告。

（三）小错（执行层面，一个扣 10 分）

（1）空格错用、乱用。

（2）s 漏用、错用。

（3）语法错误。

（4）拼写错误。

（5）中式英语。

（6）内容或事实错误。

（7）字体、色彩出错。

（8）其他各种错误。

改进建议：

（1）先做容易的事情，养成反复检查所有单词、语句、标点符号的良好习惯。细小方面要坚决做到零错误！

（2）做最有价值的战略研究。对方是谁？对方需要的是什么？（绝对不是很多人所习惯啰唆的 we we we our our our I I I 等字眼）。等切实完成如上两项学习研究以后，再考虑下一步改进措施。

（3）注重策略，提高回复率。

四、如何竞争报价提高成功率

针对国外公开询盘（如外贸平台阿里巴巴国际站），会有很多国内厂商一拥而上去报价，血拼价格。恶性价格战中最后获利的是部分海外采购商，哭的是辛辛苦苦的民营厂商和民工。笔者把此种情况下的外贸报盘称为"选妃式"外贸开发信，建议外贸新人尽量不要去参与混战，最好能独辟蹊径，通过展会、谷歌搜索＋开发信、SNS营销、客户转介绍等手段获得新客户。如果不得已参与其中了，那在弱肉强食的丛林法则下，就必须采取非常凶狠猛烈的策略，打败同行，才能让对方选中而回复。

你的外贸报价信息总是石沉大海吗？笔者2014年初带过三个外贸新人，我们同时发外贸报价信，努力提高在阿里巴巴平台的RFQ客户回复率，阿里巴巴的标准是25%为优秀。笔者报价信的回复率是45%，但新人往往都不足20%。其实要得到潜在客户回复不难，这里，我只简单传授三点：

（1）快：给潜在客户一个先入为主的好印象，显示你的专业性。

（2）答：回答客户关注的问题（阿里巴巴平台客户绝大部分是要低价）。

（3）问：用提问拉住潜在客户。

此三招简单实用，一周后新人的回复率平均达到30%。不断实战之后，优秀的业务员还曾达到50%以上的RFQ回复率。

总结外贸带兵，最关键的一条是商场如战场，外贸销售是实战艺术，需要真刀真枪与客户交流锤炼,新人先把数量做够,越多越好。

本章总结

万事开头难。兢兢业业不断尝试才能有第一次的突破,而从第一次到第 N 次,从一个成功点不断延伸和复制,你的外贸之路将越走越宽!

第四章 写作开发信，功夫在信外

内容提要

本章整理若干开发信写作范例，分析其写作思路、方式技巧、待改进的地方等，帮助外贸人找到自己公司与产品的独特卖点，写作有针对性的个性化的高质量外贸开发信。

第一节　千人一面的古董推销信

一方面,中国外贸在飞速发展,迫切需求各类人才;但另一方面,由于知识产权制度不受重视、教育体制僵化脱离实际、企业现代管理理念保守落后等,导致相当多的人知识老化、不思进取。目前,中国的外贸教育人才匮乏,富有经验的实战培训市场刚刚起步,外贸从业人员的英语平均水平不高,外贸方面的市场营销素养和推销能力贫乏,所以外贸业务人员对于外贸开发信的写作缺乏系统、科学的研究。外贸开发信的主要现状是,低水平的自主开发相互抄来抄去,基本上还是沿用古董式样的外贸函电模式。而信息时代的发展日新月异,外贸人需要摈弃那些没有效果的开发信。以下是三个实际案例,这三个真实案例都是无效或低效的外贸开发信(电子邮件),代表了目前外贸开发信的平均水平。为便于对照批评,除了地名、人名、厂名等信息做了修改,其他部分都照录如下:

 实战案例 4-1:某家具厂家的外贸开发信

We want to be ur furniture supplier

Dear Trump,

So glad to hear that u are presently on the market for various furniture, and as a specialized manufacture and exporter for this product in China, we hope to establish friend business relations with u.

Pls find the attached some of our most marketable products photos for ur reference, hope they will be of interest to u, and any inquiries from u are highly appreciated.

Looking forward to hearing from u soon.

Best Regards.

Pinky

Address：123 Industry Rd., Any City, Any Province, PR China

Phone：0086-55-5555-5555

Fax：0086-55-5555-6666

Web Address：www.xyzfurniture.com

Email Address：pinky@xyzfurniture.com

原作者说明：

一般的我会附上公司的产品图片。这封是给客户的回信（在阿里巴巴上找的客户）。有时候我在其他的网站上找到客户信息，也是发一封和这个差不多内容的开发信。不过我会写上从哪里得到客户的信息。有时候我会把一款产品的详细信息写在上面。

案例分析

写作原理： 积极、正面、有趣、为客户着想（利益、方便、安全）

主要问题：

1. 基本写作类问题

标点符号后没有空格，词句错误。

2. 表现形式类问题

过于随意的用词 u，pls，ur。

3. 写作内容类问题

第四章
写作开发信，功夫在信外

全部是从"我们"出发的内容，没有为客户考虑。

 实战案例 4－2：某服装与饰品外贸公司的外贸开发信

[No title]

Dear Mr Donald Trump：

How are you?

We are Xyzvvv Hcccynnn Imp. & Exp. Co., Ltd. which mainly doing business of Fashion Garments and Accessories in China. Our market is mainly in Europe, USA and Japan, Our clients includes 123, GAP, ADOLFO, CAROLL, P&C, BELLUNA... We have our own factory and have a good relationship with many other factories.

We also have a kind of handbag decorated by porcelain. Pls find them on http：//picasaweb. google. com/x/bags with porcelan.

Hoping we will have a chance of cooperation.

My email address：sh_ rooo@ yahoo. com. cn.

Waiting for your kindly reply.

Best regards

Rooo

说明：

本开发信是通过阿里巴巴发送给美国客户的。除了正文部分，联系信息还包括在信尾由阿里巴巴提供的 Sender's Name Card。

▶ 案例分析

写作原理：积极、正面、有趣、为客户着想（利益、方便、安全）

主要问题：

（1）基本写作类问题，如：标点符号后没有空格，词句错误。

（2）表现形式类问题，如：缺乏底气（Hoping we will have a chance of

cooperation. etc. ）。

（3）写作内容类问题，如：全部是从"我们"出发的内容。

 实战案例 4-3：某轻工贸易集团的外贸开发信

[No title]

Dear Sirs,

  It is so glad to have your information from Internet.

  Allow me to introduce you our company：

  Founded in 1992, Fxxxyyyzzz Group Ltd. is a foreign-capital enterprise, and our headquarters is in Hongkong. We are a professional manufacturer of sporting goods, garment and accessories.

  We have won five manufacturing factories and a marketing center under Fxxxyyyzzz China：

  - Qyyzz (Gvvjuu) Clothing Weaving Co., Ltd.: Knitting underwear & garment.

  - Hzzyy Clothing Weaving Co., Ltd.: Knitting & tatting garment (Sweater / jersey).

  - Szzxx Light Industrial Co., Ltd.: Bag / hat / scarf / glove.

  - Qyyxx Sporting goods Co., Ltd.: Sporting goods.

  - Jxxyy Textile & Fabric Co., Ltd.: Non-Woven Fabric and Woven Fabric.

  - Fxxzz Business & Trading Co., Ltd.: Marketing centers, it is responsible for the whole product sold, customer service and development product (R&D) center.

  Since established, we persisted in the principle of "Quality Service First, Pursuing Fashion Perfection, Respect Contract and Observe Credit".

  And all of our products are very popular from domestic and abroad.

  We have a group of excellent talents who are good at seizing the market changes and our R&D dept. has been engaging in developing new items and designs to satisfy the demands for domestic and international market.

For more information about our company and products, welcome to visit our website: http://www.fxxxyyyzzz.com.

We'd like to cooperate with you under the mutual benefit to expand our export and create more business opportunities.

Any questions please feel free to contact with us. Your early reply will be highly appreciated.

Thanks and best regards.

Leo Zyx / Thank you very much for your great support！！！

== ==

Fxxxyyyzzz Group Ltd. China

TEL: + 86 – 555 – 55555555 Direct: +86 – 555 – 77777777

FAX: + 86 – 555 – 66666666 Skype: leo. Zyx

Email / MSN: leo@fxxxyyyzzz.com http://www.fxxxyyyzzz.com

Manufacture: Sporting goods, garment and accessories

== ==

* *

This E-mail is confidential. It may also be legally privileged.

If you are not the addressee you may not copy, forward, disclose or use any part of it.

If you have received this message in error, please delete it and all copies from your system.

And notify the sender immediately by return E-mail.

Internet communications cannot be guaranteed to be timely, secure, error or virus – free.

The sender, Fxxxyyyzzz Group Ltd. and its subsidiaries do not accept liability for any errors or omissions.

* *

▶ 案例分析

写作原理：积极、正面、有趣、为客户着想（利益、方便、安全）

主要问题：

1. 基本写作类问题

此开发信的写作是比较认真的，作者花了很多工夫并作为范文发给同行参考学习。但是本外贸开发信仍然有词句错误，如：Marketing centers，多了"s"。还有一些其他语句不妥当的地方。

2. 表现形式类问题

本外贸开发信写作中东拼西凑的痕迹比较明显，例如开发信的最后一大段莫名其妙的"This E-mail is confidential……"明明是像广告一样的外贸开发信，却搞得像高端的商业机密信函，完全是"很好很强大"的虚假文风。

3. 写作内容类问题

本外贸开发信最严重的问题是，信件内容几乎全部是从"我们"出发的，客户无法知道对他有什么意义。

与上述三封外贸开发信类似的信件比比皆是，千篇一律，都在语言文字细节上不够严谨。最致命的都是只从自己的立场出发写介绍信，没有为客户提供有吸引力的价值陈述。反过来想想，要是有供应商写这样的开发信给你，只用空洞的词句说自己如何如何，你会对他有兴趣吗？你会回复吗？

如果你也不满意，那请想一想，如何改进上述三封开发信。作为对照和参考，你可以参看本书最后针对上述三封外贸开发信所提供的相应全盘改造方案和详细说明。

第二节　杜绝假、大、空，努力尝试积极、真实、有趣

一、什么是"左右开弓"式开发信

从写作者对读者的影响方向出发，我们可以把开发信分成这样几种：无

脑开发信、左脑开发信、右脑开发信、"左右开弓式"开发信等。所谓无脑开发信就是类似上面第一节中举例的那三封外贸开发信,写作者由于教育、经验、思路、知识、为人等各方面的因素,写出的开发信显得没头没脑,缺乏针对性,效果平平;右脑开发信是指比较偏向于针对对方的右脑,即比较感性化和情绪化的一面,注重对方的情感需求和热点,追求以情动人的效果;左脑开发信则是指比较偏向于针对对方的左脑,即比较理性的一面,着重事实、数据等,追求以理服人的效果;"左右开弓式"开发信以强大的情感攻势先声夺人,再辅以翔实的事实和说理,让对方感觉理由非常充分并且需要立即行动,才会对自己有好处。显然,这样左右兼顾的外贸开发信可以更好地在服务对方、感动对方的情况下,追求到你的商业利益。以下,请先看两个国外的外贸开发信例子。

 实战案例 4-4:瞧瞧韩国人的开发信

[No title]
Dear XYZ,

Has it been a good time for you?

I really want to know about the weather of your country.

I severely have been bothered to feel sticky cause it has been the rainy season in Korea. I wish you've been in fresh atmosphere.

Today, I intend to recommend you two companies in Korea.

One is Cxxxxhyyy Daaa. Cxxxxhyyy Daaa is a professional inkjet media manufacturer. The other is Ox-xxxx Electronics. Ox-xxxx Electronics usually makes quality TFT-LCD panels.

I think they already have prepared to advance worldwide. And they will meet your satisfaction.

Here is their ads. If you have any questions about their details, please contact me without any hesitation.

Best Regards.

▶ 案例分析

写作原理：积极、正面、有趣、为客户着想（利益、方便、安全）

主要特点：

1. 基本写作

语句比较平实。

2. 表现形式

对话式，采用我对你的形式，比较有亲和力。

3. 写作内容

以拉家常、谈天气和感觉开始，转到朋友式地介绍两家公司。

说明：

这是一封典型的"右脑开发信"。真难为了一贯邦邦的韩国人，此开发信试图以情动人，写成亲切朋友式的对话版本，用聊天介绍方式做推销。如果在信后所附的"硬性介绍"中，有过硬的产品性能和作用资料，将构成对收信人的强大冲击力。可以说，此开发信在写作思路上是成功的，缺点是写作技巧相当地生硬和突兀。这封开发信的具体效果如何就要看，第一，对方是否是接受这类产品的合适对象；第二，这样表达感情是否能够为对方所接受。如果是第一次联系的客户对象，摆出这样过于自来熟的架势，显然有点操之过急。

 实战案例 4-5：读读德国人的开发信

[No title]

Ladies and Gentlemen,

QQQ Systems offers standard Compact TPC and Compact TPC express solutions as well as rugged conduction cooled systems that meet the highest Military and Aerospace standards, always assuring your customers highest quality demands.

For detailed information please check the attached *.pdf files or visit www.qqqsystems.com.

If custom developments are needed, please contact us at sales@qqqsystems.com.

We are looking forward to your reply.

Mit freundlichen Grüßen/ best regards

Julia Roberts

Sales/marketing

QQQ Computer Systems

Lehrstr. 99

66666 Dietzenbach

GERMANY

TEL：06055 – 55555 – 8

FAX：06055 – 55555 – 9

juliaroberts@qqqsystems.com

▶ 案例分析

写作原理：积极、正面、有趣、为客户着想（利益、方便、安全）

主要特点：

1. 基本写作

语句斩钉截铁、直截了当。

2. 表现形式

商业介绍的形式，采用非常简短的三段，语言简练，但有具体在军用上和太空上的使用情况证明产品质量，非常有说服力。

3. 写作内容

提供解决方案（注意不单单是产品）以及相关产品，给需要信息的客户提供网站，需要定制的客户发送电邮，服务多样，非常贴心。

说明：

这是一封典型的"左脑开发信"。此开发信试图以理服人，硬性介绍自己的服务和产品有过硬的性能，符合德国产品高质实用的特性。背靠坚实的制造底子和品牌，这样直截了当的写作风格，也是可以成功的。所以，这封开发信的具体效果关键在于，第一，对方必须是需要这类质量的产品的合适对象；第二，产品品质的独一无二，才能保证其服务和产品的推销。

二、"酒香不怕巷子深"的营销方式，在信息时代需要改进吗？

上述德国人的开发信（例子4-5）采用的是类似"酒香不怕巷子深"的营销方式，也是我们中国最为常见的外贸开发信，是一种硬性推销式的写作思路。可惜，这样的思路现在很难推销中国的外贸产品，更不容易在外贸形势不乐观的时候打开新的外贸市场。现实中我们可以看到，大量的出口企业只知道强调自己价廉物美，低价竞争，导致自己利润微薄，难以为继。我们从实际情况来分析为什么会这样。

其一，很多外贸开发信都人云亦云地强调自己的质量很好。其实这完全是吃力不讨好的行为。鉴于中国产品在世界上廉价低质的名声，如果你没有大量确凿事实和长篇论述，是不可能在一封外贸开发信中，彻底影响采购商对你的看法的（甚至很多是根深蒂固、无法改变的歧见）。何况，很多外贸开发信缺乏真材实料，没有可信度（至少是没有表现出任何可信度），只是空洞地泛泛而谈自己的历史、规模、质量，喊几句"质量第一"、"质量为本"之类中国式的企业口号，根本无法在对方心目中建立任何良好印象。这样的外贸开发信，对方当然是一删了之。

其二，还有不少外贸开发信强调自己的产品价格便宜。其实这是接近于自杀的行为。第一，你是否真的能确保，与任何同行厂家相比，你自己的产品是最低价格？第二，如果别人能够以低于你生产成本的价格销售，你是否也会不惜血本跟进？恐怕很难有企业家能够长期地、全面地这么做，全世界也只有少数采取极端低价策略取得成功的，如沃尔玛以"天天低价"打败很多中小零售企业对手，成为商业巨无霸。但是在沃尔玛的巨大阴影下，倒下了无数采取最低价格策略的零售企业。而且，即使你真的能在价格上做到这两条，对方也会怀疑你的质量，怀疑你能维持多久，怀疑你的用心。所以，光是笼统地强调低价是危险和无效的。

我们写作外贸开发信要彻底改变从自己出发的思路，摒弃想当然的习惯，全面换位思考，从采购商的角度来研究和写作成功有效的外贸开发信。这就是 WIIFM 的原理。

第三节　学学世界上最受欢迎的广播电台 WIIFM

外贸开发信写作的微妙和关键在于：深入对方的思想，打动潜在客户的内心。这就是 WIIFM 原理所教导的：销售是要以客户的需求为中心的。无论是质量、价格、服务、功能、特性等，都要为客户着想、为客户所接受。

一、什么是 WIIFM 原理？

WIIFM 原理的由来是这样的。在美国，电台的呼号一般是 W 开头的，FM 是调频广播的意思。所以，一句在销售中常常提到的术语"What's in it for me"（对我有什么好处），往往简化成 WIIFM，并且因为类似电台呼号而在销售界被戏称为"WIIFM, everyone's favorite radio station."（WIIFM，每个人最喜欢听的电台。）

这个说法并非仅仅是个巧合的玩笑。"对我有什么好处"这个问题在你的潜在客户心目中是至关重要的。你必须回答好这个问题，才有可能赢得客户。你的潜在客户一般并不在乎你个人或你的公司，你的潜在客户甚至也不在乎你提供的产品或服务。确切地说，你的潜在客户唯一关心的是：你所提供的产品或服务能够为他带来什么利益或好处。

二、怎样运用 WIIFM 原理？

首先，你的外贸开发信在构成上要时刻不忘开发客户的 WIIFM。很多外贸同行的开发信只是把文字拼凑成像一封信的样子而已，而在实质内容上根本没有做到"开发"两字的要求。WIIFM 的观点可以帮助你认识到：为什么要注重客户需求。你的外贸开发信文字内容的最基本要求是：

（1）清晰明确和醒目引人；
（2）讲述对客户的利益而不是仅仅介绍自己和自己的产品；
（3）使用对方的语言而不是照搬技术部门或营销部门的语言。

其次，你的外贸开发信在文字内容上要激发对方的想象力和打动对方的心理需求。为什么这是 WIIFM 推销原理当中非常重要的法则？因为，人们首先需要在情感上决定是否购买，然后才是根据相关事实来合理化自己的购买决定。客户购买过程主要是个感性过程而不是理性过程。你可能本能地认为或感觉不是这样，即客户都是经过理性思考后才决定购买的，但是客户销售心理学研究已经证明了"先感性后理性"的客户购买法则。作为业务员，你不妨熟悉和接受这个经过千锤百炼的商业观点，并且依此理论行事，你的销售结果就会大大改观。

再次，你的外贸开发信所传达的对客户的利益和好处是 WIIFM 的实质和决定性元素。你需要讲述你的产品或服务是如何让对方的工作更容易、生活更方便、身体更健康、性情更愉快的等。你要用清晰、感性、简单、直观和有条理的方式，告诉他们为什么你能够做到这些。你的产品或服务的特征、规格、价格等都是重要因素，但不是根本的决定性因素。

最后，WIIFM 推销原理要求你在写作外贸开发信时，对不同的客户对象有不同的介绍方式。按心理学家荣格对个性的分类，营销专家把潜在客户分成四大类：自信/自驱型、和善型、分析型、外向/人际型。不同类型的客户对象会有不同的内在心理需求，会提不同类型的问题，会需要不同方式的推销介绍。为了说服对方，为了让对方参与到销售过程中去，你需要使用他们所习惯的语言，以他们觉得舒适的方式推销给他们。因而，你需要准备多种类型的外贸开发信，用以适应不同客户的口味和爱好。本书以下各个章节将为你做分析说明和实际举例。

第四节　你是谁？客户为什么要理你

对采购商而言，你是陌生人。采购商收到你的外贸开发信，他们首先对你的感觉肯定是：防备、怀疑、不在乎等心理。你的外贸开发信要做到，立即扫除这些心理障碍，迅速让对方知道你是谁，为什么要和你认识。AIDAS法则和独特销售卖点，可以帮助和指导你做到这点。

一、AIDAS法则：帮助你控制好外贸开发信内容写作的流程

AIDAS是英文首字母缩写字，意思是"注意、兴趣、渴求、行动、满意"（Attention, Interest, Desire, Action, Satisfaction）。AIDAS法则是要求你的外贸开发信做到：第一，信件标题和内容导语要能立即引起对方的注意；第二，信件主题要始终保持对方的阅读兴趣，一旦有丝毫偏离对方的兴趣，对方就可能不再往下看；第三，主要内容要能够激发对方的内在心理欲望、心理需求；第四，最终结果是要激励和鼓动对方采取行动；第五，后续内容和所有行动要让对方满意。

AIDAS法则并非仅仅是商学院创造的专业名词，它在实际应用当中，可以帮助你保持客户的注意力，引导他们从头到尾地阅读你的外贸开发信，并按你的要求采取后续的行动。正确理解和采用这个原则，你的外贸开发信可以让客户跟着你的思路，最终按你的希望来进一步采取询问、询价、下单等后续采购行动。

所以，在外贸开发信的写作中，保持和激发对方兴趣的最关键之处是：一、从对方感兴趣的角度来让对方知道你是谁。二、以事实说明对方为什么要理睬你。不然，你就会像很多"无脑开发信"一样，只知道一味说自己如

何如何，却丝毫无法引起对方的兴趣，别人会感觉你的东西对他没有任何关系，根本没法阅读下去。你辛辛苦苦花了很多时间和精力写作和发送的外贸开发信，最后结果就是被对方一删了之（电子邮件版本），或是丢入垃圾桶（纸质邮寄版本）。

为了让你自己的外贸开发信脱颖而出，你就必须有自己的突出之处。你需要准确定位自己的产品和服务，建立自己的独特销售卖点（Unique Selling Proposition 或 USP）。这样，可以让对方在茫茫电子邮件的海洋中或是如雪花般的纸质邮件堆里，发现你小小的信件，切合对方的需求，解决对方的问题。

二、独特销售卖点（USP）：发挥出自己的特点

（一）独特销售卖点是什么

在激烈的商业竞争中，特别是在环球一家的信息时代，作为一个外贸业务人员，如何让你的产品和服务在成千上万的类似商家里面显得独特、富有价值，从而脱颖而出呢？只有差别化才能避免死亡，你需要有自己的独特之处，用来在细分市场中占有自己的一席之地，绝对不能人云亦云。细分才能聚焦，独特才能专业。如果什么市场都想占领、大小订单都想去捞一把，那你通常没有什么专业性，缺乏重点，无法有所突破。因此，你一定要认真选定最有优势的竞争领域或方向，并千方百计地表现出你是其中最优秀的、最突出的。认真分析研究和提炼总结自己的定位和特点，以此在所有的营销中强调你的"独特销售卖点"，这样可以让你做到：

1. 独特

你的独特性把你和竞争对手区分开来，让别人可以根据自己的需要，而认出你并选定你。

2. 销售

强调销售的特性，你的根本目的是说服目标客户来购买你的产品或服务。

第四章
写作开发信，功夫在信外

3. 卖点

提供一种动态的销售建议和提议，让对方接受你。

（二）什么是成功的独特销售卖点

美国联邦快递就是靠它的独特销售卖点迅速占领了美国的隔夜快件市场，即 "*Federal Express: When it absolutely, positively has to be there overnight.*" 它解决了客户物件需要保证按时准确快速地到达的问题。以下六个案例是独特销售卖点的成功实例，他们可供你写作外贸开发信时做参考。

 实战案例4-6：独特销售卖点的成功案例

1. 物流行业

客户内在需要：明天要发到客户那里，却找不到公司保证隔夜快速递送。

独特销售卖点："*When it absolutely, positively has to be there overnight.*"

中文大意：绝对必须在次日送到的。

分析说明：美国联邦快递的著名广告。

2. 食品行业

客户内在需要：孩子们很饿，而爸爸妈妈却没有精力做饭。

独特销售卖点："*Pizza delivered in 30 minutes or it's free.*"

中文大意：保证30分钟内把披萨送到，不然不要钱。

说明：多米诺披萨的这个卖点口号，价值评估在10亿美元以上。

3. 房地产行业

客户内在需要：自己的房子需要迅速出售，但不想贱卖。

独特销售卖点："*Our 20 Step Marketing System Will Sell Your House In Less Than 45 Days At Full Market Value.*"

中文大意：我们用20个步骤的营销系统，让你的房子在45天之内卖出市场高价。

分析说明：某房地产经纪公司的广告。

4. 牙医行业

客户内在需要：因为怕疼痛和排长队，人们非常害怕去牙医诊所。

独特销售卖点："We guarantee that you will have a comfortable experience and never have to wait more than 15 minutes or you will receive a free exam."

中文大意：我们保证您过程愉快，等候绝不超过 15 分钟，不然，全额免费。

分析说明：某牙科诊所的独特销售卖点，克服一般人的恐惧心理。

5. 药品行业

客户内在需要：受凉了，感冒了，很难受，睡不好。

独特销售卖点："The nighttime, coughing, achy, sniffling, stuffy head, fever, so you can rest medicine."

中文大意：用于晚上咳嗽、疼痛、鼻塞、头晕、发烧等，可以让你安睡的药。

分析说明：感冒药 Nyquil 的广告，强调安睡。

6. 珠宝行业

客户内在需要：珠宝价格昂贵、零售利润奇高。

独特销售卖点："Don't pay 300% markups to a traditional jeweler for inferior diamonds! We guarantee that your loose diamond will appraise for at least 200% of the purchase price, or we'll buy it back."

中文大意：不要为了一个平凡的钻石而给传统珠宝商 300% 的常规定价利润！我们保证我们给您的散钻可以至少被估价师评为两倍于您所支付的金钱，不然，我们立马原价收回。

分析说明：某珠宝直销商的广告，具体的数据、强烈的保证。

请你注意上面的成功案例，它们都是非常具体地提供了解决客户问题或烦恼的方案，是从为客户服务的角度进行营销，而不是从自己的产品角度出发进行硬性推销。写作外贸开发信也要这样，你应该为客户着想，为客户解决问题。特别是在目前中国产品同质化、价格透明化的情况下，更要在产品和价格之外多做文章，选取角度为自己树立精练、精确、富有冲击力的"独特销售卖点",用词要形象、具体、确切,坚决摒弃那些所谓"质量第一"、"诚信为本"、"价廉物美"之类的空洞宣传。

(三)怎样找出自己的独特销售卖点

外贸开发信写作不能为了写作而写作,要注意提炼自己的独特销售卖点,而不是简单的自我介绍,也不能光谈"价廉物美"的空话套话。外贸专业人员要切实提高自己的产品知识和开拓业务的能力,在大力改进所在公司的各项管理和客户服务水平的基础上,注意深入挖掘自己的特色,创造自己的特色,在服务上多下工夫。在竞争越来越激烈的外贸市场上,你要想成功,本身的内功修炼决定一切。以下通过举例为你说明提炼自身优点的方法和思路。

 实战案例 4-7:独特销售卖点,你的产品比别人有更多的选择

类型:长标题

We Always Have 168 Different (type of products)

In No Less Twelve Different Sizes

And Ten Durable Colors

In Prices Range From ＄8.99 To ＄699

……

▶ 案例分析

本着为客户着想的原则,以自身供应链优势为客户提供供货上的方便。这里强调的是产品服务,在标题上用事实罗列的形式来进行说明,突出气势。结合这个独特销售卖点,你的外贸开发信、网站介绍、产品图册等的内容就可以进行具体、深入的说明,包括证书、销售量和范围、客户见证、过往经历和故事等。

实战案例 4-8：独特销售卖点，你的服务比别人更加完备和优秀

类型：简短标题 + 详细说明

Most [type of product] Companies Pick and Choose

In our company, we will provide you quick service response whenever you needed. We always have 18 service people ready on 24 hour call, 7 days a week, 52 weeks a year – including holidays, even Christmas, New Year's Day and Spring Festival. With 18 full – time service people always on duty, we can and will response to any of your service project, large or small, within three hours – even on weekend.

One more important point: Our prices are the same whether you use us weekdays at 2 p.m. or weekends at 5 a.m.. And our rates average 10% below our top ten competitors.

…

▶ 案例分析

本着为客户着想的原则，为客户提供服务上的方便。这里主要强调的是全天候的客户服务，并用事实来详细、具体的说明。在价格说明上，也给予客户信心。但是请注意这里的价格对比是很有技巧的，并没有跟最低价格做比较。你的客户肯定不傻：优质服务是有代价的，不能一边强调优质服务一边说是最低价。

 实战案例 4-9：独特销售卖点，你的产品表现得比别人更为出色

类型：长标题 + 详细说明

When You're in the Market for BBB [type of product]

You Want to Know All Your Choices –

Unless You Are Happy with Just Any Old

BBBs. Or the First BBB You Find

If you're not aware of all the available choices, how can you possibly know which BBB is right for you?

That's why XYZ Company doesn't just offer one or two kinds of BBBs. We've researched the BBB industry extensively for years. There are 360 different kinds of BBBs, and depending on your budget and expected usage, different ones may serve you better or more economically.

If your BBB must last fifteen years, spend 20 percent more for our twenty – year – guaranteed, triple – layered, quadrupled – welded (not riveted), lead – re-inforced Supper Deluxe BBB.

If you only need the BBB for a few years or so, our private label copper/tin version is fine. It's one – half the thickness of the top – of – the – line model and has 60 percent of the capacity, its seams are precision – riveted and solid – sealed, and its durability rating is eight – eight plus. Best of all, it only costs 40 percent as much as the top – of – the – line model.

Your needs are unique, and a BBB that might be perfect for someone else might be too much or too little for your special needs. That is why we feature 15 brands, 68 different models and 360 different types. Plus...

▶ 案例分析

这里详细地为客户展示了某某产品的特点和范围，充分显示了公司的实力和技术水平。这样的独特销售卖点说明，让客户印象深刻，可以比较放心供应商的专业素养和服务水准，从而容易做出进一步联系的决定。随后在条件合适的情况下，就会下订单采购。你可以参照此模式，深入研究本行业的专业情况和贵公司的特点，认真细致地提炼和写作你独特的销售卖点，从而让你在与同行的竞争中独占鳌头。

诚然，做到差异化非常不容易。差异化是要建立在非常专业化的基础之上的。首先你必须代表的是一个优秀的企业并有富有竞争力的产品，其次你本身要修炼成专业人员。而要想成为外贸行业的专业人员，你应该彻底了解自己所做产品里里外外所有的技术细节，熟悉全部外贸流程，如推销、报价、打样、生产、跟单、出货、报关、商检、运输、保险、付款等，深入研究竞争对手情况和客户的需求。在此基础上，认真总结和不断优化自己的独特销售卖点，并据此形成一系列的营销文字和图片设计，包括广告、标题、详细说明、相关特色产品、开发信、产品图册、网站等。磨刀不误砍柴工，必要的时候，你应该寻求外贸营销专业人员帮助，参加培训或进行咨询，从而精心打造出出类拔萃的外贸独特营销卖点。

三、不同外贸人员的特点和优势

目前国内做外贸业务的主要有三大类。分别是外贸公司、生产厂家、个人SOHO或个人挂靠。这三类外贸人员各有特点和优势，以下分别进行说明和举例。

（一）外贸公司

外贸公司适宜强调自己品种多、门类全、信息快、经验多、关系广、掉头灵、服务深、单据活、交流强等特点和优势。如果能够在上述领域继续努力，并在产品设计、客户服务、渠道建设等增值服务方面有突出的优点，外贸公司将继续保持自己外贸业务上的优势。

（二）生产厂家

国内的民营生产厂家绝大多数都是中小企业，甚至还有很多生产企业没有进出口权，需要通过其他外贸公司办理出口业务。生产厂家在客户眼里的最大优势是可以绕开外贸公司直接获得工厂的低廉价格。因此，如果你是小作坊，就突出你小而美的优势、个性化服务的温情等。

（三）个人 SOHO 和个人挂靠

个人 SOHO 和个人挂靠兼具贸易商和生产商的特点，有些人最后成为出色的贸易商，有些人专注于做好小工厂的代理。个人做外贸，需要的是吃苦耐劳、头脑灵活。用最小的成本开发出自己的忠实客户，并且以优异的服务保持和扩大销售。在外贸公司和生产厂家之间，有着广阔的自由发挥的天地，个人做外贸一定能够做得非常优异，是完全可以赚大钱的。

 实战案例 4-10：强调自己优异之处的三个案例

1. 外贸公司强调服务经验

Regarding [type of product], Can You Get Your Questions Answered on the Spot?

Do you have this same problem?

When they decided to switch to our company, my clients often told me that whenever they had questions regarding their [type of product] orders from their former suppliers in China, they always had to wait some time to get a straight answer. Sometimes, the wait could be days or even weeks. And the answers were often in incomprehensible English.

If so, please switch immediately to us to avoid your further troubles and frustrations.

The fun begins...

For you, we do...

▶ 案例分析

商业世界，时间就是金钱，做外贸尤其如此。这点值得所有外贸人高度重视。但是，由于时差和专业素养问题，现实中不少外贸业务员做得很不理想。很多进口商常常抱怨：无法立即得到中国商家的回复。这个外贸开发信案例就是突出自己在立即回应客户方面的时间优势和交流质量优势。树立这个方面高标准的服务理念和服务程序作为独特销售卖点,可以立即把其他竞争对手比下去。在随后的说明中,要对这个卖点作具体说明并细致解释对客户的好处。

---

2. 生产厂家强调产品优势

Is There a Middle Man Standing Between You and Your [type of Product]?

Get rid of the useless middle man! Especially in this fast changing information age.

We finally cut them all two years ago. With less complicated communication, our clients are doing great now. Nine years ago, almost all the [type of product] we made were exported through those so-called Import & Export Companies. Today, we sell directly to the importers like you 100%.

First, you can save about 10% to 50% of the cut those middle men taken in the past...

Second, the service you are getting...

Third, the products you'll see...

Last but not the least...

▶ 案例分析

生产厂家的独特优势在于价格。很多时候,生产厂家的出厂产品,国内的出口商先过一手,国外的进口商再过一手,到了当地的国内批发商那里,价格已经翻了至少一倍以上了。当然,这里面有很多是必需的运费、关税、仓储、货运、服务等成本,但也有很大一部分是中间所产生的商业利润、政府税收、通信费用、管理费用等损耗。全面掌握进出口行业的商业环节和流程,充分利用现代通信工具,合理安排各项服务的外包等,生产厂家完全可以直接供货给国外当地的分销商或终端商户,从而缩短货物的进出口流程,省去大量的中间费用。

我们现在是信息时代,网络无远弗届,它可以让我们立即为产品找到当地的商家。在这个过程中外贸开发信起到非常重要的作用,来说服、鼓励、帮助对方缩短原本所有的商业环节和距离,让你的产品更有竞争优势。

3. 个体外贸强调工作细致

Can You Reach Your Current Chinese Suppliers at 4 P. M. ?

It's a global village but unfortunately we still have time zones. Most of the time, if you want reach your suppliers in China later in the day, you can't get an answer of your question, no matter how big or small it is, until the next day, when they get up to work.

Not me!

You CAN reach me any time. Here is my always – on personal cell phone 131 ××××× and it's your 24 – hour hotline. There is no question too small or too big. I will and can do whatever it takes to resolve it as soon as possible for you. After all, I am working for myself and you, clients are my bread and butter.

Plus, ... for example...

And Plus, ...

And Finally, I would like to say, ...

▶ 案例分析

本案例提供的是24小时服务,也是SOHO外贸人的服务卖点。勤能补拙,人性化和个性化的贴身服务,可以让一无所有的外贸人白手起家,在外贸竞争中抢到自己的生意和客户,打开一片天地,成就自己的财富梦想。外贸SOHO可以充分利用信息时代的网络工具(网站、论坛、博客、社交网络、电子邮件、即时通信工具、视频等),做活做好外贸业务,只要产品合格,服务超群,也可以拥有自己安身立命的一席之地。

严重警告:

如果你不是产品知识专家兼外贸流程行家,或你不愿意、不能够仅仅专心服务少数几个客户,请勿尝试使用上述外贸开发信的极致服务招数。夸大其词会导致你立即失去信用。

四、外贸新常态及中国制造的产品周期

你还记得在柬埔寨撕毁西哈努克像的中国老板吗？你看到了阿迪达斯生产线撤离中国的新闻吗？你知道富士康与惠普合作在美国设厂吗？为什么？税费重、效率低、能耗大、工资涨，中国制造的价格优势已不再，美国制造业正加速从中国回流美国。

如果你略知现代商业理论的话，就会知道产品也有生命和周期。产品周期即产品从初创到退出市场的整个生命过程，一般经过导入、成长、成熟、饱和和衰退等阶段。我们看下产品周期理论及其在中国外贸产业的历程。

（一）产品导入期

产品导入期是产品生命的开始，1978年党的十一届三中全会召开，决定了改革开放之后，以海外华资侨资带动的外资投资建厂加工出口算是外贸导入期，它直接把科研成果转化为商品，在生产上该时期处于试制并逐步进行市场试销阶段，产品质量不稳，市场仍处于开拓之中。

（二）产品成长期

1992年"南巡"讲话和人民币贬值之后，外贸市场迅速开拓，销售量大增，进入大批量生产阶段，生产成本迅速下降，单位产品边际利润提升，进入产品周期中的黄金时期。

（三）产品成熟期

2002年中国加入世贸组织之后，产品销售量继续上升，利润总额仍在增加，但由于产品售价降低，单位产品成本上升，所以边际利润开始下降。这一时期，用户趋于稳定，市场走向成熟，企业开始着眼新产品的研制开发。

（四）产品饱和期

2008年金融危机之后，中国外贸的销售量已很难增加，产品价格降低对产品销量增长也无大意义，边际利润继续下降，企业也不宜扩大生产。

（五）产品衰退期

未来人口红利消失之后，自主中高科技产品出现之前，中国外贸产品会逐渐丧失市场，销售量急剧下降，边际利润几乎降为零，产品将最终退出市场。

如果把Made in China（或中国产品）作为一个整体来看，现在中国制造的外贸出口已经处于饱和期了（部分行业甚至进入严重的衰退期）。业务饱和、新增客户很少，企业拓展外贸的主要途径只能是抢夺同行的饭碗。2015年以来，外贸出口不复往日，进入停滞不前的状态。在此中国制造同质化低价竞争的严峻形势下，外贸业务人员应对此形势的选择无非是：第一，退出转行，比如，连续出版三本外贸畅销书的福步外贸大神陈毅冰先生早几年前就已洞悉先机，转成外贸买手，坐拥谈判庄家的有利位置。第二，拓宽市场，比如，向拉美与非洲等边缘市场开拓，向产业链下游的小批发或零售发展的外贸电商B2C发展。第三，开拓新品。特别是有一定技术含量的新品，比如，最近卖得火热的无人机和电动平衡车。第四，战胜同行。综合客户定位、产品开发、营销技术、售后服务的诸种优势，打败同行。要战胜同行，先要战胜自己，下工夫把自己修炼成本专业的行家。

你准备怎么应对外贸新常态？

第五节 你要卖给谁

一、外贸目标客户分类

研究对手的情况，是做好外贸开发的基本功之一。外贸开发信要针对不同类型的目标客户，有的放矢。

（一）按商业形态对客户进行分类

（1）零售巨无霸（沃尔玛、K玛特、家乐福等，一般通过工厂直接采购）

（2）零售连锁企业（很多都在世界各地直接进行采购或通过代理采购）

（3）进口批发商（当地专门做进口的批发商，或者有大量产品进口的大批发商）

（4）国内批发商（当地专业做国内批发销售的批发商，一般不直接进口，有需要会找进口商）

（5）零售商、推销商、散户（有兴趣，但是量小类多）

（6）为制造商代加工、品牌OEM等

（二）其他分类方法

按不同行业：矿产、农产品、工业设备、电子产品、耐用品、一般消费品等。

按不同国家地区：美加、西欧、东欧、澳大利亚、拉美、阿拉伯、日韩、东南亚、印度、非洲、其他。

二、注意开发国外市场中的国内批发商和中小批发商

外贸开发信作为一种低价面广的营销武器，特别适合于拓展客户的范围，往产业链的下游挖掘客户。你可以通过它把自己的产品送到那些国外的本土批发商和中小批发商那里。他们往往是当地专业做国内批发销售的批发商，一般不直接进口，有需要时才会找当地的本国进口商。限于时间、精力、金钱、经验等因素，他们一般不会来中国找供货商，也很少到广交会参观，甚至可能连在他们当地举办的相关展会都不去看。如果你的外贸开发信能引起他们的强烈兴趣，又能为自己建立足够的信誉让对方相信你，而且在

专业上还可以帮助他们,你就可能培养和锁定你的客户。

对外贸新手或外贸 SOHO 族,外贸开发信是开发国际客户的最高性价比工具。避开目前外贸行业使用的成本昂贵、竞争激烈的国内外展会、B2B 付费平台等方式,绕开熟门熟路、老奸巨猾的国际中间商,花智慧和力气去国外市场找到忠实可靠的下游或终端客户,可以让你成为真正的外贸强手。

 实战案例 4 – 11:向公司采购部门询问"如何为他们服务"的"咨询请教"式外贸开发信

How Can We Serve You Better as Your (type of product) Supplier

Hi, Gary,

It is obvious that most purchasing people are not actively looking for something different than what they have. You might be the same right now. But things change constantly. Therefore, to better serve you in the future as you might re – consider your suppliers or need some new items, we'd like to focus on following questions:

– For future reference, what is your process or procedure for evaluating new products?

– Who is involved? This is important since it's probably not just one person.

– What are your decision – making criteria?

– How did you choose what you use now?

– Under what circumstances might you look at something new?

– When and if you do evaluate something else, can we be involved?

And, yes, with a company your size, we would have a "stay – in – touch" strategy, being certain that we stay in contact with you through email, fax, letter, and newsletters to keep you informed about (type of product) all the time. We want to be sure our name is in the forefront when and if you do decide to do something...

▶ **案例分析**

在质量和价格越来越平均化的情况下,外贸市场的大部分竞争最终还是要靠服务、靠关系。国际贸易的市场空当越来越少,你要想扩张地盘就势必要抢别人的生意,挤占别人的市场份额。国外采购商一般都已经有自己比较稳定的供货商,此外贸开发信就是主动与采购商建立联系,先把自己的产品挤入对方未来的考虑日程上去,成为备选供应商。然后,你再图谋未来形势发生变化时顺势而为,变成临时或小额供应商。最后,通过不断努力,成为对方的主要或唯一供应商。

对于大型采购商的买手而言,此外贸开发信显得非常专业、细致和得体。本信的弱点是:非常实在,眼球效应可能不强,所以不容易引起对方注意。不过,此信非常适宜结合电话推销的形式,与对方做深入的沟通。

 实战案例 4-12:让公司接待部门为你效力的"神秘资讯"式外贸开发信

YZX product – Urgent Competitor information

Hi, Mary,

It's John Seller from China. Please forward this urgent message to the head of your purchasing department. I have the most incredible piece of information that your company's buyer have ever heard, and if I don't hear from them by 3:00 p.m. I'll have to give it to DGE Company, your main competitor. It's about...

I'll give my number here:8621-5555-8888.

▶ **案例分析**

很多时候,你的外贸开发信不得不先通过公司的传达人员、秘书或助理一关,才能到达决策人士的手上。兵不厌诈,此信充满不容置疑的语气和神秘气氛，可以保证让秘书等立即把信件传递上去。或者，你可以通过类似手法，获得对方采购人员的电话、传真、个人手机号、电子邮件地址、行踪等宝贵的情报，为你下一步的推销行动做准备。

三、如何研究和超越你的竞争对手？

与一般人的看法相反，销售成功并不仅仅是靠能说会道，还有很多因素更为重要。其中，对各种竞争信息的精确把握也是关键因素之一。你只有充分了解外贸市场情况，才能知己知彼，取得完胜。了解对手的重要性是人人都知道的，但是了解竞争对手的具体内容和方法却未必得到所有外贸业务人员的重视。以下简单地介绍了"如何从7个方面来了解你的竞争对手"，以便你在外贸行业的竞争中按图索骥，提高自己的知识和实战水平。

（一）了解对方的产品

与其白白浪费时间担心市场竞争，还不如先花点工夫去了解对方的产品。金牌外贸业务员通常也是外贸产品知识专家。有时，即使缺乏产品知识，也能靠扎实的销售能力做成推销工作。甚至还有人认为过多的产品知识会妨碍推销员的发挥。但是，最成功的推销员对产品知识和推销能力是一样重视的，所以，请勿偏废。

你可以进入你所有主要竞争对手的网站，认真学习研究，并把对方产品的介绍下载下来，做成详细的产品对比目录，并按不同公司分开。有条件的情况下，你最好把它们都打印出来，分门别类地装订成册。

这样，当有人问你："你知道某某制造厂家的某某产品吗？"你可以打开你的电脑或是拿出你的文件夹，充满自信地告诉对方："我做过详尽的研究。您对哪种型号有兴趣？您对哪种品牌想深入了解？或者，您想知道如何对比我们的同类产品吗？"

这里的关键其实不在于让你用收集到的各种技术细节去做推销，而是以你收集的详细资料和大量准备工作来表现你曾经花费的时间、精力和你的态度。你的潜在客户并不希望你是个喋喋不休的产品推销员，他们希望你是个产品和服务的专家，希望你具有兢兢业业、废寝忘食的专业奉献精神。通过这些辛苦收集整理的资料可以展现出你是这样的人，从而给你的潜在客户十足的购买信心。

专家也是来自凡人，靠的是不断地学习和培训。所以你还需要随时注意把握各种专业学习和培训的机会，参加各种行业会议和同行交流，把自己打造成行业专家。

（二）查阅电话黄页或其他资讯

找出五年前的电话黄页，翻到你所在行业的相关行业，再与今年的电话黄页作比较。如果没有电话黄页，你也可以用行业年鉴、专业期刊或其他相关资料进行前后对比。对比后你会发现有不少厂商已经消失了，又冒出了不少新的厂商。你可以把老的厂商资料撕下来，订成文件夹，放在可以展示的封套内。

你还可以把最新的资料与去年前年的对比，经年积累以后，你就可以了解行业的发展历史。日积月累，你势必成为本行业的专家。甚至，有些不幸消失了的企业，你还可以利用他们的电话号码、客户关系、人脉资源等，从而达到事半功倍之效。

（三）密切关注竞争对手的广告

收集竞争对手的广告或报价资料，同样也装订成文件夹，以便展示。自己的广告也要相应收集齐全，做出对比。如果你的客户或潜在客户提到对手的销售广告或报价等情况，你就可以非常熟练地拿出你苦心收集的情报，问对方："您说的是这个广告吗？"或是："您说的是某某时期或情况下的报价吗？"这样，可以让你在做推销的时候，言之有物，显得你极为专业和可靠。

（四）使用电话侦探竞争对手

很多厂商或贸易公司喜欢自吹自擂自己的产品和服务水平。你可以给你的竞争对手打电话，考考他们。选择常规的上班时间，以及周末或晚上时间，看看究竟能否得到满意的服务。当然，你也可以找你的同学或朋友帮助你去侦探对手的情况，自己不一定要冒险去刺探军情。

同样，你也一定要在外面用电话来检查自己公司的情况，看看对客户或潜在客户是否有友好且专业的服务。同样原理，你也可以测试在B2B询盘、电子邮件报价、传真联络等方面的敌我情况。

（五）拜访竞争对手的厂家或商店

如果条件许可，你要想办法亲自拜访竞争对手的厂家或商店，如果无法完成至少也要从外在上了解对手（如位置、规模等）。很多时候，竞争对手也是泛泛之辈，未必比你胜出多少。这样，当有潜在客户因为低廉价格或其他因素选择你的竞争对手作为供货商的时候，你可以有底气地反问一句："你去过他们公司吗？"（Have you been to their office?）仅仅这样一句问话，可以让潜在客户心里开始有点发毛，不知道其他供货商是否真的值得成为他们的采购商。

相反，你自己的工厂或办公室要保持随时可以参观的优良状态。这样，即使没有客户或潜在客户来参观，整齐有序、井井有条的状况，可以提高你公司内部的工作效率和员工士气。有条件的要不惜血本建设好你的样品室，充分准备好各种资料，时刻准备着为客户服务。

（六）向你的竞争对手学习和交流

把同行变成你的朋友，积极主动争取机会，多多联络，如喝茶、吃饭、喝酒、娱乐等。注意聆听，不要泄露自己的机密，要多向对方请教技术问题。销售靠的是意志，推销员要时刻保持高度的自信。了解同行竞争对手的情况之后，可以让你在向客户销售的过程中，充满信心，积极主动。

（七）收集竞争对手的报价材料

在你的客户向你下单的时候，要注意收集客户手中的你的竞争对手的报价、付款条件等资料。很多时候，只要你礼貌而有技巧地询问，你的客户会很爽快地给你。还有的时候，你可以把这个作为讨价还价的工具之一。当潜在客户要求你降价的时候，你可以同意适当的降价，条件是他们把竞争对手的相关信息提供给你，例如产品价格、条款、对方怎么说的等资讯。不要怕麻烦，很多采购商很喜欢这样的讨价还价。

以上 7 个方面你是否都做到了？你是否切实地在花工夫做研究和努力？其实，要想成为金牌业务员需要的不仅仅是简单的产品知识和销售技巧，你要在销售之前就大量地研究和掌握尽量多的外贸市场信息，特别是你的竞争对手的情报。正如已故著名推销员汤姆·麦克卡特所说的："成为顶尖推销员的最难之处是你是否想准备成为顶尖推销员。"成功者的成功是在于做失败者不能或不愿意化工夫去做的事情。

四、如何研究和超越你所面临的最大的和最危险的竞争对手？

谁是阻碍你成功的最大敌人？答案出乎意料。你只要拿出镜子自己照一下，就明白是谁了。对！说的就是你。请想一想，你有多少时光是浪费在无聊的人和事情上？你曾经有多少次痛下决心要奋斗，却在不久之后又意兴阑珊？你天天在为别人卖命，但是在你自己的素养和成长上面究竟投资了多少时间、金钱、精力？

年轻朋友大都喜欢自由自在的生活，出了校门就不再学习了，无法耐心做基础的工作。社会迅速变迁，强人辈出，极尽奢华，而自己一事无成、浑浑噩噩，往往对风落泪、迷茫感叹。其实，事情是要慢慢来的，困难是要慢慢克服的，但是每天要有进步。具体的做法就是：列个自己需要努力改进的项目单子，一项一项改进，一周改进一项。每个人在社会上都想有自由自在的生活。不过，有能力，你才有自由；有自信，你才会自在。

如果你对自己今天的状态很满意，那恭喜你，你已经得道了。如果你还不满意自己目前的收入、地位、幸福感和成就感，那么请你保持高度的警惕，随时注意自己的动向，做出合理的时间和金钱安排，争取每天进步一点点。这样，即使你现在仍然能力平平，假以时日，日积月累，你终究会有所成就的。如果你立志成为外贸高手，请你在知识和能力上一项一项努力成为行家，在客户上一个一个逐渐积累。首先从本书开始吧，彻底搞清楚如何写作成功外贸开发信。

第四章
写作开发信，功夫在信外

【外贸实战案例教学】某外贸前辈的忠告：学一学浙江那边做外贸的老板们

我的英文虽然不标准，但是已经可以连成句子了，我始终坚信外贸的核心是"产品"。我给决心做外贸的新人的第一个建议就是：先去厂里把你要做的产品摸得烂熟于心。和厂长聊，和工人聊，和仓管聊，和看门人聊……把自己武装成"产品专家"。有经验的客户，从你的邮件、谈吐，很快就能判定你是否是一个熟悉产品的业务员，是否是一个有经验的业务员……

我最仰慕的是那些浙江的老板，从小读的书不多，不会英语照样做外贸。拿着计算器，啪啪地报价，然后ok or not，几个单词下来谈下几个货柜。我在旁边看着都惊奇。那才是高人，无招胜有招。英语口语不好不要紧，语言只是沟通的工具，首先要敢用，然后才能越来越熟练，不是会了才去用的。自信相当重要。

做外贸是辛苦的，日复一日面对屏幕，难免枯燥。时差的折磨使人难以入睡，货款未到前的日子也一定特别煎熬，担惊受怕，祈祷不要地震、不要海啸、不要恐怖分子、银行不要倒闭……款到了又兴奋得跳起来。

做外贸谈不上体力上的消耗，关键是心理上的负荷。不过得到的也很多，不说物质上的回报，和地球另一端的人逐渐建立起相互信任的合作关系，和工厂建立起相互信任的伙伴关系，本身就是一件很有成就感的事情。每次看见outlook冒起一个对话框，告诉你由何处收到何人的一封邮件，感觉好极了，每次都会小小满足一下。

在最后我拿出自己的第二个建议，也不算是建议，只是我自己的体会：得到一个客户是非常不容易的，是需要时间的，绝对不是光在网上发发邮件就能到手。争取客户需要全方位立体地投入，就像呵护婴儿一样。一句话和所有刚刚开始做外贸的同行共勉：发1 000封邮件，打100个电话，寄10个样板＝1个客户。

收到每一个询盘都要有所记录，客户的名字、电话、公司名及其他相关的信息都最好记在笔记本上。为每一个客户都建一个文档，联系过的信息及传输过的文件都要保存下来。你不妨为每个客户都新建两个子文件夹分别命名为：接收到的邮件，发出去的邮件。

收到的邮件要定期导出，寄出去的样品要及时地进行跟踪。有计划地联系客户，随时收集客户的反馈信息，不要寄出去的样品打水漂。接到询盘，不要急着回，首先了解一下对方的公司，及一些相关的信息，并且查下对方国家所在的时区。在网上找到的客户，最好能向对方要到他的MSN或其他常用的聊天工具，因为买家一般不会上MSN的，这样可以为以后打好基础。

多多收集一下自己产品的同类产品的信息及图片，这样，卖别人的产品，自己也可以赚钱，而且，说不定还能卖出一些自己的产品。多和其他外贸高手交流。看看别人都遇到了什么问题，不知道的要记下来，以防以后自己遇到了，又不知所措。结交一些同行的朋友，必要的时候他们说不定可以帮上你的忙。货代没有什么不好，试着交几个做货代的朋友，到时我们走货还是哪个便宜走哪个。不怕对你们说，我刚开始做外贸时基本上很多外贸知识都是从货代那里学会的，比如什么是FOB、算货柜、运费、走货方式、报关、商检、单证等。他们有求于我，我也乐得问他们。这是学外贸的好方法。必要时晚上加加班，多找一个客户；对于潜在客户，多和他们沟通。年轻人嘛，辛苦点值得。

结语：学会资源整合，工作中懂得总结才会进步得更快。

本章总结

生于忧患，死于安乐。写作成功外贸开发信的前提是：切实花足工夫认清自己的产品和服务特点，全力钻研潜在客户的物质要求和心理需求，彻底了解竞争对手的一举一动。为此目的，请做到：知己知彼，苦练内功。

第五章

实际案例分析：第1001封外贸开发信

内容提要

本章主要是按不同的思考路线和写作思路，提供外贸开发信写作的各种参考模板。所有的开发信样本都有详细的分析说明，让你从整体上认识和把握外贸开发信的形式和内容。在运用本书提供的大量实际案例时，可以随意选择和组合成为你的外贸开发信。

第一节 守株待兔的开发信

这是一直以来很多人写作外贸开发信的常规模式,很多外贸函电类的教科书或参考书籍往往也仅仅介绍此类很多年来沿用的陈旧模式。通常是:平铺直叙、直截了当、简单明了地告诉对方自己是做什么的、主要优点是什么,然后让对方进一步去看你的产品目录或介绍网站,或是让对方与你进一步以电子邮件、电话、网络通话工具等联系。这样的外贸开发信一般比较保守、中规中矩,自身优点的描述在写作者的笔下往往得不到足够的重视,因而个性模糊,优点无法突出,导致没有很强的冲击力。这种模式的优点是容易写作,不会犯错;缺点是守株待兔、愿者上钩。对于外贸开发信写作的初学者来说,想正确地写作这种模式的外贸开发信,有平实的结构和通畅的语句,避免空洞词汇和语言错误,仍然需要下一番工夫的。

 实战案例 5-1:生产工厂的外贸开发信(简单直接)

[no title]

Dear Sirs,

We are a Chinese company that specializes in making men's shirts and would like to tell you about our line of products.

Our products are special because they are made of good quality cloth. In the 15 years that we have been selling our products we have made a good name for ourselves in countries around the world.

Enclosed is a price list and brochure. If you would like to place an order or receive more information, please log onto our web site at www. chineseshirts. com, or contact us by telephone.

Sincerely yours

案例分析

简单直接,没有特别的花样。可以群发,看看能否撞上运气。这类开发信的关键是数量,尽可能地大量发送才是王道。即使回复率低,只要发的数量足够多,还是可能有回复量的。

实战案例 5-2:外贸公司的外贸开发信(自我简介)

[no title]

Dear Sirs,

Star Textile Exports, established in 1988, is one of the fastest growing export companies in China. We currently work with a number of major European importers, such as Blue Bird Mail Order of UK and others.

We are happy to announce that we are now offering this same service to American import companies like yours. From our office in Shanghai, the heart of low cost and good quality ready-to-wear garments, we can supply your company with whatever kind of apparel you would like.

The wide range of Chinese manufacturers that we work with insures you of getting just the items that you are looking for. Whether it be baby wear, children's wear, ladies and men's outer and underwear, leather wear, socks, belts, bags, shoes, or household items such as bed linen, towels, bathrobes, or table clothes we can make sure that you get the quantity you need at the best possible price. And our staff of quality controllers insures that the garments are well made.

If you would like to take advantage of the services that Star Textile Export has to offer your company, please go to our web site at www.startextile.com, or contact us by fax at 008621-5555-8888.

Thank you. We look forward to hearing from you.

案例分析

直接介绍外贸公司广泛的产品线，中规中矩、平铺直叙，没有什么特别花样。可以考虑群发，希望碰上有需要的潜在客户。同样，在信息越来越泛滥的年代，要引起对方注意变得越来越难，所以，这类外贸开发信成功的关键是大量地发。但在经济不景气的时候，市场上正在寻找厂商的海外采购商极少，此类外贸开发信往往很少有回音。

实战案例5-3：第二代陈氏简化版外贸开发信1（外贸公司）

[product] / [Company Name] / supplier for [big company]

Hey Foreigner,

ABC Trading here, exporting XXX with good quality and low price in US.

Call me, let's talk details.

Rgds,

China Guy

Cell phone：＊＊＊

实战案例 5-4：第二代陈氏简化版外贸开发信 2（工厂）

［product］／［Company Name］／supplier for［big company］
Hi Sir,

Glad to hear that you're on the market for［product］. We specialize in this field for several years, with the strength of XXX, with good quality and pretty competitive price.

Should you have any questions, pls do not hesitate to contact me. FREE SAMPLES will be sent for your evaluation!

Tks & br,

John

ABC company

▶ 案例分析

你是否也使用类似的外贸开发信？2010 年 4 月 29 日，陈毅冰在福步论坛开帖《新手如何写好开发信，加大成交率？——附上老外的建议和成交案例》，应者如云，累计点击已逾 2000 多万，成为福步第一热帖。诚然，陈毅冰好心提供的这些模版，质量不错，远远优于古旧的第一代外贸函电，也确实帮助了无数外贸人。于是，大家不动脑筋照抄，再加上人多效率低，时间不值钱，所以又衍生出一大堆的克隆版外贸开发信。可是，请你设想一下，如果你是某产品的采购商，每天邮箱里都出现无数大同小异的外贸开发信，是不是要发晕、发疯？营销没有一招制胜的终极武器，即使有，大家都用，也会迅速失去效用。

第二节 假定式开发信

在全球化形势之下，客户时间更加宝贵而卖家开发信本身缺乏新意，上节所介绍的守株待兔式或陈氏简版外贸开发信已经越来越容易被对方丢弃或删除了。信息时代，发送电子开发信的成本接近为零，人人都可以瞬时发送成千上万封开发信，所以开发信的数量爆炸，采购商不胜其烦，极端厌恶垃圾邮件。为了获得潜在客户的青睐，你需要大大提高写作能力并切实增加外贸开发信的吸引力，才能获得成功。在各种成功的开发信中，有一种类型称为"假定式开发信"，可以适合很多不同的行业。它是以个人的方式给他们写信，是一种对话的形式，容易引起互动。假定式开发信在信的开始先以一句假定句作首句。

 实战案例5－5：假定式开发信的样本

You Should Try This Before Looking for Quality XX Product

Dear Mr. John Buyer,

I know you've been contemplating (or considering or reviewing or evaluating or thinking about) buying a (such and such) or replacing (such and such) and moving up to a more advantageous position in your business or professional life.

I share the awareness of what a positive impact or what a difference, or how much of an improvement or savings or enrichment doing that can mean to you. That's why I'm writing this letter.

I've made arrangements for you to (and then you fill in either check out, try out, preview, acquire, purchase, sample, audition, experience, or whatever is appropriate) that in either your home or office without risk or obligation. Why am I doing this? One simple reason:

In my opinion, you can't possibly know the benefits, experience, exhilaration, enrichment, security, peace of mind, productivity (whatever it is) you can bring to your life through ____ unless you experience it.

I don't think you should have to decide anything until you first experience for yourself how meaningful or beneficial ____ will be. So, I want you to let me take the risk for a change. That's right!

Everybody else says, "Buy from me. Give us your money." etc. I'm saying, do the opposite. Let me allow you to experience, to evaluate, to check out, to preview the product before you buy!

▶ 案例分析

在商业销售中，产品的质量和价格是竞争的首要元素。如何想尽办法让对方下单，是外贸业务员最需要发挥自己推销才能的地方。试用或试验可以让对方体验到产品和服务，让你有机会挤掉竞争对手。此外贸推销信模板提供了给对方进行试验的建议，容易让对方考虑体验一下。这里只写了开发信的上半部分，在此外贸开发信的下半部分，你还需要结合自己的产品和服务的实际情况，详细说明自己独特的销售卖点，再针对对方的具体情况，精准处理，具体提出给对方优惠性质的产品/服务/价格/样品等。

第三节　设疑式开发信

还有一种成功的开发信类型是设疑式开发信，即直截了当地在开发信的篇首就向对方提出疑义，引发对方的怀疑和思考，从而开启心门来接受随后你所提出的观点、建议或意见。

实战案例 5-6：设疑式开发信的样本

Are you getting the _____ you wanted out of _____?

Dear Mr./Mrs. X：

Are you getting the _____ you wanted out of _____?

If the answer is no, Mr./Mrs. X, I can help you get greater _____ . I've done it for other (people, organizations, companies) in this line of business. I think I could do it for you, too. At the very least, I'm offering a way to find out without risking a minute of your time or a penny of your money.

［以下部分，进一步说明自己的独特销售卖点，提出给对方优惠的产品/服务/价格/样品等。］

▶ 案例分析

（1）"您是否从某某中获得了您所要的某某？"是一种标题格式。这一类标题可以进一步具体化，它也可以是如下的样板，请你根据具体情况在外贸开发信中使用：

Are you getting the productivity you want out of your computer network?
您从电脑布网中得到了您想要的效益了吗？
Are you getting the quality you want out of your last shipment?
上一次的一票货物您得到了您想要的质量了吗？
Are you getting the convenience you want out of your import delivery?
您的进口运输有您所希望的那样方便吗？
Are you getting the purchasing power you want out of your budget?
您有没有充分使用好预算所应该有的购买力呢？

（2）所有的技巧是建立在实力基础上的。这种开发信其实隐含的是"打击别人、抬高自己"的推销策略，它是非常有效的心理暗示，只要你真正有足够的实力，就可以迅速抢占别人的市场。不过你要做得比较自然和实在，不要勉强，否则适得其反。所以，从根本上来说，你的产品、服务、知识、经验，才是真正获得竞争优势的利器。

第四节 非典型开发信

以上三节介绍的是外贸开发信的三种基本模式，都是用来介绍自己的突出优点的,建议你对此高度重视。通过认真学习领会和不断实践,你的外贸开发信写作水平将会大有长进,外贸开发信的效果也会越来越好。在本书中,我曾经提到,一般不宜单独以价格来做外贸开发信的主打主题。不过,如果你有特别情况,或者专门是做外贸库存的公司,你可以考虑参考并写作如下以"特别优惠价格"为主题的开发信。

 实战案例 5-7

Can You Get A New $8 000 Power Table For $417?

Read The Amazing Facts To Find Out How...

Dear Friend,

Yes, it's absolutely true. You can really replace your old, worn-out exam table and only pay $417 out of your pocket (But only if you are one of the first 2 people to respond to this letter.)

Let me explain. Last April, our little company took a big gamble and signed up for a power table promotion. In order to get on the promotion we had to agree to take 5 power tables – nearly $25,000. (And for a small company like us, that's a lot of money to be tied up in inventory).

Only three of those five tables were sold – so there are still 2 left.

And My Problem Is Your Opportunity.

In order to move these last 2 tables I've decided to do something somewhat bold and a little daring.

First, you should know that the manufacturer's promotion of these power tables ends June 30th. And any unsold inventory I have could be sold to another dealer at wholesale.

But instead of doing that, I would rather sell you the table at a wholesale price and gain your goodwill.

The regular price for a XXX power table is $8 000 but during this promotion they were on sale for $5 375 (which is a pretty good deal anyway).

But until July 15th (I've extended the offer 2 weeks), you can buy one of our last 2 tables for just $4 897. That's a savings of over $3 100.00.

What? I promised you could get a power table for only $417 and here's how...

Here's How To Get That New Power Table For Almost "Zip".

By buying a power table, you can qualify for a 50% tax credit under section 44 of the Americans with Disabilities Act. That's right Fifty Percent! All because a power table will fluctuate to accommodate disabled and handicapped patients.

And here's what else. You can also take the amount of the power table and deduct it off your taxes using section 179. (That is if you haven't spent over $18 000 on capital equipment this year.)

That's not all, here are a few more incentives for you: We will give you a $150 trade – in for your old table (or you can donate it to charity for another tax break). And add an extra 2 – year warranty ($1 000 value), plus, we'll pick – up your old table and deliver the new one all for free!

Pretty good, right? Wait, I have even better news for you...

You Can Pay In 3 Easy Installments With Zero Interest.

We'll break up your payments into 3 easy installments, spread thirty days apart. Why you must act before July 15th first, I doubt if these tables will still be around until July 15th because the first 2 doctors that put their deposits down will take them. And when they're gone this offer expires.

But even if they are still here (highly unlikely at this bargain price) this offer has to expire anyway because we will be shipping out these tables to other dealers in the area.

Here's What You Should Do Now.

Pick up your phone and dial xxx – xxxx and reserve one of these last 2 tables with your credit card. Or in case, you're still undecided call us and ask for some more information to be faxed to you.

Otherwise, you'll be giving up the ease and convenience of having a power table at this bargain price. I really hope you're one of the 2 lucky doctors who decide to take advantage of this golden opportunity.

Sincerely,

XXXXXXX

P. S. Hurry! This letter is being sent to 1 283 local doctors and this offer is strictly limited to the first 2 people who respond.

▶ 案例分析

你在写作外贸开发信的时候,可以考虑效法同样的思路,创造出特别富有吸引力的销售提议(offer)让客户觉得不接受你的提议实在可惜。此案例也特别适合外贸零售行业业务员参考,以做促销之用。如果你能认真学习本例的思路并写出这样层层推进、高度有效的开发信,相信你的外贸生意一定会兴旺发达起来。对于目前年增数倍蓬勃发展的外贸 B2C 行业,此信尤其值得参考。

第五节　双保险式开发信

为了提高成功几率,以下提供的是外贸开发信的一些双保险战略战术,有点类似 NBA 球赛上的双人紧逼盯人战术。大家知道,很多时候成功非常简单,那就要比别人更加的努力。就像军队一样,平时多流汗,战时少流血。你切实花工夫多备几套方案,自然可以提高外贸开发信的成功几率。

一、文字图像双保险

还记得你看得津津有味的小人书(连环画)吗?即使是成年人,也有很多在读书看报时喜欢先看照片、漫画等。所以,图像对人的影响力要大大超过文字。不过，第一封外贸开发信附件带图片的做法有可能被当作垃圾，直接被过滤掉。为了保险起见，你可以发送两封外贸开发信，第一封带上图片，第二封不带图片。带图片的外贸开发信有两种命运，如果被对方看到，那很好；如果被屏蔽或删除了，那你文字版本的外贸开发信还有希望。另外，你也可以不用附件，直接将图像和文字放在电子邮件的正文内。

二、内容表现双保险

有的客户喜欢严谨正式，有的客户喜欢轻松幽默，有的喜欢简单扼要，有的喜欢详细说明。所以，在不了解对方深浅的情况下发送第一封外贸开发信的时候，你要注意你所写作的开发信，在确定好主题之后，同样主题准备两个模板。一般先把比较保守的开发信发出去，过段时间没有任何反应，再把第二种比较别致新颖的模板发出去。更细致的，同一主题可以按上述文风和长度两个不同指标准备外贸开发信，这样就可以化成四个模板：正式简单、正式详细、轻松简单、轻松详细。

在写作"同主题四模板"外贸开发信的时候，一般适合倒过来操作，即先考虑如何写作最难的"轻松详细"模式，写完之后再依此改为其他模式会比较容易了。

三、价格陈述双保险

对于有一定内在冲突的内容，建议使用两封不同的外贸开发信来表达。最常见的例子就是价格，有的时候要给潜在客户发送强调超低价的外贸开发信，但有的时候要强调品质优异而价格适当。有人说，外贸竞争中低价是王道。确实，客户大都喜欢简单内容的开发信和超低价格的产品。但是，有时在外贸开发信中强调竞争对手为了低价而偷工减料的内幕，可以吓着客户对低价的过分追求。毕竟，做生意，价格绝对不是唯一的因素。

实战案例 5-8：插入图像的开发信

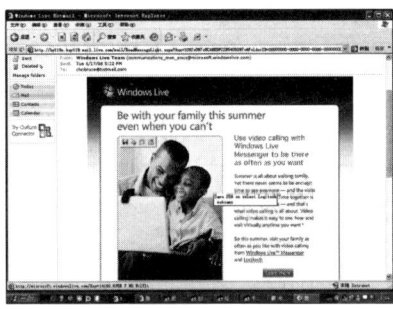

图 5-1

 实战案例 5-9：文字图像化的开发信

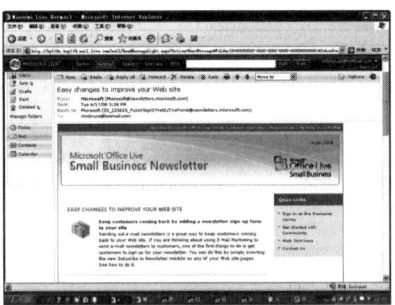

图 5-2

第六节　七封开发信系列

准备外贸开发信，无论是形式还是内容，都需要成套、成系列。写作外贸开发信不是学校考试，没有标准答案。你绝对不能只有一种模式、一个样板，多次重复发送同样的外贸开发信，反复骚扰对方，让对方不胜其烦。因此，你应该而且能够有多种表现手法来写作外贸开发信。

一、多种表现形式

（一）外贸开发信是不是可以加图片

大部分外贸开发信都是黑白文字版的，没有任何色彩或图案花样。因为一般人害怕文件太大，或过于花哨而被对方拒绝。但是，这个也不是绝对的。如果你知道如何增加变化且不引起对方反感，完全可以加入色彩和图案。在外贸开发信邮件中加插图，图文并茂，是一种非常突出展示自己的形式，绝对能够超越同行，引起对方注目。

你要注意的是，除非对方已经知道和信任你的邮件，否则图案不要以附件的形式出现。因为对方害怕是病毒，会直接删掉这样有附件的外贸开发信。其次，使用的颜色和图案要合宜，朴素为主，不要过于花哨，从而喧宾夺主，适得其反。

近年来，电邮服务器对外贸开发信的过滤不断加强，你对潜在客户的第一封外贸开发信很难不被过滤，所以，现在的第一轮陌生开发信最好还是以简单文字发送。

（二）外贸开发信是不是越短越好

简单明了是任何开发信的写作原则，但这不是说越短越好。外贸开发信简简单单，只有一两句话，是吸引客户的一种方式；长篇大论，详细介绍产品和服务的突出优点，并且始终突出对客户的利益和好处，也会给人留下深刻印象。这里的关键点在于你是不是能够始终紧扣 WIIFM 法则，让对方饶有兴趣地细致地读完你的外贸开发信。

有很多外贸开发信，内容不长，可是词句拼写错误、文字不通顺、内容假大空，让对方看得火冒三丈，跳起来写骂人的回复，让你不要再打搅他。

可悲的是,写这样开发信的外贸同行往往还以为自己是对的,自己的水平很高。不反省自己,总是认为对方没有礼貌、对方是错误的。

更多的时候,我们看到的国内外贸企业的开发信总是啰啰唆唆地说上一大堆文绉绉的空话。归结起来,无非就是说:我们的产品价格低廉、质量高,我们是生产商等三句老生常谈。如果你的公司、产品、服务等真是那么回事,那你还不如直截了当说上这三句,并以确凿图像或数据证明一下:"We are making XYZ here in China. Our price is the lowest and our quality is the highest. Here is the proof." 可惜,几家有这种气势说这些话?

二、如何建立外贸开发信的内容系列

很多外贸新人拿着不知哪里抄袭来的、差强人意的外贸开发信模板,而且往往只有可怜的一份模板就想包打天下,这肯定是不可能的。外贸开发信模板要准备很多套,才能针对不同情况,有的放矢。前文我们已经讨论过针对不同客户对象、不同营销卖点等的邮件写法,这里我们再提供一些有关话题变化的不同案例,供你参考。例如,质量和价格上自我推荐,物流和服务上打击对手、突出自己,第三方的权威损失警示信息,运用恐惧的心理暗示,"贿赂"方式,商业创新立意,个人情感因素等。请认真研究以后,结合自己的实际,举一反三地准备你自己的系列开发信模板。

 实战案例 5-10

开门见山策略:质量和价格是最为直接的因素(以突出质量问题为主)
Do You Wear Socks? Kick It Off!
Hello Dan,
We have many socks here. Actually, we produce more than 12 billion pairs of socks every year. More than a third of the world socks were made here in Datang area. There should be one fits you.

But before you select any supplier, please beware of the bad apples. For example:

1) Die Hard...

2) Truth in Labeling...

So, kick off your socks and put on the ones we custom made for you.

 案例分析

本外贸开发信的结构一是强调专业产地因素，采购商肯定都知道，通过专业产地的直接销售可以减少采购成本、提高沟通效率，这一点可以很好吸引对方的注意；二是聚焦所在行业可能存在的常见问题，警示对方，让对方知道你的诚意和你对存在问题的重视，从侧面表现你的专业精神和服务精神；三是行动呼吁，让对方选择你的专业服务。

此信文字上应用了一些大家很熟悉的词句，以开门见山的方式，导入主题。本开发信适合作为第一封外贸开发信，作打先锋之用。

实战案例 5-11

领导策略：头痛因素，如物流和服务难题（强调如何解决危机）

How to Stay Away from Those Three Common Pitfalls When You Place a Rush Order in China

Dear Mr. John Jones,

Have you ever placed a rush order? When you place a rush order, you could be under the mercy of your supplier. There are at least three pitfalls you should avoid like plague.

1) Quality Surprise: ...

2) You Get What You Paid For: ...

3) Catch That Ship, Barely: ...

Those horror stories can really become your nightmare and cost your money or even your job! Here in XYZ, we...

案例分析

对采购商而言,有加急订单在赶工是非常危险的时刻。各种问题都会集中出现,所谓"屋漏偏逢连阴雨"。(Anything can go wrong will go wrong.)所以,这种时刻是你表现专业精神的最好时机,也是获得和维持客户的关键时刻(moment of truth)。本开发信通过讲故事来调动对方的恐怖记忆,来惊吓对方,从而在对方感觉不知所措、茫然无依靠的时候,说明你会如何表现、如何引领对方。在危机和惊恐中,很多人脆弱、迷惑、无助,而坚强有力的领导者就自然成为众人的救星。(注:本案例中的三个故事可以是一句话的故事,如果篇幅略长也可以分成三次外贸开发信来讲三个故事。)

请你准备好你自己的故事或是同行的故事,让真实的危机处理来帮助你推销自己的真正实力。就像这封外贸开发信一样,要以不露声色的方式显示你的实际领导力量,让对方在危机中紧跟你。此信尤其适合小企业客户。

美国金融危机以及欧债危机以来,国际经济形势普遍偏寒,很多采购商不再大肆寻找新的供应商。你的外贸开发信的目标不再是立即获得订单,而是偏向于千方百计地挤进潜在海外客户的备用供应商名单之中,以图在适当时机被对方调用。

 实战案例 5-12

分享策略:避免损失的心理更为主要(Fear of Loss is More Effective Than Greed)

Importers, To Avoid Huge Loss, You Have to Read This from *Wall Street Journal*

Hi, Sam,

第五章
实际案例分析：第1001封外贸开发信

I just came across today's *Wall Street Journal* article regarding the future trend of exchange rate. This is a must read for those in importing business like you, especially considering the trade conflicts between US and China. Here it is.

……

We can help easing your pain by doing XYZ as *Wall Street Journal* article suggested. Here is the solution for you.

▶ 案例分析

不断要求低价再低价似乎是采购商的唯一追求。其实不然，再大的采购商也是由具体的买手组成。买手也是人，其心理本质不可避免地一定也是趋利避害。在商业交易中，除了贪图便宜，一般人害怕的是遭受损失。这个标题强调的是避免损失，而不是以推销的口吻说话，这样就肯定容易引起对方的重视。特别是又运用了第三方《华尔街时报》的权威观点，所以潜在客户点开看此开发信的可能性大大增加。

避免损失就是最大的获利。让对方的注意力从单纯的产品价格高低的比较，转移到综合利益因素上来。从对方的视角考虑问题，帮助对方。至于对方有没有具体读过这篇文章，是不是一定要读这篇文章，并不是本开发信最重要的任务，本信的关键是以实际的行动（这里是分享权威性的有用信息），让对方知道你关心对方的需求，为对方着想，时刻站在对方的立场，有为对方解决问题的诚意和方案。

为对方收集有用的商业信息并及时进行分享，是成功外贸业务员最常用的策略，用以持续不断地开发和维护新老客户。这封开发信非常适合作为电子邮件通讯（email newsletter），与你的客户和潜在客户沟通。

 实战案例 5–13

恐吓策略（Scare Tactics）

Stay Away from Kamikaze Suppliers to Prevent Hanging Ourselves

Dear Mr. Serious Buyer,

The rumor has been confirmed. Mr. Z, owner of a toy maker for US giant Zy, committed suicide, 10 days after Zy returned all his 20 million USD plus products tainted with lead. Here is the link of the story on *Wall Street Journal*.

Mr. Z's tragic death caused devastation of his thousands of employees, dozens of creditors, hundreds of vendors and service providers. Not even mention the traumatic shock to his loved ones. He left at the prime age of 55. This is simply because of his long time paint supplier secretly switched to a cheaper paint, just to save maybe ten or twenty thousand US dollar in cost. What a shame.

How do we survive in this insane world? Let me show you our bullet proof supplier system.

案例分析

首先,强调真实新闻事件,惊醒客户。然后,简明扼要地介绍自己的相应情况和对策。真实的故事具有极大的冲击力。越是耸人听闻的事件,越容易对潜在客户起到恐吓作用,从而开始聆听你的想法。请善用各种机会宣传自己,教育客户。

实战案例 5-14

"贿赂"策略("Bribe" the Buyer Campaign)

Come to Our Booth in Canton Fair! There is a Special Gift Reserved for You.

Dear Bigg Buyer,

We treasure every opportunity to meet with you, our valued customer. Therefore, we have prepared a special gift package for you to take back home. Please come on down and claim this mysterious gift.

From 15th Oct. to 20th Oct. 2008, we will be exhibiting at the "Canton Fair". Our booth number is ABCD in Hall 88, Liuhua Exhibition Gallery,

Guangzhou, China.

Please mark down on your calendar. Also, should you have any question, please feel free to ask: joanzhang@abcchn.com.

Best regards

Your Seller

P. S. Please inform us the ring sizes of you and your spouse.

▶ 案例分析

（1）与其一次奉送大礼，不如细水长流地嘘寒问暖。请切实用好你的客户和潜在客户的管理体系CRM，在节日、生日、周年庆、特别时刻等给他们发送诚挚的问候和恰当的礼品。

（2）虽然礼多人不怪，但是送礼技巧也很重要，切莫马屁拍在马蹄上。本信的重点是大礼、特别、神秘等关键词汇。这封开发信是希望客户来你的广交会展位，事情重大，所以你要有特别的大礼等候，以慰问远道而来的客人。所谓大礼，当然也不是指你的礼品要花费多少金钱，而是在于"特别"两字上。所以你要投其所好，做出特别的努力准备礼包内的各种特别礼品，以真正打动对方。在按人名准备真实的礼包时，还要特别注意包装一定要出彩，要舍得花钱。同时，每个礼包一定要做好个性化的处理，包括姓名、性别、宗教、种族、国别等方面。

（3）此信是作为"广交会联络客户系列活动"的首封开发信，至少要在开幕两个月之前发出。如果对方没有反应，你还要准备数封后续开发信，并按上述"特别神秘大礼"的思路，逐步透露信息作为后续开发信的引子。最好的情况是，你所准备的礼包内的每个特别礼品都有精彩的小故事，作为开发信的主体内容。这样，你就可以突出你与客户的人情关系，淡化硬性推销和商业化的感觉。注意：没有人喜欢自己是别人的赚钱工具的感觉。

很多广交会参展公司连一封开发联络的信件都没有，而你如果按此要求精心准备十封八封系列开发信来联系你的客户和潜在客户，那你就如同驾驶黑鹰直升机对付大刀长矛的土著战士。相信你因此一定可以战胜你的竞争对手，赢得更多的朋友，获得更多的订单。

 实战案例 5 – 15

创新策略（Creative OEM Idea）

Cut 50% Off The Cost On Your Next Back – To – School Sale

50%！Isn't it amazing？Actually，we've done that for 125 PTAs around US in last season. For the money you save，you can...

As Jenny Edwards said...

So，please come on board and join us in saving money.

▶ 案例分析

（1）找到你能够提供有效增值服务的买家，直接写作富有冲击力的开发信去打动他们。50%的诱惑，对于看重现金、对产品品牌无特殊要求的小买家们，还是非常有效的。本信直接开讲省钱故事，甚至省略了称呼。

（2）提供你所做过的案例、客户证言、有趣故事等，进一步调动他们的参与感，刺激他们的跟风心理。开发信的篇幅有限，无法展开技术细节，而且很多收信者往往看不懂技术细节，但是所有人都知道金钱或者他们所要取得的效果。所以，一定要避免具体的产品细节介绍，以各种故事代替。但是，对于那些少数真有兴趣搞清细节的技术型读者，你还是一定要认真介绍。你必须清楚、真实、详细地做出技术说明，你可以在外贸开发信中给出个链接，这样读者自己就可以去慢慢研究技术和财务细节。这个原理是这类外贸开发信写作成功的关键点。

（3）再次呼吁对方像其他人一样采取行动。鼓励对方的跟风心理和好奇心。

实战案例 5–16

感情策略（Personal Touch）

Finally, You & I Deserve A Decent Vocation. Or, Don't We?

Dear Worried Buyer,

You and I are all required to do our jobs right. If we did it right, don't we deserve a worry free, decent vocation?

At ZYX Company, we make sure every one of your orders be handled professionally by a Designated Order Processing Personnel. He or she will follow your order from start to finish. And thus, you, our buyer, would not skip a heart beat. You can go to this link and read what our customers say about our flawless order fulfillment system...

To summarize：

A container load of xyz product, USD 58, 165.

Shipping that container to LA, USD 5, 326.

Your worry free fun family vocation in Tahiti, priceless.

...

▶ 案例分析

（1）首先，本外贸开发信是以你我并列，来造成对方和你是一条船上的人的感觉，用以说明"同舟共济"的相互关系。以价值诉求，避免价格竞争。其次，告诉对方我们可以为对方做的事情，让对方放心。充分说明我们对于对方的价值，并给出真实、确凿的出处，便于对方考察。最后，借用家喻户晓的信用卡广告模式用语（priceless），强调自己的服务价值，让对方会心一笑。

（2）先让对方获得轻松愉快的心情，再来谈论具体生硬的贸易和技术细节，就会融洽和简易得多。

本章总结

本章介绍的七封样本非常重要和实用，务请反复揣摩。这里，我们再把上述案例中的策略汇总提要如下：

（1）开门见山策略：质量和价格是外贸中最为重要的因素，你始终要以质量问题为主线。

（2）领导策略：以领导姿态帮助对方解决他的头痛因素，如物流和服务难题等，要强调你如何解决危机。

（3）分享策略：要时刻与对方分享有用的信息，用以激励、刺激、恐吓、诱导对方。

（4）恐吓策略：做生意时，考虑避免损失的心理因素所引起的反应，是更为主要的，要善于把握。

（5）贿赂策略：必要的商业贿赂是需要的，很多时候，感情贿赂是制胜法宝，不要光想着金钱。

（6）创新策略：商业创新是保持竞争优势的根本法宝，包括：产品、模式、包装、用语、概念等。与很多人想象的完全不同，创新其实不是大而无用的词汇或举动，它往往是由一些很小的改进或改良所构成，比如一个创新的销售说法或某个说辞，可以大大提高你的回复率，那它就是很伟大的创新。世界的美好是由无数一点一滴的小改革积累起来的，每个成功人士，都是善于从细节做起、善于创新的人，请你认真思考，仔细研究，不断改进，不断提高，成为敢于和善于创新的成功人才。

（7）感情策略：善于调动对方情感，迅速拉近双方关系是很多金牌业务员的内在功力，请你也多多磨炼。

外贸开发信的其他写作技巧还包括：

（1）跟踪技巧（Follow up Tactic）：主要是注意按对方的不同情况，有规律地跟踪发送后续开发信，富有耐心。

（2）忽悠技巧（Spin Tactic）：要学会"拉大旗作虎皮"的技巧，善于引用有名人物、著名事件。

（3）真话技巧（Truth, nothing but the truth.）：善于伏低做小，多以真话、小故事等，抬高对方，赢得同情。

（4）羊群技巧（Herds Theory）：研究造势的学问，让对方有跟风、不会犯错、不要落后的羊群行为。

（5）转介技巧（Referral System）：让现有满意客户做你的销售代言人，多用客户证言、成功故事、效果演示等。

请特别注意研究相关案例样本为你揭示的各种模式、策略和技巧，熟悉各种外贸开发信的写作套路，以便按图索骥、灵活应用。

第六章

标题与开篇,外贸开发信的写作关键

内容提要

标题与开篇决定了外贸电邮营销的成败,在信息泛滥的现在,一封陌生外贸开发信被点开的可能性往往少于1%。所以,成功写作外贸开发信的第一重要因素是标题,其重要性超过90%。相应地,你要把绝大部分精力放到研究如何写作标题上来。本章通过对美国广告史上100个最佳营销标题的分析说明、相应外贸开发信的延伸写作案例,以及开篇模式的举例,对写作外贸开发信的最关键部位进行了深入剖析与运用示范。

第一节　标题党在行动

标题党是在网络上写出富有吸引力的帖子标题，引诱别人点开帖子的流派。很有名的一篇是"美女沙滩走光照"，吸引大家的是美女走光图，其实却是沙滩上空无一人的照片。外贸开发信标题不能恶意欺骗，但是，如何吸引客户点开你的邮件，确实要花费心思，多动脑筋。

一、标题是你的生命、语不惊人誓不休

标题是开发信的广告，它要能抓住读者，让他们继续深入阅读。为了吸引对方来读你的外贸开发信，你的标题要提供读者所期望的东西。即告诉他们通过你的产品或服务，他们可以节省、获得、达到、取得什么；或者他们从中怎么样获得精神、身体、财务、社会、心理、心智上的满足、成就；或者他们可以如何避免、降低、消除他们的问题、风险、困难、担心、害怕等。总之，外贸开发信标题的最基本要求是，你要明白地告诉客户此信对他们有什么好处和利益。

二、引起注意、激发兴趣、刺激好奇心

外贸开发信让对方阅读的关键是富有吸引力的标题，所以，写作外贸开发信最基本的功夫首先就在标题上。为此，你一定要认真研究读者心理，出奇制胜，让对方产生好奇，才会有可能点开阅读你辛苦写作的正文。以下介绍数种写作、思考方向，作为写作标题的参考：

（一）做出承诺

Let me share with you this newest technology which will double your...
让我告诉你某某最新技术，可以让你成倍地提高某某效率。

（二）提出问题

Do you know how to transport your container across Pacific for half the cost?
您想知道如何用一半的价钱运送集装箱跨越太平洋吗？

（三）引发梦想

Forget the headaches of shipping, quality and exchange rate, enjoy your care-free Caribbean vacation!
忘记船期、质量、汇率等问题，无忧无虑地在加勒比海度假吧！

（四）口吻亲切

It's 36 days away from Christmas, do you still remember Karen?
距离圣诞还有36天，你还记得某某吗？

（五）用语特别

Latest Business Intelligence: Your competitors are now starting their Cash Rabbit QC Logistics.
最新商业情报：您的同行已经开始使用"现金兔子品质物流体系"。

也许你觉得上述标题过于奇特突兀，过于标新立异，过于文不对题，其实没有关系，因为外贸开发信就是要先在标题上下功夫，以期对方点开看你的正文。如果你不习惯，完全可以随时更换任何你习惯的标题。重要的是，不要有先入为主的想法，对于不同的标题要在实践中不断检验效果和修改提高。

三、传达明确、简要、完全的信息

外贸开发信标题写作的文字风格要求简单、清楚、易懂。如：要使用音节短的词汇，多用最常用的词语，句式不要复杂重叠，要用富有色彩的短语，强而有力的积极词句等。

外贸开发信标题还可以从以下几个角度去思考和撰写：

（一）痛苦

强调某个痛苦状况或因素，让对方心生畏惧，从而愿意按你提供的方案来解决他的痛苦。

（二）价值

强调你能够为对方带来的价值，这里最好用具体的事例、数据、场景来强化价值所在，让对方身临其境地感受到价值，给对方一种已经把握在手的占有感。

（三）无险

让对方感觉看你的开发信会有价值，有对方感兴趣的内容，不会浪费时间。

（四）限时

限定时间、空间、数量等因素，让对方有紧迫感，促进对方立即行动。

（五）重复

从不同角度来阐述你的卖点或吸引对方之处。请参考实战案例 3-30 和 3-31。

四、头脑风暴、广开思路

为了写好外贸开发信，需要你集思广益，不断修正。首先，从各种角度来审视你的企业、产品、服务等各个方面的特点和优势，再比较竞争对手的情况，拟写数种版本的初步推介内容；其次，换位思考，站在客户立场来考虑什么样的主题是对方有兴趣的，什么样的标题才能吸引对方的注意，据此拟定你的标题和开发信的主题；再次，整理修饰通篇的内容、段落、语句、口气、用词等，反复阅读、思考和修改，并且征求前辈专家的意见，然后初步定稿。

如果你是公司外贸老总、经理、主管或其他管理人员，你可以先组织公司外贸部门员工各自分头研究和撰写开发信，不加限制，让大家自由发挥想象力，以充分发挥每个人的智慧和才能；然后集中大家召开头脑风暴会议，进一步发散思维、互相启发，并据此筛选出数篇不同的外贸开发信，最后加以修改和完善。

五、不断筛选、不断测试

（一）建立外贸开发信资源库

外贸开发信的写作绝对不是一劳永逸的工作。为了不断巩固和扩大你的外贸客户数量和质量，根据变化的市场情况，你应该每周至少撰写一篇崭新模式的外贸开发信。这样不断积累各种类型的外贸开发信，累积上百封模板，以建成你自己的外贸开发信资源库。有了足够数量的不同模板开发信以后，你可以在各种情况下调用最合适的模板，针对不同的客户对象、不同的情形，有的放矢地修改和发送最有威力的外贸开发信。

客户通讯（或通报，newsletter）是信息时代最好的开发工具，你通过与客户分享商业信息而展示你的专业素养和亲切关怀，而不是为了开发客户而开发客户。请你养成每周撰写和发送客户通讯的习惯，这是信息时代优秀业务员的必由之路。你可以先从撰写每月客户通讯开始起步，逐步积累经验和实力，再进步到每周一封。外贸厂家或公司的经理或主管可以组织公司人员，轮流每周写作，集体讨论修改，用以加强与客户的联系。客户通讯要以信息分享和交流为主，尽量淡化推销意味。所谓上兵伐谋，攻心为上。

（二）测试回复效果，优胜劣汰

外贸开发信一定要测试实际效果。最常用的测试方式就是 AB 对比测试法，即选取外贸开发信的某个要素，将两封不同要素的外贸开发信分别以相同的数量发送到类似的潜在客户那里，然后对照检查回复效果。例如：为了测试两种标题的不同回复效果，你可以选取同样正文内容的外贸开发信，然后撰写 A 与 B 两种不同的标题；随后，你选取 200 个发送对象，分成两半，A 与 B 两种外贸开发信各发送 100 份；最后，再看两者的回复有没有差异。若有差异，选取回复好的标题，淘汰回复差的标题。不断重复上述过程，选取不同的要素（如卖点、图像、用词等）进行测试，这样你的外贸开发信就会越来越出色。

测试要注意是同等条件测试。除测试部分外，其他部分的内容和形式都要完全一致；发送对象也要一致，即在一组对象中用单数复数的方式一分为二，一组给 A，一组给 B，做到尽可能无差别；发送对象当然越多越好，越多效果越真实，所以发送数量不能少于 1 000 份。

实践表明，外贸开发信回复效果的最大差别往往在标题上。外贸开发信成功与否，90% 以上取决于标题的好坏。所以，请多测试你的标题。

（三）不断测试，完善记录

你的外贸开发信资源库内的开发信都要有回复效果的记录，并且要不断进行测试，优胜劣汰。如果你想有优质的客户，你本身就要有优秀的素质。

你可以找行业专家帮助建立和改进你的外贸开发信资源库，提炼实战知识，发挥实战能力。请不要吝啬你的咨询和培训费用，企业最高回报的投资就是投资员工，为了在商海中领先一步，请你做好企业营销体系的建设，建立共享的企业知识库、资源库。

第二节　外贸开发信标题写作的特点

写作外贸开发信标题是关键，也是最难点。标题确实是值得你尽心尽力地学习和追求完美的。切莫重蹈很多外贸菜鸟的覆辙，不重视外贸开发信标题，甚至没有标题。本章引进了由美国营销大师 Jay Abraham 从现代广告史上精心选出的 100 个成功的营销标题。首先分 9 个部分为你介绍这些精彩广告标题的部分特点，然后逐一分析说明，介绍如何在外贸开发信上模仿应用这些成功的营销标题，供你学习参考，以便启发思路，写出你自己的外贸开发信标题。当然，这些经典标题也非常适合用于外贸 B2B 的产品介绍和外贸 B2C 的产品推销，如阿里巴巴国际站、中国制造网、环球资源网、易贝、速卖通、敦煌网等，或者是外贸网店和外贸 SOHO 自有的外贸网站。

这里的每个案例介绍共有四部分，分别是：实战中被证明是经典的英语标题、标题的中文意译、标题分析与说明、按经典标题模仿写作的外贸开发信标题。即"英文标题＋中文意译＋分析说明＋模仿标题"。

先有学习模仿，再作实际借鉴应用。如果适合你的情况，你可以完全照抄本教程提供的相关"模仿标题"；或者，根据你的实际情况，选用类似的"模拟标题"，进行适当修正，变成你自己的外贸开发信标题。

在写作外贸开发信时要避免一些认识误区。由于在 1992 年之后大约 20 年的中国外贸黄金期中，大批采购商急于寻找价廉物美的"中国制造"，订单一年比一年多，生意水涨船高，很多外贸订单随便捞捞就很容易做起来。因此，不少未曾经历过经济危机洗礼的外贸从业者以为外贸开发信只要一两封足已。而今，环球危机，中国制造内外交困，外贸进入了真正以品牌为王、营销为王的新时代,经常写作与发送不同的外贸开发信,应该是常规行为。运用电邮开发信做外贸,犹如大海里捞针,非得具备因地制宜的技巧加不屈不挠的精神不可。所以,本章的100个经典标题值得你时时琢磨,从中寻求灵感,炮制出一封又一封自创标题与内容的外贸开发信,用以充实你的外贸开发信资源库。

外贸界流行的另一个误区是:寻找一招制胜的最佳外贸开发信。其实,答案很简单,那就是没有。很多人有着非常糟糕的思维,总要找正确答案,没有最正确的答案,就无法做事情。其实,完美的世界是不存在的,外贸开发信需要不断地撰写、不断地在实践中修正。今天还优秀的外贸开发信,明天就可能是让人厌恶的垃圾邮件。所以,发送外贸开发信,你一定要做好对比实验和完备的记录。切莫小看一次又一次微小的进步所产生的巨大意义。你如果做到每次进步1%,假以时日,你就会登上成功的顶峰。加油!

第三节 经典标题的9种模式或特点

一、询问式标题

我们花点时间来分类讨论一下经典标题的相似之处,首先是询问式的标题。继续往下阅读,你会发现100个最佳标题中所介绍的很多标题,都是询问式的标题。这些标题所提出的问题恰好是人们最想知道答案的,它激起了人们的好奇心和兴趣去阅读随后的主体部分。这些标题往往一句中的,绝不拖泥带水或是含含糊糊。好的标题能够提出一种挑战,它让人无法视而不见、置之不理,也无法简单地回答"是"或"不是",它需要读者深入地去阅读,它的内容与读者密切相关。

二、具体化表述的威力

"具体化"在许多好广告中发挥了巨大作用。我们介绍的前10条标题中很多就是运用了具体化表述的威力,在接下来的 90 条标题中还会多次表现这种威力。你会看到它在吸引读者进入广告正文中起了多么重要的作用。所以,在继续阅读的过程中请你注意一下,这些标题中很多都包含了特定的词语,向读者保证本广告会告诉你有什么具体内容。比如:如何、这里有、这些、其中有哪些、还有谁、哪里、何时、什么、为何等(How, Here's, These, Which of these, Who Else, Where, When, What, Why)。另外,还请你注意,标题还常常应用精确的数量词,比如:日子、夜晚、小时、分钟、美元、种类等量词的具体数值。使用"具体数字的魅力"值得引起你特别的注意,你不仅要注意具体的单词或词语,也要注意它本身对标题的意义。例如,比较一下"我们将帮你赚更多的钱"和"我们将帮你支付房租"两者的不同吸引力。("We'll Help You Make More Money"和"We'll Help You Pay the Rent.")明显后面一句更加具体和形象,与读者个人的联系更加密切。

三、标题里使用俚语或俗语

在标题语言中使用一般广告里罕见的词汇非常容易引起注意,比如:

(1) 一本关于科学减肥书籍的标题用了"大肚皮"这个词(Pot - Belly)。这个词不是很优雅,但却是一个很有效的让人瞩目的单词。

(2) 为一部词典系列所做的广告就是使用了单单一个单词的黑体加粗标题(如洋葱、生猪、鲥鱼、鹈鹕、臭鼬、袋鼠等)组成了一个系列小型加框广告,你在报刊版面上看到时,决不会错过这个广告。你会想知道这是怎么一回事,这样就会吸引你继续阅读。

(3) 有一本高尔夫球教学书籍的标题:"今年不用再为你的高尔夫直不起腰!"(Don't Belly - Ache About Your Golf This Year!)也是使用俗语。

四、关于标题长度

一个标题里应该包含多少个单词呢?你也许曾经多次在广告教科书里读

到过：标题不应超过某某限定的字数。但是，这里我们要指出的是：本章节的100个经典标题中的很多标题，按一般意义来说都是相当的长。但是，它们却非常成功。当然，标题长度超过了它所需要表达的内容是不明智的。但是，不要担心自己使用比通常情况更长的标题会失败，如果你充分突出了标题中的兴趣焦点而且表达清晰醒目，并向读者承诺了有针对性的好处且非常鲜明，那你一定可以抓住读者的眼球。

讲个关于长度的小故事，哈特·麦克思（即哈特、沙夫纳和马克思合伙公司的哈特）和他的广告经纪人乔治·靶尔（广告巨人，已去世）的故事。他们两人曾为广告长度问题激烈争论过。为了最终赢得争论，靶尔先生说："我以10美元打赌，我能写出一个报纸整版大小的全部是文字的广告，让你一字不漏读完它。"哈特先生对这种说法嗤之以鼻。靶尔先生回答道："我其实不需要真正地写作一行来证明我的论点，我只要告诉你标题是：这一整版内容是关于哈特·麦克思的！"

五、主要视角

广告标题的主要视角即"你的角度"。为了强调此重要性，我提请你注意：这里的100个标题中有43个实际含有代词"你"、"你的"、"你自己"（"you"，"your"，or "yourself."）。甚至在使用第一人称单数代词情况下（例如："我是如何一夜之间改善我的记忆力的？"），其中所承诺的回报是人们普遍渴望的，实际上就是在说："你也可以这样做"。

关于"你的角度"有很多好文章，我们不再赘述，不过提醒你这样的实验事实，递上一支自来水笔，500个高校女生中有96%的人会先写她们自己的名字；展示一幅美国地图，500个高校男生中有447个首先会看他们家乡所在的位置。美国报纸出版商协会的霍华德·巴恩斯说得非常到位："要想知道读者最关注的印象，你所要做的就是盯住你的读者目标。从最外围开始，你可以把对方的兴趣依此排列为全世界、美国、家乡州、家乡城市，然后我们可以把他和他的家人集合在目标中心。那就是我，我是第一位的，我就是最中心。"

六、负面标题

请你不要担心消极负面的说法或角度。几年前有首歌唱到"弘扬正面、屏蔽反面"。多年来,这一直是给广告作者的忠告之词。有时候,讨论消极负面主题的广告标题激起的是争论而不是启蒙。然而,本章的100条经典标题中就有些标题是从消极负面转变成积极正面的。因此,消极负面主题作标题的方式也有它存在的理由。那它的理由是什么呢?

标题的目标之一是尽量直击读者所面临的境况。有时候,你使用的负面标题可以精确指出问题所在,相比说明性的缓和方法,你的消极负面标题可能更加有效。例如前面已经引用的标题案例:你的房子卖相不佳吗?你有忧虑股吗?小漏洞,大破财。因此,当你面临类似境况时,不要担心应用"强调消极"的负面标题。

七、BOY–PT–MOM 的广告因素

为了确保你记住这种标题模式,请你在脑海里勾画一幅荒谬的画面。(把一幅荒谬的图画和你想要记住的概念联系在一起,这是很著名的记忆方法。)画面是一个男孩坐在一艘巡逻快艇(patrol boat)的船头,他妈妈坐在船尾。在两人之间,船身侧面印着缩写的"PT"。这是一种小型的但速度极快的巡逻快艇,广泛使用在第二次世界大战期间的南太平洋上。这个图像有助于你记住英语缩写"男孩+巡逻快艇+妈妈"(BOY PT MOM)。而这个就是"因为有你,人们对我的好评如潮"(Because Of You, People Think More Of Me.)的短语首字母缩写词。第63个标题运用了这个原理。它许诺读者这个新的蛋糕改良剂将赢得别人对她的赞许,因为你(广告商)别人将对她(读者)好评如潮。你将告诉她如何做蛋糕,而且做成之后这样的蛋糕将成为她的"个人招牌蛋糕"。有时候,广告中的这个因素也被叫做"声望因素",仅仅被看做是"产品功用"因素的延伸。其实,当年在讨论女士香水类广告时,美国知名广告人哈尔·斯特宾

斯认为这种因素富有吸引力并令人注目，它应该也是一个独立的广告因素。

八、运用新颖（new）一词

"恐新症"对美国人来说是闻所未闻的病症。提醒你注意：很多标题里你都能找到"新的"或"最新"一词，比如："最新一种"、"新发现"、"新方法"（new kind of, new discover, new way to）等。美国人偏爱新奇，他们不会得"恐新症"。对他们来说，新颖的就意味着是"更好"的东西。当然，标题里"新的"这个词应该在广告正文中用证据加以说明，指出真正新颖而且优越的理由，而不能是一些不明显的微弱的差别。

九、"旧瓶新酒"式标题

广告客户眼中的老旧信息对于读者来说可能是新闻，这是很重要的一个原理。事实上，你可以发现很多标题使用这个原理。"让你的标题新颖（或者有新价值）"可能是定义此项原理的最好方法。既然你无法把一切都囊括进标题，那么集中到主要的魅力因素上，并在可能的情况下尽量赋予它新闻价值。广告客户当然完全熟悉自己的制造方法、使用材料、产品功能等，对他来说，这些可能都没有新闻价值。但是，这些信息对于广告读者来说却不同。广告客户所提供的产品或服务当中的某些信息对公众来说，可能是全新而且富有感性说服力的。依据先入为主的原则，第一个以此为特色做广告的，就会抓住客户成为最富吸引力的首家厂商，而随后的"跟风"型竞争厂商做了再多的努力，也无法获得客户的注意力了。

第四节　美国广告史上100个经典文字广告标题及其在外贸上的应用

1. THE SECRET OF MAKING PEOPLE LIKE YOU（让别人喜欢你的秘密）

这个标题是一个培训课程的宣传广告标题，广告内文带有编号便于追踪媒体效果。这个广告标题吸引了成千上万的读者深入去阅读，带动和影响了别人培训课程广告的正文信息。此广告在滚动投入共50万美元的基础上，建立起了一个庞大的商业机构。

【针对公司老板的模仿标题举例：The secret of making your boss like you – Order from China YYY Co.】

按上述经典标题而进行模仿写作的外贸开发信标题说明如下：

（1）模仿标题的中文意译：让你老板欣赏你的秘密——从我们公司订货。

（2）在接下来的文字中，可以具体说明：我们的质量、交货期等因素，而这些因素可以让你的工作显得出色，让你在老板面前表现自己。

（3）如果是针对老板本人，标题可以是：The secret of making money 或 saving cost of ＄xxx

注意：

要用对话式的语气，而不是死板教科书式的，即用第一与第二人称，讲的是对方所想知道的东西，并从对方的角度来述说。

即让我告诉你……你想听的东西……

而接到你开发信的人就会有这样的反应，那不正是他想听的东西吗？于是迫不及待地打开邮件往下读……

即使时间紧迫，也会有兴趣点开，看一眼是什么。

这样，第一步目标达到了，让对方看你的外贸开发信。下一步，就是开发信本身要写得比较有内涵,有吸引对方的卖点。这样,最后一步,他就可能来联系你。

你的行动方案:

(1) 仔细阅读本教程的 100 个经典标题,认真思考与领悟。

(2) 通过研读"英文标题+中文意译+分析说明",想一想,如何写作你自己的外贸开发信标题。

(3) 对照"模仿标题",试验写作不同版本和角度的外贸开发信标题。

(4) 从你自己写作的不同外贸开发信标题中,择优,进行实战应用。

(5) 不断检验实战应用效果,再度深化改进。

请你按此方法,继续研读以下的教程。(其中 1~5 的模仿标题已经为你解读,6~100 请自己研读)

2. A LITTLE MISTAKE THAT COST A FARMER ＄3 000 A YEAR(让农人每年白白损失 3000 美元的一个小小失误)

这个登在农民杂志上的广告非常成功。有时候,"害怕损失"比"希望获利"对读者更有吸引力。人们在心理上总是希望能够抵消、减少甚至完全避免任何损失。

有位知名大企业家说过:"我不会为了赚 100 美元而夜不成寐,但是为了不损失 100 美元我却会一周难以安眠。"作家瑙瓦斯在《成功销售六项技术》一书中也曾说过:"人们会为了他们已经拥有的东西奋勇搏斗以避免损失掉,而对于要去争取到同样价值的东西,却只会愿意花费小得多的努力。"在开源节流上,人们的感觉是开源难,节流要容易。

因此,这样的标题就很容易让农民有兴趣去发掘:"究竟是什么失误?为什么说是小小的?我有没有这样的小小失误?别人每年因此损失 3 000 美元,也许我损失了更多?我得看看我有没有犯错。"

【针对运输费用的模仿标题举例:A little mistake that cost a US import company ＄50 000 a year.】

按上述经典标题而进行模仿写作的外贸开发信标题,说明如下:

(1) 模仿标题的中文意译:让一个美国进口公司每年白白损失 50 000 美元的一个小小失误。

(2）在外贸开发信的主题文字中，你要继续吊住读者的胃口，以故事形式具体说明：货运如果不注意或掉以轻心，问题就会层出不穷。

（3）要把问题具体化，变成金钱的具体数值，说明对对方的影响，以引起对方的注意，要说深、说透。

（4）在说深说透的基础上，再来说明我们非常注意这些因素，绝对为对方（买手）着想。

注意：

说明自己做法时，有简繁两种方法：

（1）简法，简明扼要一句话，把客户引导到你的网站，或引导到与你进行更深入的联系（电话、传真、电邮）。

（2）繁法，用数据、事实、故事、客户证言、轶事等具体和详细的内容，让对方信服你。

3. ADVICE TO WIVES WHOSE HUSBANDS DON'T SAVE MONEY——BY A WIFE（一位妻子写的忠告：给那些丈夫不会省钱的妻子们）

"忠告"（advice）一词在标题中往往十分有效。大部分人需要忠告，当然他们未必都会照此执行。这个标题当中"不会省钱"又是很多丈夫的通病，容易引起许多女性读者的注意。其中的"by a wife"一语，还隐含了"我也如此"的心理。最初的广告内容与此完全相同，但最开始是采用这样的广告标题："Get Rid of Money Worries"（扫除缺钱的忧虑），其效果就远远比不上这个经过修改之后互动感觉很强的广告标题。

【针对清关费用的模仿标题举例：Advice to US Import Companies that Don't Know this Little Trick of Saving Custom Clearing Cost – By a former Custom Agent】

按上述经典标题而进行模仿写作的外贸开发信标题，说明如下：

（1）模仿标题的中文意译：前美国海关官员，对于美国进出口公司的忠告：鲜为人知的节省清关费用小技巧。

（2）在外贸开发信里，你的消息来源非常重要。针对清关费用，这里引用的是权威的说辞。可信度十足。所以，你在写作外贸开发信时，一定要注意，不要自说自话、自吹自擂。要多多引用客户证言、权威说辞、第三方数据等，显得很客观、很专业。

（3）前官员一词还隐含了某种秘密性，因为不再工作，所以可以透露秘密。这样可以吸引读者去阅读外贸开发信的主体文字。

（4）这个标题还有能吊住读者兴趣的关键词是：小与省。小技巧，说明容易做；节省，人人喜欢。

注意：

写作本标题时，为让你易于了解全貌，写得较长而显得略微拗口。你在模仿照抄的时候，还宜根据实情，适当简化。如：Advice to Importers that Don't Know this Little Trick of Saving Custom Cost – By a Former Custom Agent.

4. THE CHILD WHO WON THE HEARTS OF ALL（一个赢得所有人心的孩子）

这是个登载在一本妇女杂志上的广告标题，最后的效果证明它是个非常成功的标题。广告以情感人，标题上方用照片展示的女孩代表了所有父母心目中的女儿形象，她开心地笑着，跳着，张开双臂奔跑过来。她从广告中跑出来，跑进了每个读者的心中。图像和文字结合得非常贴切，朴实的标题有着很强的震撼力。

【针对产品的模仿标题举例：The［product］that won the hearts of all.】

按上述经典标题而进行模仿写作的外贸开发信标题，说明如下：

（1）模仿标题的中文意译：这个产品赢得众人欢欣。

（2）此外贸开发信标题，是直接模仿上述经典标题。

（3）所有标题都要在实践中检验效果，若与其他标题对比显得效果不好，则要研究原因，或调整，或取消。

注意：

模仿写作本类标题时，你要有切实出类拔萃的产品做支撑，同时要注意多多收集客户证言，以资说明。

所用配合说明的图片，注意不能仅仅是产品，这样往往比较冷清。你应该以热情洋溢的人物来烘托主题，显得生机勃勃。

5. ARE YOU EVER TONGUE – TIED AT A PARTY？（你是否曾经在聚会时不知如何说话？）

直接针对很多过分关注自己并充满自卑的人，他们在聚会时只会作壁上观。这个标题引出他们内心的想法:"那就是我!我要看看这个广告,也许它可以让我知道该怎么改变自己。"

【针对业务员的模仿标题举例:Are you ever tongue – tied before your boss?】

按上述经典标题而进行模仿写作的外贸开发信标题,说明如下:

(1) 模仿标题的中文意译:你是否曾经面对老板无法交代?

(2) 你的外贸开发信阅读对象往往是公司采购员,而并非老板,作为员工做错事情,当然就难以向老板交代。

(3) 销售中两条主要因素:fear 或 greed;很多人喜欢从 greed 这条线索着手,往往忽略了 fear 因子,其实它更有冲击力。

(4) 此标题在于调动对方的恐惧体验,回想过去从差劲的进口商进货的种种问题,从而你可以乘虚而入,推销自己的完备服务。

注意:

(1) 很多外贸从业者老是单纯强调自己价格低,谁都这么说,都说了20 年了,所以对外商已经是毫无新意的说法。实战中,完全可以变换成 fear 式的外贸开发信主题,至少现在用的人还极少,很容易突出自己。

(2) 即使从 greed 角度讲价格问题,也有多种表现手法,并非仅如大部分人所死板地说的"we are the factory so we are the cheapest"之类陈词滥调。

6. HOW A NEW DISCOVERY MADE A PLAIN GIRL BEAUTIFUL (让平凡女孩变得美丽的新发明)

此标题的吸引范围非常广泛,相貌平平的女孩数量远远超过漂亮女孩的,而且所有女孩都希望自己变得更漂亮。

【针对产品的模仿标题举例:How a new discovery made [product] beautiful.】

7. HOW TO WIN FRIENDS AND INFLUENCE PEOPLE (如何赢得朋友和说服别人)

使用这个标题的书籍卖出了数百万本。它具有强烈的吸引力,因为我们都想做到赢得朋友和说服别人。标题中"如何"(how to)两字非常关键,如果缺少"如何"两字,这个标题就无法与读者本身的需求密切联系起来,充其量只是一幅墙上的口号式标语（赢得朋友、说服别人）。

【针对新计划的模仿标题举例：How to use our new proposal to win associates and influence boss.】

8. THE LAST 2 HOURS ARE THE LONGEST——AND THOSE ARE THE 2 HOURS YOU SAVE（最后2小时最为漫长——而你可以省掉这2小时）

这个是航空公司广告，专门介绍高速喷气机航班。对于经常坐飞机旅行的乘客而言，这个标题充满了诱惑，因为他们知道在漫长的飞机旅行中，最后两小时是非常折磨人的神经和耐心的。很多非常出色的标题都是出自作者的亲身经历，这个毫无疑问也是一样的。这个标题以及本系列里所讨论的其他所有标题，即使不用任何图片来衬托也已经非常出色了。然而本广告里所附的手表照片又更加提升了广告效果。照片里的手表指针1点到10点之间的刻度都比较集中，而10点、11点和12点之间的刻度却拉得很远。以此表明越到后面，时间越难熬。

【针对运输时间的模仿标题举例：The last 2 days are the longest – and those are the two days you save.】

9. WHO ELSE WANTS A SCREEN STAR FIGURE？（还有谁想有个电影明星般的身材？）

谁不想呢？连男人都想，何况女人，不过这个成功的广告不是针对男人的。"还有谁"具有"大家一起来"的暗示含义。这个已经不是"能不能达到"的问题，而是"还有谁还想一同来拥有"的事实。

【针对运输费用的模仿标题举例：Who else wants the half priced cargo ship?】

10. DO YOU MAKE THESE MISTAKES IN ENGLISH？（你说英语时犯这些错误吗？）

这个标题直截了当地挑战了读者。现在请去掉关键词"这些"（these），然后再读一遍标题。"这些"这个词是直接迫使你进入正文的"钓鱼钩"。读者会想："这些特别的错误是什么呢？我有过这些错误吗"？另外请注意，这个标题向读者保证了本广告在正文里会提供对他们有用的具体信息，而不仅仅只是些"广告性言辞"。本系列还有很多其他标题也是这样的。

【针对产品的模仿标题举例：Do you make these mistakes in ordering [product]?】

11. WHY SOME FOODS "EXPLODE" IN YOUR STOMACH（为什么有些食物在你胃中"爆炸"）

这是个刺激读者的"为什么"标题。大家都知道，某些食物在胃里混合会引起类似"爆炸"的反应。这个主题可以吸引很多人。这个广告的相关图片是一个像胃一样形状的化学罐，正要爆炸。

【针对财务问题的模仿标题举例：Why some hidden cost items "cxplode" in your balance sheet?】

12. HANDS THAT LOOK LOVELIER IN 24 HOURS——OR YOUR MONEY BACK（24小时之内让你的手变得可爱——不然退款）

这个说法对于女人具有普遍的诱惑力。使用"做不到就全额退款"来保证效果，让读者不得不去深入探究和阅读。

【针对性的模仿标题举例：Seal any kitchen leak within 19 minutes – or your money back.】

13. YOU CAN LAUGH AT MONEY WORRIES——IF YOU FOLLOW THIS SIMPLE PLAN（你可以不再担心缺钱——如果你遵循这个简单的计划）

这个主题是每个人都希望做到的，因此这个广告成功地重复发布了很多次。

【针对运输时间的模仿标题举例：You can laugh at ship delay worries – if you follow this simple plan.】

14. WHY SOME PEOPLE ALMOST ALWAYS MAKE MONEY IN THE STOCK MARKET（为什么有的人几乎总是能在股市赚钱）

这个卖书广告促使读者去检查自己成果，它使得此书大卖特卖。作者是一家知名的高档股票公司合伙人。这里重要的关键词是："有的人"（some people）和"几乎总是"（almost always）。这样的说辞留有余地，避免了过分宣传，使得标题显得实际可信。

【针对营销问题的模仿标题举例：Why some people almost always make money in [product] industry?】

15. WHEN DOCTORS "FEEL ROTTEN" THIS IS WHAT THEY DO（当医生"感觉很糟糕"时，他们这样做）

这个知名广告的成功秘诀是什么呢？

首先是它带有暗示性的悖论。我们很少会想到医生自己有健康问题，从而，介绍他们自己生病时所采取的措施的相关内容，对读者而言就会显得是一种"金玉良言"，具有很高的权威性，并且构成了"阅读这个广告保证有巨大回报"的效应。注意作者使用"他们这样做"（this is what they do）积极给读者承诺，请你阅读此广告，里面有丰富内容来回报你。

其次是它大胆使用了白话"感觉很糟糕"（feel rotten），从而引起读者注意，让人感觉亲切和自然。另外，它的价值还在于出乎意料。因为一般的广告词汇往往过于相似或矫揉造作。许多标题没能吸引读者去阅读正文是因为它们的词语过于常见，所用的单词或词句缺乏引起兴趣的魅力，即广告标题里所用的词汇、意象、表达等都是读者见惯的陈词滥调。所以，在本广告的效果测试中，同样的正文内容，使用"当医生感觉不适"（When Doctors Don't Feel Up To Par.）做标题比起使用"当医生感觉很糟糕"做标题，得到的读者反应只有一半。（本标题系列还将在后续标题说明中评论其他使用大白话的例子。）

【针对买手的模仿标题举例：When buyers feel rotten this is what they do】

16. IT SEEMS INCREDIBLE THAT YOU CAN OFFER THESE SIGNED ORIGINAL ETCHINGS——FOR ONLY ＄5 EACH（真不可思议你能够提供原版的签名刻字——只要5美元一个）

这个标题考虑到了读者对这样的低价自然会产生怀疑。所以此标题先发制人，事先说明这种可能产生的疑问，这样的方式可以帮助读者解除疑虑。请注意句式：It seems incredible that...

【针对产品的模仿标题举例：It seems incredible that we can offer these [product] – for only ＄xxx each.】

17. FIVE FAMILIAR SKIN TROUBLES——WHICH DO YOU WANT TO OVERCOME?（五种常见的皮肤问题——你想先解决哪种？）

读者看到这个标题的反应会是："我要继续读下去，看看我是否有五个问题中的一个。"这是"这些中的哪个"模式的传统销售技巧。不是"你想要……吗?"而是"你想要哪一个?"询问式标题有助于吸引读者进入正文。请注意100条标题中有很多是这种询问式的标题。

【针对产品的模仿标题举例:Five familiar [product] troubles – which do you want to overcome?】

18. WHICH OF THESE ＄2.50 TO ＄5 BEST SELLERS DO YOU WANT——FOR ONLY ＄1 EACH?(你想要哪种＄2.50到＄5的最佳畅销书——每本只要＄1)

这是个带有客户回复分类信息的广告,它卖出了几十万册图书。它的标题有着价格对比的强烈吸引力(1美元对比2.5到5美元)。

【针对产品的模仿标题举例:Which of these ＄xxx to ＄yyy best sellers do you want – for only ＄zzz each.】

19. WHO EVER HEARD OF A WOMAN LOSING WEIGHT——AND ENJOYING 3 DELICIOUS MEALS AT THE SAME TIME?(有谁听说过哪位女士减了肥——而同时每天还是美味三餐?)

类同标题16,使用先发制人的战术,通过预先说明疑虑来帮助读者消除怀疑的一个案例。

【针对买手的模仿标题举例:Whoever heard of a buyer ordering from the highest price supplier – and enjoying the fattest bonus?】

20. HOW I IMPROVED MY MEMORY IN ONE EVENING(我是如何一夜之间提高记忆力的)

这是著名的"西雅图的埃达讯希姆斯模式"广告标题,并因此而创造了这句家喻户晓的话语。你怕是无法抵挡继续读下去的诱惑吧?

【针对产品性能的模仿标题举例:How I improved my XXX in one evening?】

21. DISCOVER THE FORTUNE THAT LIES HIDDEN IN YOUR SALARY(发掘隐藏在你薪水里的财富)

这是一个很好的"挖掘潜能"式的标题。请注意一下本系列还有些标题也是这种类型。事实证明这是一个具有吸引力的广告,广告商使用"费用可以从获得的收入中支付"表述模式,从而保证广告对象肯定可以买得起广告所要卖的资料。

【针对付款方式的模仿标题举例:Discover the fortune that lies hidden in your L/C.】

22. DOCTORS PROVE 2 OUT OF 3 WOMEN CAN HAVE MORE BEAUTIFUL SKIN IN 14 DAYS(医生们证明可以让三个妇女当中的两个在 14 天之内拥有更美丽的皮肤)

女人们渴望美丽肌肤。看到这个标题她们会立即反应:"为什么是三个中的两个呢?我是两者之一吗?医生是如何证明的呢?立竿见影的效果正是我渴望的……只要 14 天哦!"

【针对产品的模仿标题举例:Doctors prove 2 out of 3 women can have more beautiful skin in 14 days – by using this product.】

23. HOW I MADE A FORTUNE WITH A "FOOL IDEA"(我是如何通过一个"愚蠢点子"发财的)

悖论激起兴趣。这个标题具有广泛的吸引力,几乎每个人都曾经有过一个别人以为很愚蠢、不切实际的赚钱的主意。这个标题还含有对弱者的同情。这个人是如何彻底用事实驳倒那些嘲笑他的人的呢?

【针对销售模式的模仿标题举例:How I made a fortune with a "fool idea" on Sales Letter.】

24. HOW OFTEN DO YOU HEAR YOURSELF SAYING:"NO, I HAVEN'T READ IT: I'VE BEEN MEANING TO!"(多少次你听到自己说:"不,我还没有读,我真的想读的!")

有个很知名的图书俱乐部花了大价钱做这个广告。标题精确地瞄准一个巨大的市场——就是那些希望自己阅读新书但是却没有采取行动的人们。

【针对买手的模仿标题举例:How often do you hear yourself saying:"No, I could do better to get more annual bonus."】

25. THOUSANDS HAVE THIS PRICELESS GIFT——BUT NEVER DISCOVER IT!(成千上万的人拥有这个无价珍宝——但是却没有觉察!)

"这是什么样的无价之宝呢?为什么它是无价的?如果成千上万的人都已

拥有了它,也许我也拥有。"这种"尚未发现"的角度可以有很强的吸引力。很多人确信他们自己拥有其他人未曾发现的天资和能力,因此,他们往往认为周围的世界都对他们有所低估或轻视。这个标题就是针对这种心理的。

【针对销售的模仿标题举例:Thousands have this priceless offer – but never discover it!】

26. WHOSE FAULT WHEN CHILDREN DISOBEY?(孩子不听话是谁的错?)

这个标题会让父母停下来冷静思索:"也许需要怪罪的是我。孩子不听话很让人烦心,并且最重要的是这反映出了我的问题。这个广告可能会告诉我该对此做些什么。"

【针对服务问题的模仿标题举例:Whose fault when shipments were delayed?】

27. HOW A "FOOL STUNT" MADE ME A STAR SALESMAN ("傻瓜替身"是如何让我成为明星业务员的)

"傻瓜替身"是什么?人们为什么那样称呼它?它是如何改变那个人的?我也希望能把自己和自己的想法推销出去,尽管我的职业不是推销员。业务员们烦心自己不善推销的现状,这个广告以事实和文字说服他们,因而这个花费巨大的广告为广告主人带来了不菲的收益。

【针对买手表现的模仿标题举例:How a "fool stunt" can make you a star buyer?】

28. HAVE YOU THESE SYMPTOMS OF NERVE EXHAUSTION?(你有这些神经疲惫症状吗?)

人人都会阅读有关"症状"的内容。"神经疲惫"很常见,所以这个标题的吸引范围广泛。

【针对采购部门问题的模仿标题举例:Does your purchasing department have these symptoms of...】

29. GUARANTEED TO GO THROUGH ICE, MUD OR SNOW——OR WE PAY THE TOW!(保证驶过冰、泥和雪地——不然我们支付拖车费!)

如果你为产品提供强大保证,请立即把它高调地显示在标题上。不要把它放到不显眼的地方。很多产品其实都有特别引人注目的保证,但是在它们的广告中却没能充分展现出来。

【针对按时交货保证的模仿标题举例:Guaranteed to be shipped on time – or we pay the cost!】

30. HAVE YOU A "WORRY" STOCK?(你拥有让你担心的股票吗?)

读者会想:"或许这个广告将告诉我,为什么没有必要为它夜不能寐,或者,我该如何换成另外一个爆发股。"

【针对供应商问题的模仿标题举例:Do you have a worry supplier?(which cost you delay and frustration)】

31. HOW A NEW KIND OF CLAY IMPROVED MY COMPLEXION IN 30 MINUTES(一种新的泥藻是如何在30分钟内让我改善肤质的)

承诺阅读广告后有理想回报。这个广告用的是他人的真实体验,并且这个主题是与我们原有的愿望密切相关的,这样的标题总是能引起我们的兴趣。

【针对产品改进的模仿标题举例:How a new kind of [product] improved [condition] in 30 minutes】

32. 161 NEW WAYS TO A MAN'S HEART——IN THIS FASCINATING BOOK FOR COOKS(通往男人心底的161条新路——请见这本厨师宝典)

同样,具体化的吸引力,并且与强烈的基本内心需求密切联系。

【针对对方客户服务的模仿标题举例:77 new ways to your customers' heart】

33. PROFITS THAT LIE HIDDEN IN YOUR FARM(你的农场里潜藏着的赢利)

这个广告登载在很多农业报刊上,效果明显。这是运用了读者所喜欢的"潜在赢利主意"以及"避免损失建议"。

【针对仓储管理的模仿标题举例:Profits that lie hidden in your warehouse】

34. IS THE LIFE OF A CHILD WORTH $1 TO YOU?(你的孩子的生命是否值得你的一美元?)

刹车调试服务的醒目广告标题,它具有强烈的情感冲击力,如果你的刹车失效而发生事故,将导致你的孩子有生命危险。

【针对严重问题的模仿标题举例:Is [problem] worth ＄xxx to you?】

35. EVERYWHERE WOMEN ARE RAVING ABOUT THIS AMAZING NEW SHAMPOO!(各地女性热烈追捧这款迷人的新型洗发香波!)

通俗用语:"追捧",显示"成功"的用词,"到处"。产品越来越流行以及销售额不断上升,往往作为产品价值的佐证而被引用。"越是成功就越会带来更多的成功",人们热爱跟随流行。

另外,本来是已经用滥的"迷人"一词在此仍然威力依旧。

【针对产品的模仿标题举例:Everywhere buyers are raving about this amazing new [product]】

36. DO YOU DO ANY OF THESE TEN EMBARRASSING THINGS?(你有没有以下十种尴尬行为?)

"一针见血、直达核心"式的问题。我们所有人都会担心自己在别人面前出丑,如被人批评、被人轻视或被人议论等。人们会思忖:"这十种尴尬行为有哪些?我曾经有过吗?"

【针对错误的模仿标题举例:Do you do any of these ten embarrassing things before your suppliers?】

37. SIX TYPES OF INVESTOR——WHICH GROUP ARE YOU IN?(六种类型的投资者——你是哪一类?)

这个广告引起了大量的客户询问。广告中描述了六类投资者群体的特点,投资者浏览这些特点以后可去查询符合特定投资目标群体的相关方案。

【针对买手的模仿标题举例:Six types of buyer – which group are you in?】

38. HOW TO TAKE OUT STAINS…USE(PRODUCT NAME)AND FOLLOW THESE EASY DIRECTIONS(如何祛除污迹……使用某某产品并按照这些简便的步骤)

"服务"式广告的出色案例,它除了和产品密切相关,也包含了有用的信息。这类广告往往寿命更长,因为人们会剪下来作为日后参考的资料。

【针对订货流程计算方法的模仿标题举例:How to calculate your lead time…use this chart and follow these easy directions】

39. TODAY...ADD $10 000 TO YOUR ESTATE——FOR THE PRICE OF A NEW HAT（今天……请为你的遗产增加一万美元——只相当于一顶新帽子的价钱）

有谁不想这样做？广告商是一家声名显赫的大型保险公司，因此抵消了读者对于广告保证的疑虑。而无名之辈使用此类说辞，要注意想办法消除读者可能的怀疑。

【针对促销的模仿标题举例：Today...Add $10 000 to your bottom line...If you response to this offer】

40. DOES YOUR CHILD EVER EMBARRASS YOU?（你的孩子曾经让你在别人面前丢脸吗?）

直截了当、富有挑战性、常见现象……这可以引发家长如潮水般的回忆："我要如何避免这样不愉快的场景再次发生？"此标题是基于一种强烈的个人需求。父母首先是个人，其次才是父母。孩子的行为直接影响父母的名望和自尊，从这个角度进行广告写作是很容易唤起读者注意的（这个标题是第四个标题"一个赢得所有人心的孩子"的反例）。

【针对货代问题的模仿标题举例：Does your shipping agent ever embarrass you?】

41. IS YOUR HOME PICTURE–POOR?（你的房子卖相不佳吗?）

这是一个像狙击步枪射击般精确瞄准的问题，击中了成千上万的读者。广告里用来说明的照片是个很好的起居室，其中一堵墙壁有点空白，这里用X标示墙上挂上图片可以改进房间观感。（注：标题中picture–poor一语双关，说明空白的墙壁缺乏相片所以不上相。）

【针对产品包装的模仿标题举例：Is your package picture–poor?】

42. HOW TO GIVE YOUR CHILDREN EXTRA IRON——THESE 3 DELICIOUS WAYS（如何让你的孩子多补铁质——有三种可口的方式）

它遵从了新闻报告者的箴言："从读者所知出发。"换句话说，公众已经接受了孩子的血液中应该含有足量的铁的事实。因此标题就从那里出发，承诺了如何多补铁，并有三种可口的补铁方式。这里给读者强调的是可口方式，可以因此避免吃药时父母和孩子间发生的拉锯战。

【针对产品特性的模仿标题举例：How to give your product extra lust – with these three add ons】

43. TO PEOPLE WHO WANT TO WRITE——BUT CAN'T GET STARTED（给那些想写文章却不知从何开始的人们）

找对客户，精准营销。此条标题准确无误地选择了它的读者——众多困惑的人。

【针对买手的模仿标题举例：To buyers who want to order – but can't decide (who is the best supplier)】

44. THIS ALMOST – MAGICAL LAMP LIGHTS HIGHWAY TURNS BEFORE YOU MAKE THEM（无须动手，好像神灯自动开启般照亮路牌的车灯）

"几乎"（almost）一词增添了可信度。此标题承诺了一种自动不花工夫的方法来缓解麻烦的境况或者避免危险的紧急情况。

【针对产品特性的模仿标题举例：This almost – magical LED lamp lights your room before you know】

45. THE CRIMES WE COMMIT AGAINST OUR STOMACHS（我们对自己肠胃所犯的罪）

这个同样是"从读者所知出发"式的标题。因为大部分人已经知道他们常常会粗暴地对待自己的消化系统。这一广告主题和读者普遍认知间的一致，使得标题中的"我们"和"我们的"在实际效果上等同于"你们"和"你们的"。（即我们前面讨论过的"你的角度"写作方法）

【针对产品的模仿标题举例：The mistakes we make in producing TTT chair】

46. THE MAN WITH THE "GRASSHOPPER MIND"（具有"蚂蚱思想"的人）

读到此条标题，读者心中立即闪出与自己有关的联想。他会立刻想检查一下自己是否也是这样？有哪些症状？如：事情只有开头却没有结尾，做事情跳来跳去，等等。

"我和他有多少相似点？这可不是好的个性。那他是怎样改进的呢？"这个案例显示出，有时负面标题比正面标题更能精确、引人注目地直中要害。

【针对买手的模仿标题举例：The buyer with the "Grasshopper Mind"】

47. THEY LAUGHED WHEN I SAT DOWN AT THE PIANO——BUT WHEN I STARTED TO PLAY！（当我坐在钢琴前他们都嘲笑起来——但是当我开始弹奏，他们震惊了。）

这是又一个广告标题用语最后变成了我们日常语言的典型案例。此案例带有同情弱者的情绪，并具备特别有趣的结构。它最后是运用类似讲相声"抖包袱"式的收尾用语来使整个标题"渡过难关"，即从消极转成积极的标题。

同时，值得记取的规律是，前后对比（before – and – after）在标题中往往都很有效。

【针对产品的模仿标题举例：They laughed when we launched XXX – but when it start to sell！】

48. THROW AWAY YOUR OARS！（丢弃你的划桨！）

使用短而积极的命令句式通常是引人注目的好标题。"舷外发动机之王"奥·埃温鲁德在他的小广告中使用了这个标题，从而迈出了把单室机划水艇做成大生意的第一步。

类似的标题：丢弃你的天线！（Throw Away Your Aerial！）也曾经为无线电台建立生意而作出贡献。跟以前的状况相比，当你想宣传的产品可以不再使用之前必需的设备，可以取代以前的繁重工作，或是节省原有的项目费用时，那就值得你考虑运用这类标题。

【针对产品的模仿标题举例：Throw away your iPhone！Welcome Shanzhai Phone.】

49. HOW TO DO WONDERS WITH A LITTLE LAND！（如何在一小块地上创造奇迹！）

这是一个成功的标题。与同期对比使用的标题相比，它比"两英亩和保障"（Two Acres and Security）作标题的相同广告，效果好了75%；比"小块土地，大量生计"（A Little Land——a Lot of Living.）作标题的相同广告效果增强了40%。原因是它使用了两个富有吸引力的词组："如何"（how to）和"创造奇迹"（do wonders with）。

【针对产品的模仿标题举例：How to do wonders with Magic Massager！】

50. WHO ELSE WANTS LIGHTER CAKE——IN HALF THE MIXING TIME?（还有谁要松糕——只需一半搅拌时间?）

标题吸引力强大，它是又一个"还有谁"式的标题。（对比第九个标题，还有谁想有个电影明星般的身材?）

【针对货运的模仿标题举例：Who else wants XX ship – in half the shipping time?】

51. LITTLE LEAKS THAT KEEP MEN POOR（小漏洞，大破财）

这是一个"弥补损失"式的广告标题。这个广告的回复都有预先设定的编码以便统计广告的实际效果。结果，广告回复效益的核查数据显示，这个广告非常值得一遍又一遍地重复登载，源源不断地获利。

【针对产品质量的模仿标题举例：A few defects that keep you away from getting customers】

52. PIERCED BY 301 NAILS...RETAINS FULL AIR PRESSURE（扎上 301 颗钉子……依旧完全不漏气）

看到这样的广告标题，还有谁不想再进一步深入阅读关于这种轮胎的正文呢？

【针对产品的模仿标题举例：Dropped from ten feet, this model car drives away as usual.】

53. NO MORE BACKBREAKING GARDEN CHORES FOR ME—YET OURS IS NOW THE SHOW – PLACE OF THE NEIGHBORHOOD!（不再需要累弯腰的庭院劳作，但是邻里之间我们的院子最出彩!）

使用"前后对比"（before – and – after）式标题，把坏事转为好事的一个极好案例。这个标题还有同样值得注意的地方是，它具有有效的激励因素，广告作者的热情溢于纸面。这也是很多成功标题的一大特点。

【针对产品的模仿标题举例：No more backbreaking garden chores – yet your garden is still the most beautiful one in your neighborhood.】

54. OFTEN A BRIDESMAID, NEVER A BRIDE（总是做伴娘，何时成新娘）

多么令人心酸的事实，多么尖锐伤心，同时也如此普遍的现象。这个广告标题的用语，也成为我们日常用语的一部分。

【针对对方职位的模仿标题举例：Often an assistant, never a manager.】

55. HOW MUCH IS "WORKER TENSION" COSTING YOUR COMPANY?（"劳工困扰"导致你的公司损失了多少钱?）

这是在给企业高管阅读的商业杂志上的一个成功广告。读者会想："我想知道所谓劳工困扰具体是哪些？劳工困扰对其他公司的净利润有什么影响？它给我们带来了多大损失？如果这样，我们该如何对待它？"

【针对运输延迟的模仿标题举例：How much is "shipping delay" costing your company?】

56. TO MEN WHO WANT TO QUIT WORK SOMEDAY（致那些想某天可以不用再工作的人）

这个广告标题不浪费一言一语就选出了它想要的读者群。（你敢说像这样的人不是很多？）

【针对买手的模仿标题举例：To buyers who want to end product delay】

57. HOW TO PLAN YOUR HOUSE TO SUIT YOURSELF（如何规划适合你的房子）

这个标题的效果比"规划你的房子时如何避免这些失误"（How to Avoid These Mistakes in Planning Your Home）要增强20%。这两个标题的对比说明，人们期望建筑师能避免错误，但是，他们更觉得自己比其他任何人都知道什么是自己的需求和喜好。

【针对产品运输的模仿标题举例：How to plan your shipping schedule to suit yourself】

58. BUY NO DESK—UNTIL YOU'VE SEEN THIS SENSATION OF THE BUSINESS SHOW（不要买桌子——直到你参观了这个轰动的商业展）

这是很强烈的让人照做的命令式标题，适合各种用途。正文接下来很快用诸如"等到你对照好了它是否有这个特点，和那个特点，以及另一个特点……"等详细说明。

【针对产品的模仿标题举例：Buy no desk – until you've come to our booth at Las Vegas show】

59. CALL BACK THESE GREAT MOMENTS AT THE OPERA（回想起那些精彩歌剧片段）

有时候"从读者出发"是个很好的主意。当年，这个怀旧式的标题是用来出售经典歌剧的留声机唱片的。这种思路可以"正面使用"以回忆起昔日美好时光，也可以"负面使用"，把一个新产品的某种优势对比回忆旧产品的相应劣势。

【针对买手的模仿标题举例：Call back these great moments at the Dubai show】

60. "I LOST MY BULGES...AND SAVED MONEY, TOO"（我消除了赘肉……而且很省钱）

"赘肉"（bulges）这个词是标题里引人注目的字眼，在广告中不常用。此标题展示了双重诱惑，保证结束一种不想要的状况，而且很省钱。

【针对减少渠道的模仿标题举例："I got rid of my wholesaler...and saved money, too."】

61. WHY (BRAND NAME) BULBS GIVE MORE LIGHT THIS YEAR（为什么某某灯泡今年更亮）

这条标题说明了一个重要观点，这个观点对大多数广告商都很难承认。即通常不要在标题里显示公司名字（或品牌名称），或在标题里过于详细透露细节。如果直接在标题中这样做的话，经常会泄露具体内容或情节，从而不能吸引读者进入正文阅读。然而在本广告里，广告客户是一家国际著名的公司，而且是靠进取、创新、改进和研发而出名的公司，直接使用公司及其商标的名称可以给标题增加新的价值，同时也有助于证实广告所说内容的真实性。

【针对产品的模仿标题举例：Why solar lamps give more light this year?】

62. RIGHT AND WRONG FARMING METHODS——AND LITTLE POINTERS THAT WILL INCREASE YOUR PROFITS（正确和错误的农业方法——以及可以增加你的利润的一些小窍门）

登载在农业报纸中的这则广告给广告商带来滚滚财源。它结合了正面的和负面的两种驱动力，使得农民们都跑进来看看。

【针对产品订购的模仿标题举例：Right and wrong ordering schedules – and little pointers that will increase your profits】

63. NEW CAKE – IMPROVER GETS YOU COMPLIMENTS GALORE！（新式蛋糕改良剂让你的蛋糕好评如潮！）

广告可以告诉读者三件事情：1）产品是什么。2）它是做什么用的，而这个标题利用了第三个（但经常被忽略）。3）从广告客户的角度来说，那就是我的产品可以满足你的需求，从而别人会怎么说你，怎么想你，对你怎么样？即别人将怎样地羡慕你，嫉妒你，模仿你；从潜在客户的角度来讲，那就是因为你的产品能够为我所用，从而使得人们更会想到我。这个第三位因素是第二位因素产品功能的延伸，可以在标题中起到非常重要的作用，但它通常容易被忽略。所以，第三个因素值得引起你的特别注意，善于利用这种心理因素可以使广告带来更多的产品销售量。

【针对产品的模仿标题举例：New CRM improvement gets you compliment galore！】

64. IMAGINE ME...HOLDING AN AUDIENCE SPELLBOUND FOR 30 MINUTES（想象自己——让听众如痴如醉半小时）

又一则表现不俗的叙事式广告标题。这个广告可以引起读者广泛的兴趣。叙述者的惊奇和明显的谦虚使得广告标题的叙述更加可信，更加人性化。

【针对买手的模仿标题举例：Imaging you...holding your boss spellbound for 30 minutes】

65. THIS IS MARIE ANTOINETTE——RIDING TO HER DEATH（这是玛利亚·安东内塔——正在步向死神）

这是为一套书籍重复做的广告。它仅占报纸版面的四分之一，但所引起的读者反响却达到两版跨页广告的八倍。它是本系列案例中唯一一个单纯的"悬念"式的标题。这个标题是跟具体产品具有相关性的。很多类似情况下的广告标题是靠使用花招来强行引起读者注意的，其实并不与产品相关。

【针对竞争的模仿标题举例：This is LEH – riding to its death】

66. DID YOU EVER SEE A "TELEGRAM" FROM YOUR HEART？（你看过从你心脏来的"电报"吗？）

这是一个真正引人注目的标题，具有极大的诱惑力让人去阅读正文。广告上方的图片显示了一个印在西联电报格式上的心电图报告。

【针对产品的模仿标题举例：Did you ever see a "telegraph" from your [product]】

67. NOW ANY AUTO REPAIR JOB CAN BE "DUCK SOUP" FOR YOU（现在，你的任何汽车维修工作都将是小菜一碟）

你知道什么是广告中的"小菜一碟"（duck soup）吗？它是不是以一种非比寻常的方式代替了"容易"、"简单"或类似的词语？针对特定市场客户，尤其需要如此生动的词汇。

【针对产品的模仿标题举例：Now any [product] repair job can be "duck soup" for you】

68. NEW SHAMPOO LEAVES YOUR HAIR SMOOTHER——EASIER TO MANAGE（新的洗发香波让你的头发更顺滑——更容易梳理）

清晰有力地陈述了女性所渴望的效果。"leaves（让）"这个词听起来让人觉得很容易达到目标。

【针对产品的模仿标题举例：New [product] leaves your xx surface smoother – easy to manage】

69. IT'S A SHAME FOR YOU NOT TO MAKE GOOD MONEY——WHEN THESE MEN DO IT SO EASILY（好遗憾哦，你没有赚好多钱——而这些人却很轻易做到了）

使用了口语"很遗憾"（it's a shame）。表达的是同情并理解读者，"你可以和其他人一样有能力做到"。当然，这个标题还附有图片和客户证言。

【针对竞争对手的模仿标题举例：It's a shame for you not to make decent profit – when these men do it easily】

70. YOU NEVER SAW SUCH LETTERS AS HARRY AND I GOT ABOUT OUR PEARS（你无法看到我们会收到这些关于我们梨子的来信）

标题在语言方面友好、人性化、纯真坦白、清新无广告味。当然，这里引导读者深入阅读的是用"这些信"（such letters）几个词。

【针对产品的模仿标题举例：You never saw such praise letters as we got from our customers about [product]】

71. THOUSANDS NOW PLAY WHO NEVER THOUGHT THEY COULD（成千的人本来以为根本不可能，现在却会弹奏了）

这是使一所大型音乐学校多年招生获利的标题。当然，广告正文里配有证明这个说法的海量证明材料。

【针对产品的模仿标题举例：Thousands now order from us who never thought they could】

72. GREAT NEW DISCOVERY KILLS KITCHEN ODORS QUICK！——MAKES INDOOR AIR "COUNTRY – FRESH"（伟大新发现迅速扫除厨房异味——让室内空气如"乡间清新"）

这是一个帮助企业开创盛世的广告标题。它直接正面应对了一个普遍问题，并提供了简单、愉悦的解决办法。

【针对产品的模仿标题举例：Great new product kills kitchen odors quick！– makes indoor air "country – fresh"】

73. MAKE THIS 1 MINUTE TEST——OF AN AMAZING NEW KIND OF SHAVING CREAM（做个一分钟测试——一种特别的新型剃须膏）

很多优秀广告标题都使用这种"做个测试"式的叙述模式，所以大家可以广泛运用这种模式。它的目的是吸引读者参与到产品优点示范活动中去。而且，如果广告既可信又生动，不管读者是否真的参与实际测试，"做个测试"的叙述模式可以是个非常有说服力的示范演示。

【针对产品的模仿标题举例：Make this 1 minute test – of an amazing new kind of [product]】

74. ANNOUNCING... THE NEW EDITION OF THE ENCYCLOPEDIA THAT MAKES IT FUN TO LEARN THINGS（通告……新版百科全书让学习充满乐趣）

一般人对新的事物会感兴趣，所以推介一种新产品时使用的"通告"式标题往往能赢得注意。

【针对产品的模仿标题举例：Announcing... the new edition of [product] that makes it fun to xxxx.】

75. AGAIN SHE ORDERS..."A CHICKEN SALAD, PLEASE"（她再次点菜……"请来一份鸡肉沙拉"）

现在你依然会听到这个标题被人引用。通过它广告商卖出了成千上万本礼仪书籍，因为这里包含的是一个令人尴尬的常见情境，所以吸引读者买来一读。

【针对竞争情况的模仿标题举例：Again she explains... "A delayed shipment, because..."】

76. FOR THE WOMAN WHO IS OLDER THAN SHE LOOKS（给比外表实际要老的女人）

这个标题吸引了数以万计的读者眼球。参考案例，与另外一个有些微差别的标题"给比外表实际要小的女人"（For the Woman Who Looks Younger Than She Is）相比，它要成功得多。

【针对买手的模仿标题举例：For the buyer who is more savvy than his peers】

77. WHERE YOU CAN GO IN A GOOD USED CAR（良好的二手车可以驾去哪里）

这是一个出色的广告标题，着重的是产品能够为你做什么，而不是产品具体是什么。它出现在好多年以前，那时还没有达到人人拥有一部车的程度。标题下方是一张印第安纳沙丘的照片，紧跟后面的是介绍沙丘的好文章，并指出："一辆好的二手车把你带向全国，各地都是你的旅行范围。为什么不买一辆呢？你不需要花很多的钱。"最后，在推销完了这个观念之后，文章给出了一些待售二手车的具体介绍。

【针对销售的模仿标题举例：Where you can profit from a deal like this one】

78. CHECK THE KIND OF BODY YOU WANT（选择你希望的体型）

置顶的选择表格立刻吸引了读者参与，根据自己的体型指明需要做"哪一种"改进。这个具有回复编码的广告被一位著名的体能培训师反复使用。

【针对销售的模仿标题举例：Check these kind of super deals you want】

79. "YOU KILL THAT STORY——OR I'LL RUN YOU OUT OF THE STATE!"（"不要登载那个事——不然我把你赶出本州！"）

真正故事体的广告标题，被一家全国连锁报纸采用。在翻过这页之前，你难道不想知道究竟发生了什么事吗？

【针对销售的模仿标题举例：Take this deal – or you'll be out of job!】

80. HERE'S A QUICK WAY TO BREAK UP A COLD（这有个快招可制住感冒）

使用简单日常用语，直接许诺结束一种不受欢迎的状况，并且快速。

【针对销售的模仿标题举例：Here's a quick way to set up a deal of life time】

81. THERE'S ANOTHER WOMAN WAITING FOR EVERY MAN——AND SHE'S TOO SMART TO HAVE "MORNING MOUTH"（男人每天醒来时都有崭新的女人——她很聪明没有"早晨口气"）

这个牙膏广告对女人有相当大的冲击。显然，主题里包含了很多动力因素，没有女人希望她的丈夫留着对她早晨口气的回忆去上班。他白天遇到的那些魅力女人可没有这种口气。

【针对销售的模仿标题举例：There's another deal waiting for you every month – and you are too smart to miss them】

82. THIS PEN "BURPS" BEFORE IT DRINKS——BUT NEVER AFTERWARDS！（钢笔在吸墨前"打嗝"——而决不在之后！）

这个标题用几句话表达了主题，它把这个牌子的自来水笔推上了市场领先地位。

【针对产品的模仿标题举例：This pen "burps" before it drinks – but never afterwards!】

83. IF YOU WERE GIVEN ＄200 000 TO SPEND——ISN'T THIS THE KIND OF（TYPE OF PRODUCT, BUT NOT BRAND NAME）YOU WOULD BUILD?（如果你有20万美元可以花——这不就是你会采购的某某东西吗？）

这是一个"自投罗网"式的标题，你也可以广泛采用。它让读者具体挑选自己最看重这种产品的哪个方面。下面的广告正文一般会贯穿以下这些内容，你肯定希望产品有某某特点，它确实能给你带来某某好处，还有这个，还有那个……对！我们将为你做好一切。正如你所看到的，这个产品确实是为你所创造的！

【针对产品的模仿标题举例：If you were given ＄200，000 to spend – isn't this the kind of [product] you would order?】

84. "LAST FRIDAY... WAS I SCARED！MY BOSS ALMOST FIRED ME！"（"上周五……我真吓坏了！老板几乎要开除我了！"）

"真人叙述"式的标题让人们想读下去，因为它已经（或者可能）发生在读者的身上。

【针对产品的模仿标题举例："Last Friday... was I scared！... My boss almost fired me！"】

85. 76 REASONS WHY IT WOULD HAVE PAID YOU TO ANSWER OUR AD A FEW MONTHS AGO（有76种原因告诉你为什么你几个月前响应我们的广告早就会让你赚到）

一个"事后诸葛亮"式的有趣广告，它具体指出读者因为之前没有买这个产品而错过的细节内容。这是一家著名新闻杂志为吸引订户而反复刊登的广告。

【针对销售的模仿标题举例：15 reasons why it would have paid you to accept our offer two months ago】

86. SUPPOSE THIS HAPPENED ON YOUR WEDDING DAY！（假如这是发生在你婚礼的那天！）

这是一个能为广告客户赚钱的"故事叙述"式广告标题，它使得读者很难跳过此页。"发生了什么悲剧？它可能或是已经发生在我身上了吗？"

【针对服务的模仿标题举例：Suppose this happened on your summer vocation！】

87. DON'T LET ATHLETE'S FOOT "LAY YOU UP"（不要让脚气病使你无法出门）

这个标题的效果是标题"减轻脚气病"（Relieve Foot Itch）的三倍。它指明了与疾病相关的因素，提醒人们所不想看到的脚气病后果。

【针对产品的模仿标题举例：Don't let delayed shipment lay you up！】

88. ARE THEY BEING PROMOTED RIGHT OVER YOUR HEAD？（别人是否后来居上获得升迁？）

这个问题面向一个很大的读者群——许多沮丧和气馁的人，感觉自己的才能和尽心尽责得不到足够的认可和升迁的人。这个广告是由一家经常检查自身广告效果的教育机构重复刊登的，说明广告效力非凡。

【针对买手职位的模仿标题举例：Are other buyers being promoted right over your head？】

89. ARE WE A NATION OF LOWBROWS？（国人都是浅薄人吗？）

这个标题帮助出售了成千上万册的简装版经典名著。它使用的是"从读者现状出发"的模式，美国国民缺乏热爱高档经典的名声。然而，这一成功的广告宣传则说明美国人深知优秀与艳俗的差别，并且，在受到置疑的时候，会用订单来证明自己。标题使用"我们"一词避免了使用"你们"一词所可能引起的读者被指责的感觉。

【针对盗版产品的模仿标题举例：Are we a nation of knock-outs？】

90. A WONDERFUL TWO YEARS' TRIP AT FULL PAY——BUT ONLY MEN WITH IMAGINATION CAN TAKE IT（全薪两年的旅行——但只有富于想象力的人可以接受）

这个广告宣传针对的是商人的相关课程，它在许许多多不同杂志上曾经反复刊登长达七年时间。它说出了阅读这个广告的丰厚回报，即在第二行里有一项神秘的挑战。

【针对产品销售模式的模仿标题举例：A wonderful ten-year exclusive dealer contract - but only men with imagination can take it】

91. WHAT EVERYBODY OUGHT TO KNOW...ABOUT THIS STOCK AND BOND BUSINESS（每个人都应该知道的……关于股票和债券投资）

这是一家大投资公司策划的广告，是一个整版挤满小号字体的广告的标题，并且上面没用一张图片！它第一版就吸引起了5 000个人回应，随后又刊登在150多家报纸上。它对众多感兴趣的读者承诺了有帮助的信息。

【针对采购模式的模仿标题举例：What everybody ought to know...about this China sourcing business model】

92. MONEY – SAVING BARGAINS FROM AMERICA'S DIAMOND DISCOUNT HOUSE（来自美国钻石折扣商的省钱优惠品）

"优惠商品诱惑"模式总是卖得很火。这是直截了当向客户推销的一个很好例子。

【针对产品价位的模仿标题举例：Money – saving bargains from Chincsc Close – out House】

93. FORMER BARBER EARNS ＄8 000 IN 4 MONTHS AS A REAL ESTATE SPECIALIST（前理发师作为房地产专家4个月就赚了8 000美元）

举出真实案例可以成为很好的标题。读者对此例的第一反应是："如果理发师可以做到，或许我也可以！"

【针对营销人员的模仿标题举例：Former barber earns ＄80 000 in 4 months as a XXX dealer】

94. FREE BOOK——TELLS YOU 12 SECRETS OF BETTER LAWN CARE（免费书——告诉你12条更好的维护草坪的秘密）

免费要大声说。如果你提供的是些完全免费的东西（例如小册子或样品），并且希望有很多人来索取，请直接在标题中大肆宣告。

【针对产品信息的模仿标题举例：FREE booklet – Tells you 12 secrets of better skin care】

95. GREATEST GOLD – MINE OF EASY "THINGS – TO – MAKE" EVER CRAMMED INTO ONE BIG BOOK（最棒的简易"自制东西"的金矿浓缩在一部巨书中）

也许你有一个新产品（或者也可以是老产品），但你缺乏足够精确的资料来具体指明哪些可以是用来作广告中的卖点，那最好的策略是尽力推销产品的多种功能。这样，你就避免了过于强调某个可能是微弱或者无效的卖点。另外，尽量显示产品的多种用途和优势，至少让你的读者比较全面地知道它们是什么、能做什么，让他自己去鉴别哪些是最吸引他的方面。

第六章
标题与开篇，外贸开发信的写作关键

【针对产品设计的模仿标题举例：Greatest of all – in – one model ever, 12 – multi – task at the same time】

96. $80 000 IN PRIZES! HELP US FIND THE NAME FOR THESE NEW KITCHENS（8万美元奖金！帮助我们命名这些新厨房）

完整的标题案例集合肯定要包含"有奖比赛"形式的广告。首先它要突出说明你可以赢到多少奖金。然后是描述，你需要做什么才能赢得奖金。

【针对产品起名的模仿标题举例：$1 000 in cash prize! Help us find the name for these new furniture.】

97. NOW! OWN FLORIDA LAND THIS EASY WAY… $10 DOWN AND $10 A MONTH（现在！拥有佛罗里达土地如此简单……10美元首付加每月付10美元）

这个标题代表了一种常见的标题类型——方便的支付条款，并且，这个标题的表达是非常强烈和具有说服力的。

【针对付款方式的模仿标题举例：Now! Own XX machine this easy way… Nothing down, 90 – day free finance.】（注：可以使用保理方式，解决收款风险管理与资金周转问题。）

98. TAKE ANY 3 OF THESE KITCHEN APPLIANCES——FOR ONLY $8.95（VALUES UP TO $15.45）［任选以下三种厨房用具——只要8.95美元（价值可高达15.45美元）］

非常多见的减价优惠方式，我们常常可以看到这种类型的标题带有无数种不同的诱惑形式。

【针对产品报价的模仿标题举例：Take any 3 of these products – for only $8.95（previously priced at $15.45）】

99. SAVE 20 CENTS ON TWO CANS OF CRANBERRY SAUCE——LIMITED OFFER（两罐酸果酱可省20美分——有限优惠）

这是越来越流行的代金券优惠（coupon – redemption offer）的一个广告案例。用"有限优惠"（Limited offer）来增加回应。常常是表明有个截止日期，用以刺激和激发客户快速的反应。

【针对有限报价的模仿标题举例：Save 20% on your next order – Cut off

date 2012－12－20】

100. ONE PLACE SETTING FREE FOR EVERY THREE YOU BUY！（买三送一！）

至此，我们总共介绍了100条标题。这是最后一种类型——免费赠送（free offer）。请注意美国的广告法规要求，必须清楚区分是无条件赠送，还是买赠情况，后者必须特别声明清楚（如本例是要买三个才会送一个）。"免费"（Free）确实是一个老生常谈却常用常新的词汇，似乎还没有同样强劲或直接的词汇来取代它。

【针对费用的模仿标题举例：FREE shipping on your first order. Try it！】

第五节 外贸开发信开篇写作指导

古人云：万事开头难。又云：千里之行，始于足下。

通常，下笔写作开头的第一句或第一个字，是最为艰难的。本节内容系统全面，共为你提示了88种如何写开头的方法，你可以按部就班地学习和选用，非常方便。以下这些提示可以帮助和启发你的思绪，让你的笔触流畅起来。

一、"五W一H"模板的提问式开头（who, what, where, how, when, and why）

你知道什么是新闻导语吗？它就是以简要的文句，突出最重要、最新鲜或最富有个性特点的事实，提示新闻要旨，吸引读者阅读全文的消息。写作外贸开发信的开头，你也完全可以借鉴此类传统的"六要素"新闻导语。即使用含有who, what, where, how, when, why 的句式开篇，比如：

Who

1. Who do you know that...

2. Who do people...

3. Who is...

4. Who does...

What

5. What if...

6. What is...

7. What do...

8. What a [insert compliment here]...

Where

9. Where do...

10. Where in...

11. Where is...

How

12. How...

13. How many...

14. How often...

15. How do...

When

16. When is/are...

17. When do...

18. When I...

Why

19. Why is...

20. Why do...

二、有关对方的关注式开头（All About You）

鞋子合不合脚只有自己知道，但销售英语中有非常知名的"穿对方鞋子"的说法（put yourself into other's shoes），就是说你要知道对方的心思才

能打动对方。使用与"你/您"相关的开头,就会引起对方的极大关注。比如:

Do you

21. Do you think...

22. Do you wish...

23. Do you realize that...

24. Do you know that...

25. Do you recognize the...

Don't you

26. Don't you have...

27. Don't you just love the way...

28. Don't you just hate the way...

You don't

29. You don't have to be a...

30. You don't need a...

Thank You

31. Thank you for contacting us regarding...

32. Thank you for speaking with me regarding...

If you

33. If you... then...

34. If you could...

35. If you act quickly...

36. If you like...

37. If you want/need...

Are you

38. Are you available on/for...

39. Are you interested in...

40. Are you a member of...

You may

41. You may be aware...

42. You have...

三、有关我个人感受式开头（All About Me）

以我开始的开头语句，要么是强调自己的感同身受并传达给对方这种感受或信息，将对方代入此种情景之中或分享你的信息；要么是以对话的方式以"我"开头，但句子的重点其实还是落脚到"你/您"，实质还是第二类的以你为主的开篇。在此也特别提请你注意，以"我"开头，切莫以为是关于自我的大吹大擂，你还是要写作让对方有兴趣的开头。比如：

43. I like the way...

44. I was impressed by...

45. I have always...

46. I found...

47. I found what you said about blank...

48. I recently noticed that...

49. One of the things I have noticed...

I'd like to

50. I'd like to speak with you about...

51. I'd like to meet with you...

52. I'd like to show you...

53. I'd like to find a way...

54. I'd like to introduce...

四、有关公司的开头（All About The Company）

以公司开头的外贸开发信也要落脚到对方，提供对方会感兴趣的信息。

此类开头适合作为简讯式（newsletter）的外贸开发信，有规律地发送，为对方长期提供有用的行业或产品信息。比如：

55．［Company Name］has a solution for...

56．［Company Name］now offers...

57．［Company Name］program/offering/products/services/etc. will/enable/offer/provide...

五、即时性的新闻式开头（Timely）

强调时间是做销售的技巧之一，可以破除潜在客户的"想想再说"、"考虑考虑"之类的习惯性拖延。强调新颖、时效，让对方对你的外贸开发信产生兴趣。比如：

58．Recent events...

59．Recent developments...

60．Recent changes...

61．Recent improvements...

62．Recent news...

63．A recent survey...

64．For a limited time...

65．In the next few（days/weeks）...

66．These days...

67．Now there is...

六、其他类可用的开头（Miscellaneous）

以下这些各式各样的开头句型也是开发信常用的形式，可以引起对方往下阅读的好奇心。比如：

68. People who...

69. There is...

70. Here is...

71. The secret of...

72. Everyone is...

73. Have you ever...

74. Just imagine...

75. Companies like yours...

76. It is now easier than ever before to...

七、介绍外贸相关产品及内容的务实式开头（Products & Other information）

外贸的主要工作就是卖产品，所以在外贸开发信的开篇你必须千方百计展示你的产品特性，突出你的卖点，让潜在客户对你留下印象与好感，将你的信息存档，为将来的需要打好伏笔。比如：

77. Let me share with you the newest information about...

78. ［XYZ product information］News Release：...

79. Hot off press：...

80. This is ridiculous...

81. Inside secret revealed：...

82. Nothing compares XYZ product...

83. Never think of ZYX product...

84. Can you imagine XYZ product...

85. Product like these...

86. It is now your turn to try XYZ product...

87. XYZ product is easy to...

88. XYZ product makes you...

外贸电邮营销千万不要再用千篇一律、千人一面的外贸开发信。上面给你提供了 100 个经典广告标题和 100 个示范模仿标题，再加 88 个可供参考的外贸开发信开头的模板，好好利用，你可以变化出无穷的外贸开发信来。但是，你也切莫以为你精心炮制一封外贸开发信就可以征服潜在客户！现在的外贸形势这么严峻，绝大部分的海外客商都有自己的供货商，你在价格、质量等硬指标上即使有优势也是微乎其微的，根本不足以让客户立即把现有订单转到你这里。所以，你唯有持之以恒，不断变化着花样写作吸引潜在客户的外贸开发信，坚持不懈地展示自己的专业性与坚韧性，才有可能让潜在客户在需要补单、试单、转单的时候想起你，给你一个尝试的机会。优秀才能出头，坚持才能胜利。愿你的外贸事业在寒冬里开出绚丽的花朵。

第七章

DIY,研发你自己的外贸开发信

内容提要

本章主要是深入解构、详细分析你应该如何根据自己的实际情况,参照前文的写作模式,形成创作高效外贸开发信的思路,掌握写作步骤,了解注意事项等。

自己研究和写作外贸开发信时，请你永远牢记这点，一封外贸开发信就像是两位朋友之间的对话。它让一位朋友从另外一位朋友那里获取知识，它是信息和理念转移的过程。

外贸开发信是一种销售陈述，它激发对方的兴趣，说服对方直接购买、来电询问、写信回复，或直接来访。外贸开发信就好像是外贸推销员在进行推销活动，它通过举例、证明、保证、利益等内容，来传达你的产品或服务。和任何书面交流一样，外贸开发信毫无例外也是在推销你自己的立场和观点。以下是你的外贸开发信所必须具备的核心内容。

（1）它必须具有引起读者注意的有力标题。

（2）它必须具有清楚无误地显示独特优势的核心内容。

（3）它必须进一步证明或阐明你所声称的特点和优势，即通过对事实和实例的比较、分析、证言、证明等论证优点。

（4）它必须为了让对方行动起来并要求取得你所说的好处而进行说服性工作。

（5）它必须激励对方思考和回答你的召唤，产生实际效果，如订购或预订、写信回复、上门考察、寄回资料等。

做生意的道理都是相通的。如果你现在的内贸生意做得很成功，你应该已经知道如何有效地推销自己。你可以把你在面对面销售中使用的成功技巧，转化为书面的外贸开发信。同时，收集和整理你过去使用过的广告、宣传、招牌、口号、文字、经验等，用于写作外贸开发信。另外，你也可以参考那些成功的外贸同行们的各种有益经验，偷师学艺也是成功的快速通道。本书就是让你在理解如何构思外贸开发信原理的同时，列举大量的实例供你借鉴参考。让你一册在手，按图索骥，从模仿开始，不断实践与提高，走向自我创新，赢得订单和客户。

另外，对于你所做的具体产品或服务，你应该早已经知道你的客户感兴趣的热门产品、流行风格、畅销要求等。把这些要素好好组织到你的外贸开发信里去，创造出一封具有鲜明特征的个性化的外贸推销信，充分地展示你的内在诚意和光辉形象。在叙述风格上尽量做到如同朋友之间亲切聊天那样。

以下数节分步骤介绍如何创作你的外贸开发信，并且从不同的角度，反复为你介绍和验证写作外贸开发信的最重要目的：打动对方。

第一节　外贸开发信的构成

外贸开发信的构成一般包括：信头、标题、主题、行动、签名、附言、附录等部分。本节主要介绍格式和基本写法，而对于如何突出外贸开发信的思路和技巧，要靠自己不断深入研究和摸索。

一、书面的外贸开发信写作格式

（一）信封（Envelop）

英文信封写法与中文信封不完全相同，收信人的地址和姓名写在信封的中间，发信人的地址和姓名写在信封的左上角，或信封背面。要特别注意英文书信上的地址应从小写到大，先写门牌号码，再写街道、城镇、省或州及邮政编码，最后是国家名称，注意一定要大写。

提示句（Attention Line）

信封上提示句的用途是指明把信送给某个具体的人或部门处理，即使信是写给这个组织的。另外，在指明的收信人不在时，它也允许组织中其他人查看信的内容。提示句通常写在地址的下两行或地址的上面。

（二）信纸或信笺（Letterhead）

请务必使用高档纸张印刷的公司信纸。公司信纸要印上公司的名称、地址和联系方式（网址、电子邮箱、电话、传真等），作为公司或单位的信笺，即英文的信头。如果没有现成的公司信笺，写信时请用电脑软件编排出来。

（三）日期（Date Line）

信笺上先要写上写信时的日期。日期写在信头或你地址的下两行。

（四）地址（Inside Address）

信笺上要重复写上收信人的地址，包括姓名、职务、公司名称、路牌和路名、城市、州或省、邮政编码和国家。对方地址的位置通常写在左边。

（五）开发信标题（Subject Title）

开发信千万不要忘记标题。标题非常重要，是吸引别人看的关键。可以用加黑、加下划线等方式以示突出。如何借鉴优秀的营销标题，请看本书相关部分的写作参考。（注：个人私信一般可以没有标题。）

（六）称呼和头衔（Salutation & Title）

对收信人的称呼，写在封内地址或提示句下两三行。称呼后可以写冒号或逗号。在商业信函或其他正式书信中，一般用冒号。在非正式书信中，称呼后可用逗号。

注意：

（1）请尽量避免使用"To Whom It May Concern"或"Dear Sir or Madam"。这种称呼相当古板，而且非常难以引起对方的重视。所以你要想尽办法争取确定收信人的姓名，实在无法得知时或可使用对方的职位或作笼统称呼，如："Dear Purchasing Manager"、"Dear Friend"等称呼。

（2）要用对方的正式名称，一般不要直呼其名或用小名、昵称等。除非你与收信人相当熟悉，通常要在收信人名字前加上"Mr."、"Mrs."、"Miss"、"Ms."等表示礼貌的头衔。

（3）不得已时，也可以用标题代替称呼。标题之下，你就直接以对话的口气开始写作正文。

（七）正文（Body of the Letter）

正文的格式多种多样。商业信函最好使用齐头式。而私人信件通常不用齐头式。在齐头式书信中，全部内容包括日期和信尾问候语，都从左侧顶格开始。段落开头不空格，各段之间空一行或两行。

修正齐头式，是使用最为广泛的一种格式，商业和私人信件都可以使用，尽管在私人信件中不一定要写回邮地址和封内地址。使用没有印刷信头的普通信纸时，这种格式最合适。与齐头式不同，发信人地址、日期，信尾问候语和签名都从中间开始写，其余部分从左边开始。

正文要包含让对方采取行动的语句。要充分说明你的长处，给潜在客户的好处，然后明白无误地告诉对方如何行动，或直接回复，或来电询问，或填写回单，或订单，或传真，等等。

（八）信尾问候语（Complimentary Closing）和写信人签名（Signature）

信尾问候语是写在信尾的告别话语，例如"Sincerely"，"Sincerely yours"。通常位于正文两三行以下。第一个单词的第一个字母要大写，最后以逗号结尾。

写信人的签名部分一般包括手写的亲笔签名、打字的姓名和头衔。联系方式已经在第四条讲过，不再重复。有时也可以写上公司的宣传语。这些一般都从左侧顶格开始，并写在信尾问候语下面的位置。

（九）附言（Postscript, PS or P. S.）

附言用来说明没有包括在信中的想法和内容。通常是在紧接签名的地方，从左侧顶格写起。在外贸开发信中，附言是非常重要的部分，往往用来强调写信人希望收信人所采取的行动，或者是提醒对方注意本信的重点，又或者是让对方深思或考虑的语句。有时，在附言之后可以再度增加附言，以"P. P. S."表示。

（十）附注（Notions）

附注一般写在信件的底部位置。附注包括参考缩写，附件的数目和内容以及将收到这封信副本的人员名单。附注一般从左侧顶格写起。

（十一）附录（Enclosure）

附录包括产品目录、公司介绍、订货须知、具体问题的问答、产品保证、客户证言、技术介绍，等等。

二、电子邮件的外贸开发信写作格式

与上述书面信件格式相比，并注意以下几处差别：

（1）电子邮件没有信封，这个是最大的不同。

（2）电子邮件没有信纸或信笺，但有时也有把公司的地址、标示、口号等，用类似公司信笺的形式放上去，然后再是标题和正文。当然，电子邮件外贸开发信在更多的时候，是把这些信息放到写信人的签名以下。

（3）电子邮件的签名你无法亲笔完成。建议你以扫描图的形式，插入在签名的位置。但是现在的电邮服务器通常对陌生电邮不显示图像，所以，你可以在英文字体中选取一种签名式样的花体，作为你的签名。

（4）电子邮件的附件，请注意，一般由于客户害怕病毒，所以会直接删除整个邮件，因此建议外贸开发信要避免用附件形式。当然，你也可以把附件直接以文本内容的形式放在电子邮件的正文内，一般放在正式开发信文本的后面，但是要注意文件格式和设计图式，很多时候对方的电脑未必能够还原你的原有设计，同时，也要注意文件不可以太大，如果放图片等都要压缩处理。

三、随意型的外贸开发信写作格式

随意型的外贸开发信就是 post-it-note 的形式，中文类似的意思是留言便条。它可以省略很多格式的要求，专注主要的内容，相当于前面格式中提到的正文部分，而且其表达更为简洁随意。但是，要做到形式简单而实质有效或高效，非高深的语言功力是不足以达到目标的。所以，没有把握不要随意使用，尽量使用比较正规的方式，按部就班，可以藏拙。

四、开发信的英文用什么字体等技术问题

（一）字号大小

一般用 10 号、12 号、14 号。不要过大或过小。避免全部用大写或小写。

（二）字体

一般用 Arial 或 Times New Roman 等常用字体。不要用太过花哨的字体。

（三）颜色

一般用白底黑字。可以加黑加粗以示突出，一般不用颜色。

（四）强行分行

为避免对方邮件阅读没有自动分行功能，可以把整段文字预先强行分行。

（五）段落长短

要注意分段，每段一般只有一个主题，段落不要过长。

（六）保留原件

如果是回复对方的邮件，务必在你回复邮件的下方保留对方的原件，以便于对方查对。（注意：实际工作中，我们发现这一条大部分外贸人都没有做到。保留原件是要提供便利给对方，以便于对照前因后果，减少回忆和查找时间，避免遗漏、误解、曲解等。）

第二节　你的开发信一定要回答好的 6 个问题

在写作外贸开发信主体部分的时候，请你认真思考并圆满回答以下 6 个客户所关心的问题。这是保证你的外贸开发信成功的关键点。

一、你的产品卖给谁？

在着手写作外贸开发信之前，你就要非常明确你的产品所销售的对象是些什么人，而且是越明确、越具体、越细化越好。根据你产品线中不同产品的销售对象，需求焦点等的不同，拟订不同的外贸开发信。

若想要按这样的要求做好，你就有必要花费很多的工夫，进行深入的研究，同一封外贸开发信所针对的潜在客户数量也会大大下降，你将不再需要漫无目标地广种薄收。极端细化的情况就是，你特意为某一个潜在客户对象量身定做外贸开发信。这就能确保你的外贸开发信像导弹一样精确制导，一举中的。为了提高外贸开发信的成功率，确保竞争优势和利润，避免浪费时间，你必须努力这样去做。

二、你的产品有何不同？

你的产品与你竞争对手的有什么不同？你的优势何在？你有没有确凿证

明？你的客户满意度是否普遍更高？你的产品具有独一无二的功能吗？如果有，把你的突出优点写到你的外贸开发信里。

如果你能够说明你的产品或者你的服务具有客户非常需要或喜欢的功能，而你的其他竞争对手却没有，那你就很容易销售成功了。

三、客户为什么要相信你？

各种虚假不实、夸大其词的广告和宣传，早已让大多数客户对任何类型的商业开发信疑心重重。所以，你应该让你的客户相信，你所说的是有确凿事实依据的，而且要在客户还没有开始怀疑你之前，就拿出事实来证明你自己。你的说辞要有合乎情理的说服力，你的论点要有数据支持，自始至终让客户相信你的外贸开发信的每一句话。写作外贸开发信，请切忌目前流行的"假、大、空"文风。

四、你的产品好在哪里？

这不仅包括最突出、最明显的优点，也包括那些次要的优点。把你产品或服务优势罗列出一串，对不同的客户，你可以投其所好。其中如果有一项引起对方的极大兴趣，那你就有希望了！

五、你的产品会有什么问题？

请你从客户的角度来阅读你写的外贸开发信。你自己会上钩吗？如果你不会回复这样的外贸开发信，请找出原因。外贸开发信的写作可以自问自答，即从客户立场不断提出反对意见，然后一一回答这些反对意见，从而化解对方的所有疑虑。这是个屡试不爽的好方法。

六、为什么现在就要买你的产品？

你最后要认真回答客户的问题是，他们为什么需要立即采取行动。如果没

第七章
DIY，研发你自己的外贸开发信

有这项关键内容，对方至多把你的外贸开发信存档，等以后有空的时候再来研究处理。实际情况是，他们事情太多，很少再回过头来看你的外贸开发信。

所以，你一定要有可信的理由让对方立即采取行动。例如，给一个有时间限制的特价，说明产品的数量有限（或不再生产），未来特定的涨价因素（如汇率、关税、油价、原材料、人工）等。外贸开发是个持久的过程，让对方见到你的第一封开发信立即下订单也许有难度，但你至少要让对方有兴趣与你先挂上钩，允许你不断给对方提供有用的商业信息。

 实战案例 7-1：点睛之笔的五个模式

很多时候，你只要增加寥寥几个词语，就可以让原本平庸无奇的开发信标题变得吸引力十足、脱颖而出，达到鹤立鸡群的目的。以下是五个对比案例，可供学习参考。

1. "前后"鲜明对比式的增强案例："Once difficult, now easy"

例如：Managing UNIX Data Centers.

改成：Managing UNIX Data Centers – Once Difficult, Now Easy.

中文大意：管理 UNIX 数据中心——曾经很难，如今可以很容易。

案例分析：这个简洁有力的短语告诉了读者，你的产品可以简化潜在客户的工作或生活。不是贩卖产品，而是贩卖产品给客户带来的好处。

2. "今"式有关时效和行动的强调案例："This year/This day/This week/This month/This season"

例如：How to Cut Heating Costs in Your Building up to 50%.

改成：How to Cut Heating Costs in Your Building up to 50%, this Year.

中文大意：今年，如何降低您的建筑保暖费用多达50%？

案例分析：为了在外贸开发信中强调时效和敦促对方行动，你要在标题里加上时间因素。应用"今年"一词可以有非常好的效果。

3. "丑话在先"式的说服案例："As crazy as that sounds"

例如：This ＄1 Product Could Go to ＄50 a Piece.

改成：This $1 Product Could Go to $50 a Piece – as Crazy as That Sounds.

中文大意：这个原本1美元的产品可以涨到50美元——听上去似乎很疯狂。

案例分析："听上去像是大忽悠"隐含的意思就是，我们不是忽悠，是有根据的，请暂时放下你内心的怀疑，往下读读看。这个说法是为了让读者不要一上来就直接拒绝你的文字内容。

4．"过了这村，没有这店"式的限制案例 "After that, it's too late"

例如：This offer expires 11/15/12.

改成：This offer expires 11/15/12. After that, it's too late.

中文大意：本优惠在2012年11月15日结束，恕过期不候。

案例分析：这句是用来强调优惠有效期的语句，可以用来敦促对方立即行动。

5．"请允许我"式的礼貌请求案例 "If you will let me"

例如：I want to show you how to look and feel 10 years younger.

改成：I want to show you how to look and feel 10 years younger. If you will let me.

中文大意：请你允许我，为你介绍如何显得和感觉年轻十岁。

案例分析：这个句式显得礼貌和友好，具有很强的进取能力，让潜在客户不容易拒绝你为他提供问题的解决方案。

第三节　让你的开发信生效的10个小小招数

一、像对朋友一样交流

真实可信是最可贵的。人们一般都从自己喜爱的地方或买家那里购买。所以，你要显得你与他们很熟悉，要使用对话式的、朋友式的笔调和语气。

二、推出你的最强卖点

俏皮幽默的广告未必能够让对方采取行动。你的外贸开发信需要抛出最大的好处（利益或特点）给你的客户，让你的产品一举打动对方。

三、明确设定本信目标

你写作开发信的具体目标是什么？你希望他们看完信以后做什么？比如：给你打电话、立即下订单、要求邮寄样品、讨论价格、提供样品，等等。有了具体目标，那你写作外贸开发信时，从头到尾就会围绕主题，前后连贯、一致。

四、语句明了段落简洁

注意每一句话表达一个主题。保持语句简短，直截了当。每段的主要观点要鲜明突出并写在每段的开头，让你的外贸开发信便于对方快速、简便地阅读。特别要注意力戒中式宣传文体那样的空洞套话。

五、信末使用命令语句

外贸开发信的结尾应该使用命令式的语句，明白无误地告诉你的读者你要他怎么做。如，请点开此链接阅读如何订购的详细资讯，请进一步阅读我们网站上的有关内容，时间有限请您立即回复，请您提供联系电话/MSN/电子邮箱等。

六、使用 PS 重申利益

快速阅读外贸开发信时，对方肯定会看一眼你的 PS 部分，所以，在这里以不同的方式、角度、语言来重新阐述你的推销要点，可以充分发挥它的作用。如果你的标题有足够的吸引力，PS 部分可以强化效力，让对方细读全篇外贸开发信。

七、讲述你的实际故事

人们喜欢有关产品的故事，介绍产品在实际生活中的优势和用途的真实故事以及客户证言，可以大大增强你的可信度，积累潜在客户的好感，竭力鼓励客户采取行动。

八、呼唤对方内在梦想

对方最喜欢你的产品/服务为他们带来什么？你要引导他们想象使用了你的产品/服务之后的效果。你要帮助对方认定，从你这里订购，他们可以获得非常满意的结果。

九、围绕问题钩住读者

不断提出问题，调动对方的兴趣，激发对方思考，例如以下的3个案例。

十、完全站在客户的立场

假定你是客户，你来审视你的开发信、网站、产品目录、订购说明……判断它们是否清晰、明了、有吸引力。

 实战案例7-2：调动对方的3个魅力问题

（1）Are you ready to take your business to the next level?

中文大意：你准备让你的生意百尺竿头，更进一步吗？

案例分析：注意使用句式 Are you ready to...

（2）Are you willing to invest in your financial future?

中文大意：你是否愿意为你未来的财务发展投资？

案例分析：注意使用句式 Are you willing to...

(3) Can you really afford to walk away from this offer?

中文大意：你真的舍得放弃这个大好采购机会吗？

案例分析：注意使用句式 Can you really afford to...

第四节　避免开发信必败的 7 种常见错误

外贸开发信中只要有一个小小的疏忽，对方就很可能立即把你辛辛苦苦发送的外贸开发信丢进垃圾桶。如果是电子邮件，按一下 delete（删除）键，你就前功尽弃。以下提供外贸开发信在重要的七个方面上可能存在的问题，供你在写完第一遍的草稿之后，再作一次认真的自我检查。

一、没有尽早定义你的产品

读了你的开发信标题之后，你的阅读对象必须已经对你提供什么有个大概的了解。读到第三段，对方应该十分明了他会得到什么。如果此时，你还没有阐明你的产品或服务的主要好处（客户利益），你势必失去无数的销售机会。很多外贸开发信的通病就是在开始部分，说了自己所在企业的一大堆自我介绍或自我推销的好话，如位置、规模、成立日期、人员数目、宗旨、获奖情况等，但对自己要提供的产品只字未提。

二、没有明确说明让目标客户做什么

虽然这是个非常明显的错误，但是，有太多的外贸开发信里都没有清楚地说明客户应该如何订购你的产品或服务。绝大多数的潜在客户不可能上上下下、七拐八绕地去你的开发信里，从字里行间仔细寻找如何订购你的产品。还有些外贸开发信和公司网站，甚至根本就没有提供任何有关订购的要

求和具体资讯。你的订购信息（数量要求、交货时间、价格范围、付款方式等）必须非常醒目和容易理解，并且，你要非常详细地说明，客户订购之前要经过什么程序，订购之后需要做什么，可以期望得到什么样的结果（时间、服务等）。这些具体的技术问题都必须在你所附的资料及网站介绍中列得一清二楚。

三、没有提供客户利益（好处）

只有给客户提供好处，你的产品或服务才有吸引力。外贸开发信的一般原则是，首先，大力阐述你最突出的一个好处（客户利益）；其次，积极说明你产品的另外两个好处；再次，在外贸开发信中把这三个好处重复三遍（当然，每次要以略微不同的方式或从不同的角度来说明）。充分说明你的产品（或服务）的好处，这可以让你的外贸开发信大放光彩，为你赢得客户。

四、没有建立产品或供应商的信誉度

你的客户对象为什么要相信你说的话？你凭什么说你是专业的？在外贸开发信中通过你对产品的理解、认识、专业表述等树立你的可信形象，如果你有独特的产品，更能权威地说明你产品的独特优点和对客户的好处。

在外贸开发信中，即使你有世界上最完美的产品，只要你无法在客户那里建立你的信誉度，他们是不会理睬你的。所以，你一定要表明，为什么客户要相信你所说的所有好处。

五、没有做到布局和形式的赏心悦目

你的外贸开发信在内容上要引人入胜，在形式上也要赏心悦目。过小的字体、奇怪的颜色、拥挤的段落等排版上的缺陷，都会让对方直接 delete（删除）掉。当然，更普遍的问题是外贸开发信中错词满篇，让对方不知所

第七章
DIY，研发你自己的外贸开发信

云。从标题到结尾，从段落分配到词句搭配，从大小写到标点符号，你都需要认真检查和修改。在很多情况下，花点钱请外贸开发信专家为你专门设计和严格把关，是非常明智的。专家意见可以成倍地减少你的无效劳动，大大增加你的回复比例并因此加大你的生意量。

六、没有尽量免除客户的订购风险

在生意中应该尽量把所有的风险自己承担起来，而不是想尽办法推给对方，这才是商场制胜的法宝。外贸也毫不例外，如果你有"保质、保量、保时"的书面保证，加上你突出的产品优势，甚至附上退钱赔偿的"三包"政策，相信你将所向无敌。

七、没有详细说明你的竞争优势

为什么你的产品最为合适对方？大部分情况下，你的产品会有无数的同行在竞争。所以，你的外贸开发信必须说明，为什么你竞争对手的产品不如你的，你的产品好在什么地方，你的产品具有什么别人所没有的突出优势。

如果你能在外贸开发信中令人信服地说明，只有购买你的产品才能为客户带来特别的利益，你就一定可以赢得你的客户。

 实战案例7-3：一封销售信，72小时，获得100多万元的销售额，成本仅仅5 000余元

关于邮件营销，绝大多数的老板和营销人无比纠结……

一方面，他们必须发，因为没有比电邮更简单的沟通方式；另一方面，电邮营销的效率实在低得可怜，却不知道如何提高。于是，只能日复一日地重复着同样低效的行为。

我早就说过，电子邮件是最快速、最稳定、最高效的营销手段，但要取得好的结果，你必须改变关于电子邮件的思维，改变关于营销流程的思维。

尽管我不断倡导，但改变的人却很少，甚至有人怀疑我的判断，妄称克亚营销的理论有缺陷。为了让这些人心服口服，几个月前我亲自操刀，用20分钟的时间为一家外贸公司撰写了一封纯文本的电子邮件，然后与他们的HTML电子邮件进行肩并肩对比测试。

你猜结果如何？

我的纯文本邮件的打开率和点击率都超过他们邮件的3倍以上！更不可思议的是，我的邮件在72小时内为他们带来了超过人民币100万元的销售额！

为什么如此神奇？这些纯文本邮件背后究竟隐藏着什么样与众不同的营销思维？

接下来的视频中，我为你一一揭秘……

链接在：http://www.keyaliu.com/zsal/yifengdianyou100wanxiaoshoubeihoudeyingxiaosiwei.html）

▶ **案例分析**

上述克亚营销提供的是非常有效的外贸开发信。强烈推荐各位读者，特别是做外贸 B2C 的读者，好好学习刘克亚的营销思路，重新设计你的外贸电邮营销策略与战术。请问：你仔细收听观看了吗？你学习利用了吗？你反复研究思考了吗？（刘克亚电邮的具体文本在本书第八章）

第五节　每封外贸开发信都必须认真检查的 20 个关键点

为了避免遗漏和失误，你的每封开发信写完之后，都必须认真检查以下 20 个关键点，这是最后一次机会来看是否写得合适。你也可以出些咨询费用，请外贸开发信专家为你严格审核，以期达到事半功倍的效果，让你的外贸开发信真正为你带来成倍的生意量。

一、你的开发信标题

你是不是运用直接针对客户的语气?你有没有直接给出对方你产品的好处?这个好处是否强烈和具体?

二、你的产品的好处

你是不是先介绍最为突出的对客户的好处和利益,然后依次叙述你的产品和服务对潜在客户的所有利益?

三、你的竞争力

你有没有解释,与你的竞争对手相比,你的产品或服务有什么优越或独特的地方?

四、你的叙述语气

你是不是直接针对开发信的客户?即直接使用第二人称的 YOU?
例如,你应该说:"If you love horses you'll love this product."
而不是说:"People that like horses will love this product."

五、你的立场

你是否使用"You"(你,你们)远多于使用"I or We"(我,我们)?建议在你的外贸开发信里,前者应该是后者的两倍以上。请仔细检查一番。

六、你的文风

你的词语和段落是不是简短明了、容易阅读?

七、你的用词

你有没有运用主动性的、带有强烈感情色彩的词语？是不是始终把吸引客户的兴趣作为你的写作目标？

八、你的"挖坑"技术

你有没有先提示客户所面临的问题或麻烦，然后生动描述这些问题或麻烦给客户带来的种种负担和困扰，最后提供你的产品或服务来解决客户的问题或麻烦。

九、你的连贯性

你的外贸开发信是否清晰明了、容易阅读，段与段之间的过渡是否自然、流畅？

十、你的突出字体

你所强调的字眼或语句有没有采用高光或加粗等字体处理手段？这样，你才能引导读者的注意力，便于读者抓住重点。

十一、你的写作语调

你是不是做到了用亲善友好、积极主动、平等对话式的语气写作？

十二、你的事实数据

你有没有运用确凿的数据和事实来建立你的可信度？

十三、你的信用证明

你的外贸开发信中有没有包括建立和证明你说话可信度的材料？例如：为什么你是你所说东西的权威或行家？你有没有客户证言？你过去是不是有成功的案例？

十四、你的无风险保证

你有没有为对方提供无风险的保障（如"三包"）？如果你有退款/退货保证，那就可以充分证明你对自己产品或服务的信心。

十五、你的推销原因

你有没有提供你此信所推销项目的可信原因？你是否是为了给对方实际的好处，让对方能够立即获得利润，以便成为你的新客户？或者，你给对方特别优惠的价格是因为你有过多的库存，需要清仓减少储存费用或空间？

十六、你的订购步骤

你的开发信里有没有详细说明对方应该如何进行下一步？例如，Call (or fax) now for a trial order.（请立即来电或传真试单）Or, simply fill out the form below, enclose your check or money order for ＄28 of sample charge, and mail to...（或者，填写所附表格，加上样品费28美元的支票或汇票，邮寄到……）

十七、你的订购障碍

你有没有尽量减少你的潜在客户的订购障碍？你有没有清楚、直接、简便地让客户下订单？

十八、你的订购奖励

你有没有提供订购奖励、额外礼品等鼓励措施?或者,你有没有让你的产品和服务在对方心目中有异乎寻常的附加价值?

十九、你的订购时限

你有没有在你的开发信里创造一种需要立即订购的气氛?例如,价格即将失效、数量限制等。

二十、你的全面回答

你是不是已经圆满回答了客户对于你的产品和服务可能有的所有疑虑、问题、担心等?

第六节 如何大刀阔斧地修改你的外贸开发信

一、本书第四章三封开发信的修改稿

我们已经对外贸开发信的方方面面做了介绍,也举了不少案例,你因此知道了如何写作有效的外贸开发信。为了让你有更加深刻的印象,这里,我们对第四章开头的三封外贸开发信(案例4-1、4-2、4-3),来做一番脱胎换骨的大手术,供你对比参考。

 实战案例7-4:卖出家具的香味

Take a look at this fabulous furniture – You can sell it like hotcake!

第七章
DIY，研发你自己的外贸开发信

Dear Mr. Trump,

Thank you for your interest in our furniture. I am sure that you want to order sales winners for your company. Here is one that will just do that for you.

Premium YYY Xxxxwood Model：

This piece of fabulous furniture is made of xxxx a1 premium material and it sells like hotcake in XYZ market since it came out from our production line on Dec. 31st. Last month alone, they sold more than 10 containers of this model. You can be the first to have a trial order and see how it works wonder in your ZYX market.

For this hot item and our other easy–sale furniture, please find the attached product photos and ordering information. Or visit：www.xyzfurniture.com. Your OEM orders are highly welcomed too.

Best regards.

Pinky

Assistant Sales Manager, ZYX Market

GZ Furniture Co.

Address：123 Industry Rd. , Any City, Any Province, PR China

Phone：0086 – 55 – 5555 – 5555

Fax：0086 – 55 – 5555 – 6666

Web Address：www.xyzfurniture.com

Email Address：pinky@xyzfurniture.com

P. S. Order this hot selling item before Dec. 31st 2012 and double your Volume Discount. Ask for detail. Good selling！

▶ 案例分析

（1）为客户利益着想，这里着重"畅销"两字。只有订购的产品畅销，买手才容易保住自己的饭碗。

（2）标题积极、有趣，hotcake给人带来充满色香味的联想，也是亲切的常用语。当然这类熟语词汇也有落入俗套的风险。不过，这里有两个原因可以支持使用这个词：①家具行业用此词不多；②从中国来的供应商语言乏味，基本不用此类"有色"词汇。标题上用这样的词汇，肯定会让你脱颖而出。

（3）称呼正规。

（4）第一段感谢对方的询问，简洁。立即进入实质主题，谈畅销产品，直接。

（5）第二段产品名称，具体举例，而不是泛泛而谈。注意这里的产品名称不要总是冷冰冰的数字字母代号，要有文化内涵；所用材料介绍，内在含义是质量；生产情况，表明自己的生产能力，而对方是直接与厂家打交道；用事实证明其他市场的销售情况，并引起对方的攀比、从众心理，降低对方的防范心理；建议对方尝试，以可能的好结果做诱惑，善用客户心理，以做本地市场第一个来激发对方斗志。

（6）告诉对方下一步怎么做，特别注意相关附件/网站要有详细的如何订购的资讯，如价位、包装、运输、时间、付款方式、优惠等；附带提出可以为对方OEM，因为对方很可能只要OEM，不要你开发的产品。但是你提出和推销自己的产品，就是告诉对方你的设计和生产能力较强，所以他们也可以放心给你OEM。

（7）简明的问候语。

（8）留有签名和详细联系信息，方便对方询问详情。

（9）PS部分上，继续畅销主题，给对方一个优惠和期限，既明确又含糊，强调半价但没有提具体价格，吸引对方作探究并强化对方的回复行动。

（10）PS部分下，祝愿对方生意好，呼应开发信的标题和主题。这也是对方采购关心的重要主题之一。

（11）通篇没有提价格超低，而是强调畅销（及给对方的利益），以及产品背后的质量/生产能力等，只在最后的PS里才给出一点价格的诱饵，所以是相当正面的推销，而不是价格的恶性竞争。整个基调积极、主动、正面、自信。

第七章
DIY，研发你自己的外贸开发信

 实战案例 7-5：爱屋及乌、天涯知音

If You Are An Animal Lover, You Have To Read This：

Hi, Jack,

This is Panda Pan from China.

KFC only does chicken. We are not only doing chicken right, but also all kinds of other animals, including cats and dogs. Please don't get me wrong. We are not in business of making dishes. We are offering animal fashion accessories to people like you.

Here is our Zodiac Animal Fashion Accessory Collection. [see picture]

We made these through xxx steps, including… [detailed description of manufacturing process]

Here is our Design Team. [see picture]

Me and my associates with 151 years combined experience in designing fashion accessory with 13518 designs and 68 awards under our belts. We have shipped tons of containers overseas in last decade. And there was 10 container load of our fashion accessories shipped to Canada last month alone.

I came from Sichuan, China, near the Panda Reservation Forest. I love those creatures so our customers like to call me Panda. Please tell me how you want to design your next animal style fashion accessories, we will do it right. Click here and add me to your MSN list. Or email me：PandaPan@2008.com.

P. S. Your samples will be done by me and my associates within two weeks. Plus I will throw in 12 classic panda design master pieces that I have collected. That will be yours to keep, for free.

Be a luck dog and have a good day today.

Panda Pan, Owner & Lead Designer, ABC Industry Group, Inc.

Phone：0086-55-5555-5555

Email：PandaPan@2008.com

Web: www.pandapan.com

P. S. Your products are always 100% money back guaranteed. So call us. Send your sample to us. We can do it.

▶ 案例分析

（1）以情动人拉关系，这里着重的情感线索是"可爱的动物"，这是通过网络了解了对方有热爱动物情结之后写作的外贸开发信。

（2）标题精确而积极。其中的暗示作用具有让对方下意识地点开正文的"魔力"。

（3）称呼正规。

（4）第一段自我介绍，名称有趣，可以引起对方的兴趣和好奇。

（5）第二段借用家喻户晓的肯德基的广告语，自然地引申出自己的产品介绍，并且更加有气势。同时，使用"像你一样的客户"来强调与对方的直接相关性。

（6）紧接着用图像证明自己。再加上文字，用以说明自己的质量追求，让对方放心。

（7）用人物图像来建立感情联系。这里彰显的是人情，而不是干巴巴的产品说教。然后配以事实说明，有理有据，令人信服。这就是所谓左右开弓的外贸开发信，同时冲击对方的左脑（理智）和右脑（情感）。

（8）回到"可爱动物"的情感线索，说明自己的名字由来，并告诉对方下一步怎么做。

（9）附带提出赠送对方具有感情色彩的个性化的礼物，动之以情，晓之以理。

（10）问候语也和动物相关。

（11）签名和详细联系信息，方便对方询问详情。

（12）通篇没有提价格超低，而是强调感情联系和事实证明，完全避免价格的恶性竞争。整个基调生动、饱满、积极、自信。

第七章
DIY，研发你自己的外贸开发信

 实战案例 7－6：像 IBM 一样可靠

No One Ever Got Fired for Choosing Fxyz Group China

Dear John Buyer,

Yes! Like IBM, no one ever got fired for choosing us. In Fxyz Group China, we are known for our services, for the sheer speed and competence with which we would fix any troubled situations. We are proud to be the safe choice among the corporate buyers circle since 1992. No delay, no reject, None.

You can order hassle free from those five factories under Fxyz Group China:

－ Qyyzz (Gvvjuu) Clothing Weaving Co., Ltd.: Knitting underwear & garment.

－ Hzzyy Clothing Weaving Co., Ltd.: Knitting & tatting garment (Sweater / jersey)

－ Szzxx Light Industrial Co. Ltd.: Bag / hat / scarf / glove

－ Qyyxx Sporting goods Co., Ltd.: Sporting goods

－ Jxxyy Textile & Fabric Co., Ltd.: Non－Woven Fabric and Woven Fabric

And, our Product Development Center can help with your new product design and our Service Center handles all your logistics, flaw free. You can read what other buyers say about us at: www.fxxxyyyzzz.com/customerletter

Regards,

Leo Zyx, Sales VP

P. S. No product problem. Nobody got fired. Call me. You'll be satisfied with the result.

＝＝＝＝＝＝＝＝＝＝＝＝＝＝＝＝＝＝＝＝＝＝＝＝＝＝＝＝

Fxyz Group China

TEL：＋86－555－55555555　Direct：＋86－555－77777777

FAX：＋86－555－66666666　Skype：leo. Zyx

Email / web：leo@ fxxxyyyzzz. com　http：//www. fxxxyyyzzz. com

Manufacture: Sporting goods, garment and accessories

= =

Please click here to subscribe to our valuable email newsletter...

If you don't want to be further bothered by our email, please click here so we can delete your name in our database...

▶ 案例分析

（1）去掉喋喋不休的自我介绍，以客户感兴趣的话题（职位安稳），来阐明自己一丝不苟的高品质服务立场。这里强调的主题是"无差错、不会被坑"。这是有实力和重服务的外贸厂商和公司可以参照写作的外贸开发信。

（2）标题积极而强势。借用了IBM的情况来调动对方情绪，使用强烈的语调，具有让对方因为好奇而点开正文的吸力。

（3）注意使用正规称呼和名字，避免先生女士的统称。

（4）第一段承接标题内容，简要说明自己的所作所为和名声，语句强烈，不容置疑。注意写作外贸开发信要杜绝崇洋媚外的心态，自己行得正、做得好的地方，就要理直气壮，不要畏畏缩缩。

（5）第二段介绍自己的产品，罗列而显得有气势。

（6）第三段介绍自己的服务，并给出证明。用客户的证言来证明自己的质量追求，让对方放心。

（7）签名和详细联系信息，方便对方询问详情。注意一定写上自己的职位，职位要尽量往大的方面靠，以示尊重对方。

（8）本信主要是介绍自己给对方知道。最后再建议对方来订阅你的通讯，以了解更多对对方有价值的行业信息。

（9）这里是让对方拒绝你进一步打搅的标准写法，显示你的专业性，不会纠缠不休。

（10）通篇基调强劲有力、积极自信。以服务来说明自己，并给出证明，避免单纯的价格竞争。

二、外贸开发信的神来之笔

要知道，不管你怎样努力，任何开发信都不可能有100%的回复。所以，你永远不知道你的开发信还有没有提高的余地？有多少余地？因此，你需要不断地努力，不断地学习，不断地研究你的回复情况，不断地改进和尝试新的方式，并且认真做好记录和对比研究，持续地改进和提高。当然，有时候会发生"踏破铁鞋无觅处，得来全不费工夫"的情况，这个就是所谓"99%的汗水和1%的灵感"。请看如下最有趣的外贸开发信案例。

  实战案例7-7：一个最有意思的外贸开发信案例

外贸论坛网友问题：

同样是一个模板的开发信，同样的标题，为什么我发的回复率只有千分之一，而我（本人男性）旁边比我晚来的女同事却是五十分之一？她只是在信里多加了一句话：I'M A LOVELY GIRL。难道老外都是冲着这个回的吗，而且是实实在在的询价。我们公司没有任何平台，都是通过网上免费的资源找客户，我比她先来收到的邮件还没她多，相当的郁闷！

▶ 案例分析

一句"我是个可爱女孩"造成了0.1%和2%的回复率的不同，其差距高达2 000%！这个事实充分说明了在商业世界里，女孩子有着天然的亲和力优势，而男的容易给对方压迫和威胁的感觉。所以，写作外贸开发信一定要冲击对方的潜意识和感性的右脑，而不是喋喋不休地说你的"价廉物美"、"质量第一"之类概念抽象的老生常谈。

其实，我们没有必要认为这样的写法太小孩子气，我们也没有必要去猜测或怀疑这些回复的老外是否真的是要做生意，还是有什么不可告人的目的。爱美之心，人皆有之。

作为男人,没有女性的亲和性优势,就要从专业方面赶过来。其实,你也可以在其他喜悦、恐惧、快乐、友谊、情谊等潜意识的情感方面苦下工夫,语不惊人誓不休,一句打动对方心灵。就像本书开头所说的,写作开发信,功夫在信外。你要尽力提高各方面的能力,不断修炼自身的内功,然后顺应潮流,努力奋斗。所谓"谋事在人,成事在天"。不经风雨,何来彩虹。请你潜心投入你的时间、金钱、精力去苦练内功,相信你一定也会成功。

第八章 外贸电邮营销案例

内容提要

前文提供了许多电邮营销的方法，本章将理论应用于实践，结合不同时期大量电邮实例，并对其修改、完善，带领读者巧妙利用电邮营销技巧，玩转外贸。

第一节 第一代外贸开发信,外贸函电版

2005年之前的外贸开发信基本上都是第一代外贸开发信,脱胎于外贸函电教材,是电报时代的国际贸易用语。虽因为后来电话和传真等通信工具的使用而有所改进,但整体风格依旧老旧不堪、语句啰唆、介绍冗长。可叹的是,外贸函电版依旧雄霸教育界,现在大学国贸专业基本还是如此!

一、商务参赞模板

 实战案例8-1

网上流传的外贸开发信所谓"范文"之一
Dear Sirs,
We owe your name and address to the Commercial Counsellor's Office of the Swedish

Embassy in Beijing who have informed us that you are in the market for Textiles.

We avail ourselves of this opportunity to approach you for the establishment of trade relations with you.

We are a state – operated corporation, handling both the import and export of Textiles. In order to acquaint you with our business lines, we enclose a copy of our Export List covering the main items suppliable at present.

Should any of the items be of interest to you, please let me know. We shall be glad to give you our lowest quotations upon receipt of your detailed requirements.

In our trade with merchants of various countries, we always adhere to the principle of equality and mutual benefit. It is our hope to promote, by joint efforts, both trade and friendship to our mutual advantage.

We look forward to receiving your enquiries soon.

Yours faithfully,

Encl.

案例分析

一句话，毫无吸引力。若按此套路辗转复制编辑，谬误更甚。

二、DAFU 模板

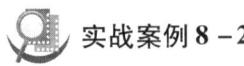

实战案例 8-2

网上流传的外贸开发信所谓"范文"之二

Dear Mr. Steven Hans,

We get【注意语法，宜用 got】your name and email address from your trade lead on www.tradelead.com that you are in the market for ball pen.【注意语法，

pen 宜用复数】We would like to introduce our company and products, hope that we may build business cooperation in the future.【此句很啰唆,语句空洞态度低下。直接可以省略】

We are factory specializing in the manufacture and export of ball pen for more than six years.【此句太多语法错误】We have profuse designs【多样设计的中式英语翻译,中国独创】with series quality grade【中式英语词组】, and expressly, our price is very competitive because we are manufactory, we are the source. You are welcome to visit our website http://www.aaa.com which includes our company profiles, history and something latest designs【中式英语词组】.

【原作者很得意这段,自认为是很优美的词汇与长句。可惜信息时代写作强调的是对话式、简洁、有力,而不是中国式英语的奇怪组合】

Should any of these items be of interest to you, please let us know, We【逗号后应该小写 we】will be happy to give you details.

As a very active manufactures【词性错误】, we develop new designs nearly every month,【应该改成句号】If you have interest in it【中式英语】, it's my pleasure to offer news to you regular.【词性错误】

Best regards,
Dafu Wong

▶ 案例分析

曾经有很多外贸业务员的开发信,都是源于以上被写入书籍的"经典"范本。上文在黑括弧内已经做了点评。希望各位外贸同行不再使用如此错误连篇的外贸开发信。DAFU 模板是根据外贸函电胡编乱造版本,谬毒流传很广,笔者谷歌了一下:

As a very active manufactures 有 2 110 个;

As a very active manufacture 有 93 个;

We have profuse designs with series quality grade 有 15 900 个;

our price is very competitive because we are manufactory, we are the source

有 11 600 个。

你可以自己看看，基本上都是中国企业在照抄。没有任何英美企业使用此类表达的。

三、新手失误

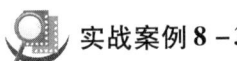 实战案例 8-3

Dear sir or madam,
Have a nice day!
We obtain your buying message from XXX.
This is Xinfeng Enterprises Co., Ltd. We are a professional gifts manufacturer, we are dealing Silicone/EVA/PVC products, which in lines of wristband, bracelet, keychains, paper bag, gift bag, non-woven bag, bang bang stick, Christmas card, sticker and many more.
We can produce products according to your requirement.
Our products all in the excellent quality with competitive price.
If you need our quotation pls send me your enquiry to me by email.
Pls send your enquiry to: XXXX
If anything I can do for you pls feel free to contact me at any time.
Sincerely hope we will establish good business relation with your esteemed corporation.
Waiting for your kindly reply.
Best regards,
Tina
Xinfeng Enterprises Co., Ltd
E-mail: XXX@xftrade.com

TEL：xx xxx xxxxxxxx
FAX：xx xxx xxxxxxxx
http：//www.xxxxx.com
http：//xxxxxx.en.alibaba.com

▶ 案例分析

上述外贸业务员的开发信属于典型的第一代外贸函电版，结构、语句都很雷同，例如：

开头是：We obtain your ZZZ from XXX.

然后说：We can produce YYY products.

再自夸：We... excellent quality with competitive price.

最后是：feel free to contact.

网上搜索下，还有大把类似的外贸开发信模板。显然，外贸业务员缺乏经验，只能照搬照抄此类无效空洞的外贸开发信，结果自然就是石沉大海。

第二节 第二代外贸开发信，陈毅冰模板

从前的外贸函电是纸质书信或电报/传真发送，不得不拿在手上，至少有机会被浏览下。近二三十年来都是电邮发送，而电邮的营销时间只有几秒钟，甚至更短！电邮未被打开之前只能见到标题，所以用标题党的打法还能诱惑对方点开内文阅读。而现在的电邮除了标题，还往往可以窥见内容。所以，用户从打开邮箱、瞟一眼、决定删除的时间，往往只有几分之一秒钟。因此，简明扼要是外贸电邮的基本要求。2010年4月29日，陈毅冰在福步开帖传授外贸开发信和搞定客户技巧，迄今已有2 500多万的点击量，陈毅冰模板成为目前外贸业务员发开发信的通用模式。

一、陈毅冰模板 2.0

实战案例 8-4

极简版本

Hey guy,

XYZ trading here, exporting LANTERNS with good quality and low price in US.

Call me, let's talk details.

Rgds,

Rick

▶ 案例分析

第一代简单、直截了当,当然好,特别是与前述外贸函电相比。但是当全中国的外贸业务员都这么写的时候,老外采购每天收几十封,那就真完了。

二、陈毅冰模板 2.2

实战案例 8-5

Recent xxx(公司产品)from(公司名字), A Home Depot Supplier

【以上仅是参考。你的所有标题一定要多做变化、多做测试,择善而用。

如何写作标题，务请参看本书的 100 个经典标题！】

Dear Purchasing Manager,

　　Glad to know that you're on the market for XYZ product. Our factory specializes in this XYZ field for N years with good quality and competitive price.

　　【1. 此处加上一两句行业优势、特点、强势卖点等，比如：是沃尔玛供应商、有验厂、有证书、MOQ = 1、特殊材料或规格尺寸、超低促销价，等等】

　　【2. 针对不同市场、不同产品、不同类型采购商再做些个性化处理。英语差的此项就算了，不如藏拙】

　　E – catalog and samples will be provided for your evaluation. Any question or comments?

　　Best regards,

　　Waimao Chinaguy

　　TEL：(0086) 123 – 4567800

　　FAX：(0086) 123 – 4567899

　　WEBSITE：www.chinafactory.com

IIIII▶ 案例分析

　　怎样根据你的实际情况使用"陈氏外贸开发信"模板？外贸行业里公司各异、产品繁多、市场广泛、客户多样，所以不可能有统一的模板。陈毅冰先生的模板简单实用为广大外贸人喜爱，被奉为外贸开发的大神。外贸开发信写作者应该是营销文案写手（copywriter），绝大多数外贸从业人员没有经过销售文案写作的学习和操练。不得已的情况下，可使用陈毅冰先生的第二代外贸开发信简化模板，稍加个性化加工，也能产生一定的效果。

　　以上 2.2 模板成功的关键点在于标题与个性化的地方，如何树立你的 USP 和针对客户 WIIFM 的热点？关于 USP 与 WIIFM 请参看本书相关章节和谷歌学习。切莫偷懒！没有这两项的努力，做到出类拔萃远远高于同行水平,你的外贸开发信就会变成那些用滥的陈毅冰2.0版外贸开发信,毫无成效。

 实战案例8-6

Recently xxx(公司产品)from(公司名字)
Dear Purchasing manager,

Glad to hear that you're on the market for electronic products, we specialize in this field for 8 years, with the strength of Bluetooth headset, Bluetooth dongle, wifi dongle, Bluetooth keypad, portable power bank with good quality and pretty competitive price.

Also we have our own professional designers to meet any of your requirements. E-catalog will be provided if needed. Hope to be a partner of your company.

Should you have any questions, call me, let's talk details.

Best regards!

XXX

▶ **案例分析**

这封开发信是位做电子产品的外贸业务员2012年分享的,说很有效。别人模仿也说有效,但也有的说没效果。如果2016年再使用此类模式,可能比较难啦。

第三节 第三代外贸开发信,个性化卖人卖萌

先请读一下2014年5月,Navigator Neil针对外贸业务员的开发、报价等通病写的一篇超级幽默网文。

第二章
外贸电邮营销的精细管理

 实战案例8－7：中国最神秘的外贸业务员

今天我去机场接刚从莫斯科回来的Neil说驻外员工迈克，一切顺利。大家回到Neil说编辑部，我把十个助理统统叫到办公室，等着迈克讲他的最新见闻。回国前一天，他打电话给我，说经过一年的深入调查，他发现了中国最神秘的外贸业务员。这一下引起了编辑部所有人极大的兴趣。爱喝咖啡的Neil给迈克冲了一杯咖啡，还给了他一盘大蒜。

一阵寒暄之后，整个会谈开始进入正题。迈克喝了一口咖啡，扔了一颗大蒜开始嚼起来。他说："我发现了一个中国外贸业务员，身份非常神秘。跟当地商会的朋友多次聚会，发现大家都遇到了这个人。这个人从事的行业多达上千个，跨度非常大，他或者她以不同的身份出现过，有时叫Mary，有时叫Jane，有时叫Michael，有时又叫Jack。"

大家都不相信，怎么可能有这么神秘的人，从事如此多完全不同的行业，还有如此多不同的身份。迈克看大家不信，他拿出了一堆数据，说自己已经跟踪这个业务员五年了，并跟全世界数百个企业主或者采购人员沟通过，大家一致认为这就是同一个人，尽管他或者她不断变换身份，不断变换行业，但是他或者她的一些特征已经证实这就是同一个人。

证据一：开发信

迈克和他的朋友们研究过几千封开发信，惊奇地发现，这个外贸业务员的开发信是有规律可循的。整篇开发信大部分内容是相同的，只有少数几个变量。迈克发了一份文件给大家，内容如下：

Hi Sir,

Glad to hear that you're on the market for XXX (Products Or Industry). We specialize in this field for several years, with the strength of YYY (Technology), with good quality and pretty competitive price.

Should you have any questions, pls do not hesitate to contact me. FREE SAMPLES will be sent for your evaluation!

Tks & br,

ZZZ（Their Signature with Contact Information）

其中 XXX，YYY，ZZZ 是变量，根据行业不同，身份不同会做相应改变，括号里的字是迈克他们加的注解。

大家看了一下，好像还真是那么回事。有几个人点开自己的工作邮箱，转了几封邮件出来看，一一对照，几乎只字不差。大家对迈克的洞察力赞不绝口。迈克似乎受了鼓舞，接着抛出了更多的证据。

证据二：报价

这个业务员有个特点，死活不肯报价，会问一大堆奇怪的问题。好不容易报了价，上午才说好，下午又变了，说要涨价。迈克当时很生气，直接就不回复他了，没想到三个小时之后，这个业务员又发了一封邮件过来，说可以按照之前的价格。这个令迈克非常困惑，完全不知道对方葫芦里卖的什么药，也就不敢进一步合作。

可是事情还没有结束，从那以后，每隔几天迈克又会收到证据一里的那封邮件，一个字都不差。最后迈克实在忍无可忍，把对方拉黑了。原以为可以就此结束，没想到，在一个月黑风高的晚上，迈克的手机响了，没有显示号码。接通之后，一个人叽里呱啦讲了一大堆，迈克就听懂了四个单词：Hello，China，Email，Bye。迈克以为是有人打错了电话，可是从那以后，每隔几天就会接到同样的电话，有一次迈克出门忘了带手机，回来发现自己竟然有50个未接电话。迈克开始怀疑自己被某些神秘组织盯上了，为了安全，不得不换了一个号码。从那之后，过了一段平静的日子。

证据三：即时聊天工具

有一天，这个业务员加了迈克的Skype，从那以后，每天 Good morning, Good night, Are you free? ……迈克有点摸不着头脑，完全不知道这个业务员想干什么，为什么自己一上线他就会冒出来，说一堆不痛不痒的话。有时候也会问他有没有订单，但是迈克想了解一下的时候，对方却什么资料都拿不出来。

证据四：价格谈判

迈克跟这个神秘的业务员打了四年的交道，有一次终于有点兴趣想下个订单。谈到价格的时候，迈克觉得对方的价格贵了，然后发了个邮件去询问，回信马上就收到了。对方一再强调自己的产品质量很好，比 XXX Province 的好多了，但是他就是不告诉迈克到底好在哪里。迈克有几次主动问出来，对方说就是好。迈克实在没有耐心继续谈下去，就不再回复。大约三天以后，这个业务员发了一封邮件过来，说是愿意降价20%，迈克一看还行，就让对方做了个PI。PI很快就发来了，迈克准备付款，结果儿子需要去参加一个活动，迈克就陪同去了，想着也就三四天，回来再付款。

四天之后，迈克回来了，发现了四封邮件，都是来自这个业务员的。第一封是催他付款的；第二封，对方说自己很有诚意，决定再降价10%；第三封，对方说，希望以后能长期合作，决定再降价5%；最后一封，是问迈克有没有收到自己以前的邮件。迈克一看，大骂自己蠢货，差点上了这个业务员的当，原来价格还有这么大的水分。这个业务员变化太快，迈克决定不跟他合作了。

听完迈克的描述，大家纷纷回想自己以前从中国进口的经历，发现特征完全吻合。大家对这个中国最神秘的业务员产生了极大的兴趣，在得知迈克近期将回国的消息，委托他代为寻找核实这个业务员的身份。

迈克讲完之后，我和十个助理也陷入了沉思，这个人到底是谁呢？为什么如此神秘，难道是神盾局特工？我当即拍板，决定悬赏一美金，寻求这个中国最神秘业务员的相关线索，希望能尽快把他找出来，以解外籍友人心中之疑惑。

（来源：http://neilshuo.com/60.html）

▶ 案例分析

为避免上述故事中千篇一律的外贸开发信，笔者从2006年在福步发帖开课起，就一直强调外贸开发信不能千人一面，要有独特性。但是，这又谈何容易！以下是部分按此思路实践的第三代外贸开发信案例，不一定很出色，更不能当成模板，与本书的很多案例一样，仅供参考和开拓思路。

 实战案例8-8：新年问候式外贸开发信

Happy New Year：Mr.［name］,［Company］

Good morning, Mr. [name]!【即时问候】

How is your business this year? Do you want make more money in 2013?【提问式引发阅读兴趣】

Our XXX products sold worldwide includes ABCD (countries). We'll increase our marketing support and more favorable prices in (your country).【回答切合老外客户对市场支持的需要，也是他们的痛点或热点】

Sample and product catalog is ready for you. Please ask us to send out immediately to you. Do not let your competitors get them before you!【提示行动】

...

 案例分析

这是2012年年底发的50封新年问候信，当即获得了2个回复索要资料。4%的回复率算很不错。因为这个名单来源于3 000个广交会免费名单。这封开发信相当简单，但与前述陈毅冰模式相比，增强和改良如下。提问热点痛点引发兴趣，增强对潜在客户的好处诱惑，以紧迫性引发行动（call for action）。另外，标题的改良也很重要。之前按此名单发的新年外贸开发信，标题是Happy New Year for New XYZ（PRODUCT）Project效果就远不如加了个人姓名与公司名称的回复率，因为每个人还是对自己的名字更感兴趣！

实战案例8-9：图文并茂地介绍产品

Have you ever seen [product] with [special feature]?
Dear John,

Your company, as a leading provider of [product], would be interested in this kind of [product] with [special feature]. Please take a look at what we produce：

[insert product picture, tech data and brief benefits]

We are manufacturing [product] in China and have been exporting to EU for more than xxx years. We can be your supplier with [quality issues].

Would you please contact me for details?

...

▶ 案例分析

图文并茂 + 突出卖点，期望能击中客户的某个需求点。如果没回复也是正常，再找其他热点或客户痛点，有针对性地测试效果，说不定某一次就击中了呢。

 实战案例 8 - 10：刘克亚的外贸 B2C 开发信，获得 100 多万元的销售额

FORGIVE me (please)

I forgot to do something (for YOU) that I should have done.

Here is what I'm talking about...

Every quarter, we do something VERY SPECIAL for our best customers (customers who bought most amount or most often).

What do we do?

We select all the best products (products bought by most people and most often) and cut their already low prices further... Then we build a secret page and let our best customers enjoy the special buying privilege.

Here comes my fault. Let me confess...

You ARE on my best customer list... but I have been forgetting to give you access to the special SECRET page (due to our mis-managing email lists. I would admit.)

To make it up to you, I have selected the best of the best products and taken prices down further by 10% (which means 20% discount).

You can buy any products you like from the entire selection... but you must rush because I can only have this page up for limited time. Here is the secret page... SPECIAL SECRET PAGE

I hope you can now forgive me.

VIP Customer Care Manager

Judy Cai

P. S. Do remember to scroll all the way down to check out the very distinctive things I assemble for you. Thank you! HERE is the link again.

▶ 案例分析

克亚营销提出的观点是：(1) 开发信要用讲故事的方式，而不是长篇大论的直接销售。因为面对促销性电邮，先不管好不好，大多数人的第一反应是删除。所以，不要在邮件中试图销售，不能太长，甚至不能有销售痕迹，不能用图片销售。(2) 讲故事（或某个由头），利用读者一般的好奇心，提高读者直接离开电邮到网站营销页（landing page）的打开率，纯文本即可。(3) 进入了网站营销页，就隔离了其他销售邮件，这样容易一对一销售。

为做对比，第一步先做 1 万个电邮测试，电邮打开率 28%，进入网站的点击率 48%，数倍于以前的 html 直接电邮图文促销模式。然后对 50 万个电邮地址一次性发送，实际效果 72 小时内获得了 100 多万元销售额。发送成本仅 5000 元。每个邮件地址创造了 2 元多的销售。整个外贸电商的电邮销售投资回报 ROI 非常高。

第四节 外贸开发信修改案例

 实战案例 8-11：先有数量，再有质量

[No Title]

Dear Sir or Madam,

This is Jessica from SK Industrial Technologies Co., Ltd, and I got your information from the websit: http: //www. europages. com. Also, I have visit your website: http: // fonderiafas. it, and know your company manufacture working tools and artistic sculptures and spec manufacture working tools and artistic sculptures.

So maybe, you will be interested in our products.

This is SK Industrial Technologies Co., Ltd, and we are the biggest manufacturer of metal abrasive in China, and we have developed 8 series including cast steel shot, cast steel grit, steel cut wire shot, stainless steel shot, stainless steel cut wire shot, aluminium cut wire shot, zinc shot, copper shot, 80 kinds of abrasive products, which are mainly used for blast cleaning of shot blasting machine, steel pre – treatment, steel structure and so on.

Package: 25kg in one bag and 40 bags in one pallet with cover shrink wrap.

Or we can pack according to your needs, and the packing charges is not included.

Payment: T/T or L/C

Delivery time: 15 – 30days.

And if you need more information, you can visit our website: http: // www. kt. com. cn, or feel free to contact me, and we will offer you our best services.

I am looking forward to your favorable reply.

Best regards,

Yours,

Jesscia

...

以下是修改初稿

Want some metal abrasive?

Hi,

Are you currently using metal abrasive?

We are one of the biggest manufacturers of metal abrasive in China that developed

＊8 series, includes cast steel shot, cast steel grit, steel cut wire shot, stainless steel shot, stainless steel cut wire shot, aluminum cut wire shot, zinc shot, copper shot.

＊80 kinds of abrasive products.

You can use them for blast cleaning of shot blasting machine, steel pre-treatment, steel structure and so on.

You will be quoted a very competitive price for your next order, please call me at: 86-666-66666666.

Or, visit our web site: http://www.kt.com.cn.

……

案例分析

（1）砍掉了废话，只留了一句介绍所做产品（因不懂其行业，所以无法修改提炼主题）。

（2）改成提问式的语句，变成对话体；还增加了标题。

（3）如何修改其实要靠专业知识，可惜我不懂专业，所以就文字做了修改，希望有所进步，至少简要好多。

（4）数量。让我震惊的是，此人工作数月，发信不足100封，还在说，没有客户！

发外贸开发信的关键是数量，请按1%的基准回复率来安排你的工作。比如：

发10 000封外贸开发信，收到回复100封（1%回复率），回复中10个打样寄样（10%打样率），发样后1个成为客户（10%成交率）。一般来说是这样的比率。

你想发1 000封就有1个客户，上述某个流程的比率就要增加10倍（有点希望）；你想发100封就有1个客户，上述两个流程的比率就要增加10倍（几乎没有可能）；你想发10封就有1个客户，我们已经进入共产主义！所以外贸新人先求数量再提高质量。

实战案例 8-12：如何持续跟进之流程

下面是我的开发信，已经发过 1 000 多封了，回复率大概 3%左右，但成交的只有 2 个，恳请老师帮忙看下。(略，见下文)⑥

【既然有 3%的回复率，应该算不错的外贸开发信，初看不易觉察此信亮点，故细读并点评如下：】

paintball accessory

【评注：标题不是最优秀的。如果外贸开发信发送名单选择的正确，也不是最差的标题，不过最好还是多多动脑，想办法写得有点特色和吸引力，减分】

Hi,

Wish you have a good day. Did you get some enjoyment from the Olympic games?

【评注：开篇直接进入对话体，加分】

I'm Indiana Lau from ＊＊＊＊＊＊＊＊＊ in China, I have sent a business mail to you some days ago, hmm... maybe it is in the junk mail box now.

【评注：说明事情缘由。激发了对方的 guilty 心理，小幽默加分】

Your are an excellent ＊＊＊＊＊＊＊＊＊ dealer in America, and of course, you have many fixed excellent suppliers, but, I want to say that we are also a reliable supplier, we do this line from 2001, now, we can make nearly all the ＊＊＊＊＊＊＊＊＊ present to the market.

【评注：先 PMP，再说自己不差，注意：不是说自己很好，只用 reliable 一词，恰到好处，加分】

I hope you can give me an opportunity to send some samples to you, we understand that we can get profit just because you get profit. There is a catalog in the attachment, please check it. I hope you can find something interesting.

---

⑥ 福步原帖由 *ksqc777* 于 2008-10-10 10：14 发表

【评注：遇到 I hope you can... 针对老美但缺乏积极主动进取心，减分；积极主动送样品，加分】

I am very appreciate you if you can transmit the mail to your stock department. Thank you very much.

【评注：这段我没有看懂，为什么要转信？so, no comments.】

Looking forward hearing from you soon.

Best regards,

Indiana Lau

Sales Manager

TMT Paintball Accessory Manufacture Limited

Website：

E‐mail：

MSN：

【评注：Indiana 是女人名吧，不知道作者是否是女生？女生，加分】

案例分析

真正长期地抓住客户，特别是忠实客户，还是需要不断为客户提供不同的外贸开发信，不同的主题、不同的角度……以彰显你的专业水平、服务精神等。无论是潜在客户还是现有客户，你一定要定期提供 newsletter，每期都提供富有价值的信息，让客户认识到你的专业和敬业。不是销售的销售，才能达到孙子兵法"不战而屈人之兵，善之善者也"的境界。

走出"地摊式"中国外贸的窠臼，提升营销能力，才是竞争之王道。中国外贸大发展的黄金时间已经一去不复返了。想要靠"谷歌+开发信"取得外贸成功，必须：

（1）多发：靠勤奋弥补（新人每天不少于 50~100 封）。

（2）巧发：靠"语不惊人死不休"引发足够的回复（参见 100 个经典营销标题）。

（3）坚持：等待时机，剩者为王。只要锄头挥得好，没有墙角挖不倒。

先争取成为外贸采购商的备胎,然后伺机扶正,挤掉竞争对手!

 实战案例 8-13:突出促销卖点

可否给小女子指正邮件?以下是我给有意向下订单的客户发送的跟进邮件。

To XXX Company(客户公司名称):XXX(我司名称) - New policy

Dear **,

Good day!

How are you doing recently?

Our company made a new policy last week.

We would offer two extra machines for our customers as product promoting, sales and after service supports when his order over 100pcs.

We wish we will cooperate very well in the near future.

Have a nice day![7]

修改如下

From:XXX(我司名称)

To:XXX Company(客户公司名称) - Place order NOW & you'll get two extra

Dear **,

Good news!

Any order exceeds 100pcs will get TWO EXTRA machines.

This is a new limited time offer from XXX company.

Please take the opportunity now.

XXX's YYY(product & USP)

BR

---

[7] 福步原帖由 *silvia1989328* 于 2013-3-20 17:13 发表

案例分析

1. 改变口径(从 we 到 you):请查询我的 WIIFM 相关说明。

2. 突出重点(额外买赠)。

3. 长期努力:莫忘自己的 USP,不断强化宣传。此封开发信只能是一次性促销之用,还要写作大量其他有价值的外贸开发信。

实战案例 8-14:外贸开发信发信前的客户调研工作至关重要

这是我自己写的开发信,因为客户是经理从展会上认识的,给了我名片,所以我开头那样写了。请老师看看我的开发信有什么不妥的地方吧,谢谢。⑧

原文无标题【标题是什么?标题决定了外贸开发信 90% 的命运】

xxxx,

I'm sorry that I have to bother you, but I am Malen's assistant, Echo.

【问题 1:注意标点!问题 2 缺乏信心,为什么要 sorry?为什么要 bother?谁是 Malen?对方知道吗?仅仅是展会上留过一张名片而已哦。】

I think that your company may need some textile articles.

【问题 3:使用 I think 就是瞎猜,而不是有针对性地提供对方所需求的产品,如:式样、品种、款式、质量……原因也许在于贵公司参加展会缺乏合理应对的程序、无现场记录……】

Since our company is good at manufacturing all kinds of textile articles, such as blankets, cushions, curtains, pillow cases, sheet bathrobes and so on.

【问题 4:贵公司的特色是什么?】

So you may be interested in them.

【问题 5:有什么特别的理由去看你的网站?】

---

⑧ 福步原帖由 echo223 于 2008-12-11 15:34 发表

If you want to know more about us, welcome to our website http：//jjjjj. en. alibaba. com.

【问题6：为阿里巴巴做广告，应该有自己的网站】

Thank you for your kind generosity and your precious time.

【问题7：没有特色，确实浪费对方的时间哦】

Best wishes！

……

案例分析

对展会客户的后续跟进，要靠前面的认真工作。只有张名片，几乎等同于网上谷歌出来的电邮地址。所以，很难有针对性。上面黑括号里仅仅提了些问题，没有解决方案，因为确实不知道贵公司有什么亮点，可以大力推介给对方。

实战案例 8-15：聚焦，回复率从 1% 到 10%，提升 10 倍

薄先生，您好！我拜读了你所有的帖子，对你在外贸方面渊博的知识非常钦佩，给我带来了很多的思考。说说我的经历吧，前年自己开了一个工厂，专业生产一种比较新的太阳能产品，这是我们的网站 www.nnnn.com。

我们的产品非常小众，基本只有美国市场用这个产品，发展到现在也有几个小的固定客户。但新客户的开发总感觉难度比较大，前期因为产品质量不过关损失了很多客户，现在产品质量提高，基本达到美国标准了，但新客户越来越少。其实这个产品在美国很多州有卖，用量很大的，并且中国生产这个的并不多。我开发客户主要靠免费的 B2B 和开发信。我对开发信也有很多的研究，陈毅冰的我也仔细拜读过，也根据自己产品的特点写了自己感觉不错的开发信，但效果并不好，70% 的退信，总的回复率大概 1%，这是我的开发信能否给我一点改进建议，谢谢！

Good morning!

I know you usually buy solar attic fan from Natural Light and other brands in USA. To generate more sale & profits, you may be happy to find a new reliable supplier of solar attic fan with prices lower a lot and good quality.

May I introduce myself to you? New Light, a professional manufacturer of solar fan, maybe can help you to save at least 50% cost with more high quality service if you work with us.

1. 24v brushless motor, long lifetime up to 50,000 hours, larger air-flow, quiet.

2. Competitive price, for example 20w solar attic fan with price only $138.

3. Long warranty 10 years, we will ship free parts during warranty.

To enable you to evaluate our quality and service, Can you order one sample compare with your selling products and current supplier?

Pls note our website: www.nnnn.com.

Best regards⑨

感谢你读了我所有的帖子！无限敬佩你开办工厂开拓新产品的勇气！！以下提供零散的初步意见，希望能对你有所帮助。

1. 美国市场定位

你卖给谁？

（1）有没有UL？这个第一重要。

（2）收不收信用卡？这样可以面对小经销商。

2. 网站

（1）能不能找人好好修改下？排版、文句、营销定位、图片……

（2）能不能做成适合SNS营销的、人性化的网站？

（3）能不能做成资讯集成的网站？参见我2008年的文章《求生之道：立体化营销与突破型外贸——我国外向型中小企业如何应对环球经济寒冬？》第五节"如何使用企业网站优化外贸营销"。

⑨ 福步原帖由 henryyoubon 于 2014-3-26 10:50 发表

3. 外贸开发信

对象是谁？是进口商、批发商、大型连锁、经销商，还是环保组织、环保个人等非常重要！这样你才能把握他们的兴趣点。

具体到你的开发信，应该先简化下，加点互动。

Compare and Save Big in Solar Fan

What brand is your solar attic fan?

Natural Light or NuLite?

Same quality at XX% discount, NuLite is directly from factory in China.

Switch to us NOW and you can generate more sales & profits.

Compare the huge savings at (landing page in your web site!)

Don't miss the boat, XXX stores like yours have already buy from us and enjoy the competitive marketing advantages.

XXXX

Address：

Phone：

P. S. Guaranteed Long warranty of 10 years. Worry free ordering.

4. 合作渠道

怎么找到海外经销商？

[福友回复1如下：]

1. 美国市场定位

目前大的分销商比较难做，所以我的定位主要是小的分销商和零售商为主，目前有个大的分销商在洽谈，有机会合作。

（1）没有UL，大多数客户不要求这个，只有极少数提到这个。

（2）信用卡。这个非常重要，好几个客户要求用信用卡收费，我没办过美国的信用卡，请问怎么办呢？

2. 网站

（1）排版、文句、营销定位、图片。

这些都是我自己写的，确实有些需要修改，但水平有限，图片正准备重拍。

(2) 能不能做成适合 SNS 营销的、人性化的网站？

我的网站基本也是按照美国同类产品的网站风格做的，这个产品不适合太少的零售，因为重量轻体积大，适合小订单走海运。提到人性化，这点我非常赞同，这段时间经常看美国很多卖这类产品的网站，写得非常人性化，不像国内很多公司，包括我自己的太高大全，千篇一律，我最近要改。

(3) 能不能做成资讯集成的网站？

是否要网站随时更新该行业的新信息？

3. 外贸开发信

对象是谁？非常重要！

这个我很赞同，我以前可能在这方面做得不够细。

你写得很好，互动性多了，更抓人心。但我中间的几点我想适度的点一下，大多数客户首先关注的就是这几个问题，你的建议呢？

4. 合作渠道

一般小的分销商还是采用订单方式的，很多零售商都希望我们美国有仓库，可以随时小批量发货。因为不能从美国直接发货，我失去很多零售商。

Bruce, 非常感谢你这么仔细地帮我分析，非常感谢！

[福友回复 2 如下：]

你帮我改的开发信确实效果不错，前天发了 20 封，有 2 个回复，比例明显提高了。不过以后基本不用再开发新客户了。联系了两年的一个大客户，要求我们做他的订单 OEM 制造工厂，他不希望我们再去接其他客户的订单，他每年会固定给我们数量很大的订单。我看你好像是浙江绍兴的，那样我们很近了。如果到嘉兴来了请你吃饭。

▶ **案例分析**

恭喜福友修成正果！外贸加工厂的美好前景就是有稳定的采购商！这样管理费用最低、平稳赚钱，类似印钞机，可以先赚几年，再求发展与突破。

第五节　答复网友疑问：加紧精练内功，度过外贸寒冬

某小姐，

谢谢来函。我对于你的模具行业不是很熟悉，这里，只能做些粗略的回答。

首先，真实提高自身知识与能力，这是做好工作的基础。

所谓中国制造的"转型升级"你肯定已经听说很多了。当前外贸大势是中国产能过剩，世界需求疲软，行业竞争激烈。因而，对外贸新人来说，单单靠价格和运气，已经无法在拥挤的外贸行业立足了。

现在，你必须有"专业"思维，即所有事情必须做得比同行更专业、更扎实、更精细，才能有望成功。当务之急，是全面提高你的专业知识，包括你所在行业，即模具的材料、成本、工艺、人才、研发等情况，国外客户的分布、要求、趋势等信息。

现在是网络时代，你完全可以收集到百万字以上的专业资料。同时，作为外贸人，你必须有熟练的英语能力（至少相当于专八以上的水平），研究了解国外的市场情况。

最好的学习方式可能就是自己动手了，即在自己所收集资料的基础上，编纂出总结材料。编成像教材一样全面的资料，标准是可以作为培训新人的教程、工作手册、参考资料、PPT等。作为外贸人，所谓专业，就是只要任何人问起本行的任何问题，无论是行业技术还是市场方面的各个细节，你都能做到侃侃而谈。虽然你已经工作八九个月了，但此项基础工作，恐怕还没有完成，请尽快补上。

对于外贸而言，只有让客户感觉到你的专业与价廉（相对的价廉，非绝对的价廉），才有可能从别人手中抢到客户。舍此，只有靠大海捞针般的运气了。

其次，善用外贸开发的技术手段。

战略层面，中小外向型企业如何应对外贸新形势，请参考本人2008年时的文章，《求生之道：立体化营销与突破型外贸——我国外向型中小企业

如何应对环球经济寒冬？》http：//bbs.fobshanghai.com/thread－1595754－1－1.html。

就外贸技术而言，对于外贸SOHO与外贸新人，当年我主要推崇价廉物美的营销手段，即易贝外贸与外贸开发信。

易贝外贸开始很好做，不过现在已经差不多很烂了。外贸开发信因为世界经济不景气与人民币升值而效率大降。

其他方式，如：外贸网站营销，还有很大潜力，有很多文章可做，但我对此在电子技术方面不是最在行；外贸电话推销，这个需要英语人才，加上合适的推销培训再加上大量的实战操练，极少人有此能力。具体技术可参照本人的免费课程：http：//bbs.fobshanghai.com/thread－913751－1－1.html；http：//bbs.fobshanghai.com/thread－1598466－1－1.html。

至于营销成本很高的出国、展会、B2B等，暂不在外贸新人考虑范围。

最后，你提到的外贸开发跟踪问题，需要有一个长期系统的安排。

第一，客户的匹配度。要看你的潜在客户是不是你能够搞定的客户，关键是你工厂的产品与服务与客户需求之间的匹配程度。与其对1万个名单乱发，不如精耕细作100个最合适的潜在客户。

第二，数量是质量的基础。外贸新人要对大量的名单狂轰滥炸之后，才能慢慢领会什么是最合适的客户，在此基础上筛选出重点进攻的名单来。

第三，频度。一般以一两个月为宜，节假日必须。

第四，内容。不断给客户提供有用的行业信息为主。（这个就是为什么需要你是行业专家！）至于如何吸引客户阅读你的外贸开发信，则可参见本书经典营销标题部分，你可以有很多启发。注意，是为客户提供价值（即推销你的专业），决不是推销你的产品。【可能具体还有很多问题，但此信无法详细介绍】

总之，你的目标就是：精准营销，感化客户。坚持经年，必有成效。

祝你成功！

第六节　答复网友疑问：切合客户心理，创造销售机会

【福友来函】

老师，您好！

因为不知道你的名字，所以就冒昧地叫您老师吧。我把我的问题给您列一下，麻烦您了。

（1）客户给回复的邮件不知道怎么回复才能更打动客户，把客户留住。

（2）平台上的询盘不是很多，注册了别的 B2B 网站也还是很少，可是在 google 上找了很久也很少有给回复的，还有别的找客户的方法吗？

（3）不太敢给客户打电话，其一是担心自己听不懂，其二是担心客户在忙，打扰了客户反而留下坏印象。

（4）总是有一种无所适从的感觉，每天来了也不知道该干什么。

（5）有些客户询完价格，就没影儿了，每周给客户发一封邮件也没人给回。这个应该怎么办？

（6）感觉自己快没激情了，刚毕业的时候不是这样。现在有一种想要放弃的感觉，意志力不坚定了，不知道自己应该干什么，怎么干。就觉得每天就这样发开发信，发开发信，再发开发信，又没有收获，有些不知所措了。

在您的眼中，或许我这些真的都不是问题，可是我觉得很困扰，感觉没有理想支撑的人生真的很无趣，请帮忙，谢谢！

【答复】切合客户心理，创造销售机会

你的问题，本书都有涉及，你可以阅读参考。去年我还有篇《加紧精炼内功，渡过外贸寒冬》，也与你这些问题相关，可以一看。以下，再做些补充回答。

1. 如何才能更好地回复客户的邮件？

关键是要读懂客户的意思，有些是很明确的意思，有些是潜在的意思。比如：有些客户明确告诉你了，现在还在评估阶段，暂时不要联系。你怎么办？有位福友收到这样的回复：

Dear A,

I plan to have a meeting with superiors and the relevant parts of me.

They will discuss and make choices to use the device.

This can take time.

I shall communicate the results of the meeting.

You, please wait.

Regards.

X.

怎么回？潜在客户已经说得很明白了，要等。我的建议是平时一定要与工人、技术员、工程师、经理、销售员多聊聊，搞好关系。然后，你每天写一个真实的故事（可以稍微做些文学处理＋简单技术说明）。这样，你就有足够的不同的故事与客户分享。故事要积极、有趣、有实质。或者，多多收集行业内的笑话、幽默等。这样你有了充分准备，回信可以是：

Received. We will wait very patiently.

While waiting, let me share with you an interesting story about...

这样既符合客人的要求，又凭空增添了欢乐，势必让对方对你印象深刻。

所以，做生意的关键是你要也为生意人。

Talk the talk, walk the walk. You need make business sense when dealing with other businessman。目前，很多外贸人的英语能力只能勉强应对客户，根本无法与之做深度交流，即使英语专八做生意还是不够的，要切实学好英语并认真学习西方的商业思维，要精读商业教科书，大量阅读英语原文的商业、新闻、科技、历史、社会、体育、生活等等内容。

2. B2B 询盘很少，谷歌很难找客户，还有什么办法？

谷歌是宝库，你必须学会谷歌搜索的方式，网上有很多建议，可以找来学学。

请查找我书上共3类18种主要方式。比如，可以购买潜在客户资料。

3. 不敢打电话，怎么办？

先花一年时间，让自己的英语听力真正过关，可以参考钟道隆的英语逆向法。

有关电话技巧可参看我在福步论坛上的2年100课教程。目录如下：http：//bbs.fobshanghai.com/thread-913751-1-1.html

每周翻译论坛：提高英语表达水平，增强外贸销售能力（2008/0）

http：//bbs.fobshanghai.com/thread-1598466-1-1.html

每周翻译论坛：提高英语表达水平，增强外贸销售能力（2009/0）

4. 每天不知道干什么，怎么办？

每天工作：开邮箱看有没有信息、找寻并研究潜在客户资料、发50封以上的外贸开发信、学习专业知识、阅读英语资料、完成其他交办事宜。注意，每天花十分钟到半小时，做个工作计划与总结。工作认真，下班放松，身心健康，生活有乐趣。

5. 怎样跟踪没有回复的潜在客户？

首先，规律跟进，贵在坚持。

以专业精神与坚韧不拔打动对方。这个就是类似Newsletter的方式，需要每次有不同的内容，也许其中某个点某个词就生效了，打动了对方。比如你有1 000个名单，每天发50个，这样每2周就轮一遍，潜在客户一年会收到你二三十封有趣的、不同的外贸开发信。

你其实不需要，也不应该每封信都像是推销信。你的每封信最好都是讲故事、讲技术、讲服务、讲专业……总有一天，对方会觉得，你专业而且稳定，值得一试。

其次，多做潜在客户、专业技术的研究工作。

只要吃透对方、吃透专业，你在外贸开发信的用词上、内容上、风格上、时效上就可以投其所好，更有针对性。

最后，切实提高英语表达能力与广告写作能力（或软文写作能力、文案写作能力）。

你其实不需要自己瞎写，直接参照最优秀的范例即可。比如，我的书上有100个广告标题，都是美国的广告经典。你可以反复琢磨，绝大部分都有用。按那些句式，修改一下就能用上，很容易。

6. 如何保持生活的激情，永不放弃？

任何人想成为行家，都需要一个长期的磨砺过程，再有天赋，也要经历十年以上的磨炼,更不用说普通人。

人生需要奋斗目标。具体操作按十年五年三年一年,逐步计划,一步步地实施。吾日三省吾身,每天每周每月都要有"计划、实施、检讨、再计划"的过程。要求必须清晰明了可实施,要用详细、具体的文字与数字表达,坚持每天认真细致写下计划与总结。这样,假以时日,就可水滴石穿,达到目标。

加油!成功属于奋斗中的你。

第七节 新年新气象,成功奔理想(来源:Arther Sobczak 每周电邮短讯 Newsletter)

Questions to Ask Yourself for Your Best Year Ever in 2016

为更好的 2016 年自我提问

Early Happy New Year!

拜个早年!

Today's issue is a New Year's tradition.

今天这期通讯是每年元旦的老传统了。

It's usually one of our most popular issues of the year, and most – visited in the archives.

一年当中,这一期非常受欢迎,并且最常被调阅。

If you're serious about having your best year ever in 2016, TODAY is the best time to start. I do suggest you take some time to sit down with these questions.

如果你真的想让你的 2016 年成为有生以来最棒的一年,最好就从今天开始。我强烈建议你花一点时间,坐下来回答以下的问题。

Think about your answers. Challenge yourself. Write them down. Then go to work!

认真思考你的答案。挑战自己。把答案写下来,然后再回到工作中去!

It's quite simple: if you want to be better in 2016, YOU need to do more than simply WANT it. You need to make some changes. Start now.

很简单的道理：如果你想要2016年过得更好，那你就得付出实际行动而不是停留在想要的阶段。你必须为之作出改变。现在开始吧。

What are you going to do to improve your industry and product knowledge in 2016?

2016年，你要怎样提高你对行业和产品的认识？

How many inactive customers will you revive and turn into regular customers again? What do you need to do to make that happen?

你计划把多少"死"客户复活，并将他们变成稳定的客户？你需要为此做些什么？

What will you do to ensure you're protecting your best customers, and adding more value to the relationships? How will you sell even more to them?

你要怎样确保你能保住那些最有价值的客户，并让彼此的关系越来越有价值？你怎么样去把这些客户的量做得更大？

[add value：相对于客户，你得是主动的状态，所以是：为彼此的关系增添更多的价值]

How many new customers will you bring on this year? How do you plan to do that, specifically?

你打算在新一年开发多少新客户？你具体如何计划去实现你的目标？

What will you do to improve your physical health in 2016?

2016年，你打算如何促进你的身体健康？

What, specifically, are your sales and production goals for 2016? How does that break down into quarterly and monthly goals?

2016年，你有具体和特定的销售目标吗？这个目标如何落实到每个季度、每个月里去？

How much more money will you make in 2016? How will that happen? What will you need to do, today, to take the first steps in that direction?

2016 年，你打算比以前多赚多少钱呢？怎么样去赚呢？今天你必须做什么，以迈出赚钱的第一步？

What will you need to do to increase THAT number by an additional 10%?

如果你想在此基础上再多赚 10%，那你需要做什么？

What are you going to do every day to keep your attitude at a high level?

你每天准备如何做来保持你的高昂斗志？

How much time are you going to spend, daily, to improve your own sales skills? What will you do?

你打算每天花多少时间来提高你的销售技巧？你将怎么去做？

How many referrals did you get in 2015? How will you get them? From whom? What will you do to turn them into sales?

2015 年里你被介绍给了多少人？你如何获得介绍的？谁介绍给你的？你怎么样把这种介绍转化为业务？

[referral 一词是被客户（或亲友）推荐介绍给别人的意思。]

Speaking of referrals, will you please forward this issue to two others who would also benefit from these weekly Tips?

(OK, that's one of mine.)

说到介绍，你能不能顺便把这个话题转给另外两个人，让他们也从这些每周小提示中获益？（当然，这就是我的一种找人推荐的做法）

In which areas will you improve your personal, family, and spiritual life?

你打算在哪些方面提高你的个人、家庭和精神生活水平？

How are you going to maximize the use of your time? Where will you cut out the time-wasters in each day?

你打算怎样最大化地利用你的时间？你打算把哪些浪费时间的事情从你的日常生活中剔除？

What have you been putting off that you will take care of within the next two weeks?

有哪些问题你一直延而未决但是打算在未来两周内解决的？

Who can you help to feel special every day?

你每天都能帮助谁让他感到很特别？

What challenge, wish or desire—that you've never attempted before—will you finally achieve in 2016? How will you do that? Why?

有什么挑战、愿望和需求是你之前一直不敢想的？你在 2016 年会最终去面对它们吗？你打算怎么做？为什么？

Where are you going to write all of this down so you can review and revise your plans regularly?

你打算把这些答案写在哪里，以便你可以经常重温和调整你的计划。

What will it LOOK like when you accomplish everything you've just been thinking about?

如果你把刚刚想过的这些全部实现了，那看上去是怎么样的？

How good will it FEEL?

感觉会有多好？

What will it SOUND like when you achieve these things?

达到所有这些目标，听起来怎么样？

Why COULDN'T you do all of this?

究竟为什么你不能把这些全部做到？

Any answer to that last one is not a reason, but rather a self-imposed limitation, excuse, or lack of desire or effort. The biggest deterrent to success looks us in the mirror every day.

对上一个问题的任何答案都不是理由，而是一种自我欺骗，一种自我限制，一种借口，或是缺乏渴望和上进心。任何时候，阻碍你成功的往往是在镜子中看着你的你自己。

I don't know about you, but I've gotta go——I'm not done yet working on my own answers. 2015 was my best year ever, and I'm going to be sure that 2016 beats that.

我不知道你的情况，但是我得先走了——我还没有完成我自己的答案，2015 年是我最好的一年，但是 2016 年我要确保超过这个目标。

Now, go out and plan to have, no, COMMIT to... YOUR BEST YEAR EVER

IN 2016!

现在，启程并准备拥有，不，是立定志向…在 2016 年创造自己最棒的一年！

Art

QUOTES TO BEGIN 2016

佳言迎 2016 年

"Leap, and the net will appear."——Julie Cameron

"大胆向前，自有贵人出现！"——（意译）朱丽·科麦隆

"Everything you want is out there waiting for you to ask. Everything you want also wants you. But you have to take action to get it."——Jack Canfield

"你需要的一切其实都在某处等着你去挖掘。你想要的一切都希望你去追寻他们。你只有行动了才能得到。"——杰克·堪费尔德

"Jump into the middle of things, get your hands dirty, fall flat on your face, and then reach for the stars."——Joan L. Curcio

"投身其中，放手去做，不怕失败，然后你才能摘得成功之星。"——（意译）娇安·L. 科修

"Your actions, and your action alone, determines your worth."——Johann G. Fichte

"只有你的行动才能决定你的价值。"——乔翰·G. 费齐特

"Do not wait; the time will never be'just right'. Start where you stand, and work with whatever tools you may have at your command, and better tools will be found as you go along."——Napoleon Hill

"不要等待。时间永远不会是'刚刚好'。从你所在开始，运用好你所能运用的一切，你会在你前进的路上找到更好的工具。"——拿破仑·希尔

后 记

第一节 外贸模式"电子商务平台+EMAIL"还能走多远?

目前在做外贸的国人中,除了展会,大多数主要还是在 B2B 电子商务平台上出没,发布产品信息,搜寻买家询盘,然后以电子邮件开发,找客户类似大海捞针,非常困难。出国参展、海外设点等走出去的生意方式确实有效,但在财力、物力和能力上不是很多中小企业和外贸新人所能承担的。电子商务平台+电子邮件的模式有着简易和廉价的特点,所以,在可见的将来,它仍然是中小外贸厂家、外贸公司、外贸新人和外贸 SOHO 等人士最为常用的业务开发模式。但是,在外贸开发的观念上,我们不能再仅仅依靠中国制造的低价,而是要有全球服务的理念,领先同行一步,把握住属于你的客户。

一、中国制造，低价抛售（Made in China, dirt cheap.）

关于中国制造，有些事件让我印象非常深刻。这里与你分享几个我朋友起步做外贸的故事。

故事场景一：

20年前老樊在美国卖机械产品。他是我在朋友那里认识的。他告诉我他卖的是最低档的机器，经过他不辞辛劳地推销，确实有一些贪图方便和便宜实惠的小企业主买，只是他要负责安装、调试、修理等工作，疲于奔命。产品价格非常低，很多时候他只是勉强收回成本。我当时的感觉：（1）即使低档次机电产品，在发达国家也有一定的需求；（2）工厂只有生产观念，没有营销观念，仅凭个人的责任感卖力推销，是不会长久的；（3）外贸可做，外贸不仅是产品，更重要的是推销。

故事场景二：

20年前吴前辈卖机械零件。他是借钱办的贸易公司，从国内进了些零件，亲自向美国厂家推销。当时还不是信息时代，所以他用的是免费的电话黄页，先打电话，寄送资料样品，然后上门推销的方式。他说最大的障碍是无法摸进门去谈判，所以他想尽办法招人，最初只招到一个老美销售，后来慢慢又招了一些。其次的障碍是不为市场接受，即使比客户当时所用的供应商低20%的价也很少有厂家愿意试用，个别愿意试用的厂家要先经过严苛的磨损测试，非常耗时，稍有差池即被拒绝，即使高质通过检测，对方也是只敢要一点点货先试用。试用还要排入对方严格的供货计划，而这个往往要下一年再议，所以一个销售周期至少一年以上，压力山大。当然，一旦进入厂家，供应的数量是巨大的，利润是丰厚的，期限是长期的。

吴总当时38岁，头脑敏捷，做事认真细致，社会经验丰富并有十年的商海经历，按他当时稳扎稳打的方式，我预测他前景非常光明。确实，他现在的企业已经价值数千万美元。我当时判断：（1）即使供销两头没有绝对优势，只要有严密的商业计划，也能成功做好外贸。（2）外贸要成功，营销是关键，为了打入市场，"以美卖美"是必需的战略。即要尊重市场，顺应客

户的习惯。（3）成功不是一天两天的短期突击，而是要看准目标，坚持不懈地努力，

故事场景三：

14 年前犹太人做印刷产品。他是个加州最小的批发商，只雇用了一个员工。他设计了一些特别的印刷品，找印刷商印刷，然后通过各地的展会把它们批发给小店，去除成本他每年可以净赚 10 万美元左右。因为他不熟悉中国和外贸流程，所以我帮助他找到中国的印刷厂并把相关外贸服务流程和企业介绍给他，这样原本约 0.5 美元的印刷单价下降为约 0.2 美元。成本下降这么多，他的利润当然增加了好多倍。

但是出乎我意料的是，犹太人更厉害的地方是，第二次订货，他立即把货架也移到中国生产，把印刷品上架的工作在中国做好，省去了美国高昂的劳务费用，集装箱一到他的仓库，他就可以立即给那些已经预订货物和支付了货款的小客户们发货了。他当时用赠送货架和订货达一定数量就送一部分免费货物的营销方法，结合参展，把他的生意量增加了一倍以上。生意翻倍他本来需要增加一倍的人力，但是使用中国的劳动力，减少了产品在美国的劳动，顺利实现了利润的翻倍。在财务安排上，美国小店一般需要先付款再发货，所以犹太人的这次扩张没有任何财务负担。

第三次订货，犹太人再次出乎我的意料，由于成本下降，他的特别产品现在可以挤入一元店的广阔市场，所以，他找到一家一元店的区域性批发商，给他们 39 美分的单价，并附送货架，所有印刷品都预先装上货架。货架和货品的大小和重量都已经经过精确计算，充分利用了 UPS 运费体系。这样，那家批发商可以 0.5 美元的价格批发给他们的数百家一元店，东西都已经包好所以销售和发送都很方便。这样，犹太人的销售量一下子在翻倍的基础上，再增加了四五倍！在财务安排上，犹太人的这次大扩张需要按美国商务常规为批发商垫资 30 天，但是他充分利用了批发商的付款信誉，以发票预付货款的方式实现了扩展，只支付了 5% 的手续费。相对于他近乎是一倍的毛利，这个是很小的代价。

接下来，他利用中国人喜欢价格竞争的习惯，在中国又找到了更为便宜的供应商。在不到半年的时间，犹太人抓住机会，实现了生意的十倍飞跃。

这次事件给我的教育是非常深刻的：（1）抓住机会，重新包装营销，大大扩大胜利成果，不放过任何可用的机会；（2）充分利用财务、物流和批发体系，实现无成本的营销扩张；（3）深刻理解和利用营销的概念，为别人做好服务，给人以最大限度的方便，进而大大提高市场容量。总之，在流通中有巨大的价值可以深入挖掘。

故事场景四：

10 年前小高被招聘去某中型公司负责做中国采购研究。此公司有近百家大型专业零售商店，它需要与其他大型零售连锁店竞争，所以要求小高研究如何从中国进货。小高起初信心满满，找到多家企业，多系列产品，价位几乎都是以前的一半。哪知，公司内的买手们却一致不愿意放弃现有供货商直接从中国工厂进货，理由是现有供应商的商标有信誉和质量保证。小高愤愤说："这些人只管整天打高尔夫球！"

其实，年轻的小高不知道除了价格，还有很多因素在左右采购决定，甚至很多其他因素远远比价格重要。我告诉小高："其他细节问题我虽然不清楚，但是打高尔夫确实是很重要的功夫！前述故事二中的吴总，也早就是高尔夫球的高手了。"

当然，如果有时间，还有很多外贸故事可以与你分享。做好外贸，不是简单的产品买卖，如何营销值得大家特别研究。而中国制造要推向世界，不能依赖别人全面掌控渠道，而要有自己的营销思路和动作。在全球产业分工里，生产是最低端的经济活动，而营销创造价值。我们在学习和实践营销上，还有很长的道路、很大的增长空间。

二、中国制造，全球服务（Made in China, global service.）

2008 年是中国改革开放以来的盛世之年，全球瞩目的第 29 届奥运会在北京举办，规模空前绝后的第 41 届世博会在上海拉开帷幕。2008 年也是灾难之年，石油每桶突破 140 美元，澳大利亚铁矿石涨价 95%，人民币兑美元下降到 6 元位，春节南方冰灾与 5 月四川地震，新劳动法出台数千制鞋小厂倒闭……所有现象表明，中国制造依靠超低价格的简单竞争时代，在世界金融危机形势下已经过时了。虽然之后几年中国外贸增长有所恢复，但至2015年仍然陷于停滞不前，甚至倒退。从战略层面上讲，中国作为13亿多人口的大国，不可能无限度地扩张外贸，而是要对内改革政治经济和金融财税体制，均财富以促内需，对外迅速产业升级，加强产品开发设计，进入商业流通领域，打造真正具有竞争力的世界级企业和品牌。

不过，远水解不了近渴。从战术层面来讲，我们的中小企业和外贸从业人员完全可以充分发挥现有信息时代的所有工具和手段，特别是廉价高效的电子邮件营销，切实提高外贸开发和服务的能力。外贸开发依靠的不仅仅是单纯的产品及价格优势，而是要从现在开始，更加注重把握如下的商业服务细节。

（一）轻松容易

让人愿意跟你打交道，要花工夫学好英语，或请富有实践经验的专业人士把关。丢弃学院式、八股式的英语，做到积极、简明、实际、易读。

（二）可信可靠

很明显，人人都喜欢与可信可靠的人打交道，请仔细检查你的所有文字和行动。

（三）不出意外

同样，没有人愿意出乎意料的事情发生，请注意安排好所有的相关环节，避免任何意外。

（四）迎合需求

为对方解决问题，是你的存在的价值；为别人服务，才能有钱赚，服务得越好就赚得越多。

（五）交货迅速

现代人越来越没有耐心，你的交货越快越好，越快就越能打败对手。

（六）质量深广

质量已经不仅仅是指产品物理质量本身（深度），还包括更广泛的含义（广度），如：款式、风格、体系、所有的服务环节等。

（七）积极主动

早起的鸟儿有食吃，要在竞争者行动之前就积极主动为客户想好各种可能出现的问题和解决方案，在写作外贸开发信时要先于对方提出问题并提供解决之道。

（八）解决问题

卖产品不如出售你为对方存在的问题提供的解决方案，IBM早就开始了"弃硬件抓软件"的企业战略，注重系统服务。

（九）了解产品

信息时代也是知识时代和专家时代，你要成为技术专家，才能有底气为客户真正解决问题，不然客户很容易发觉你的弱点并弃你而就真正的专家。

（十）价格易懂

价格不仅仅是价位，还有让对方清楚明白地知道你的价格内涵、价格与价值的关系、与价格相关的所有交易细节，在外贸开发信中谈到价格要确保对方准确无误地理解，必要的时候还要指引对方到你的网站或附件上，全面细致地告诉对方所有的细节。

（十一）预警问题

你需要有老鹰一般锐利的眼光，预先发现前方的陷阱和问题，并提前提醒你的客户注意避免。

(十二) 产品预报

科技和形势在变化，所以产品一直在变化，你应该帮助你的客户预先了解未来的产品变化趋势，如淘汰产品、创新产品、问题产品等，并结合客户的情况做出预报。

第二节　外贸开发信为你打开生意的大门，你应该进一步运用电话销售、上门销售、自动销售

本书《外贸邮件营销实战》作为外贸开发系列实战教程的第一部，到此暂时告一段落。然而，这个时代的前进步伐是永不停止的，每个人都需要不断努力学习才不会被淘汰。

一是外贸开发信的写作还有很多具体和细致的工作等待我们去做深做细、做强做大；另外，英语能力永远需要更多的培训和大大的提高。

二是你需要更进一步的工作，在完善写作的基础上，外贸开发信仅仅为你打开生意的大门，接下来你应该继续深入学习和研究如何运用电话销售、上门销售、网络销售、自动销售、社交营销等各种方式，把潜在客户的询问落实为源源不断的客户订单。再进一步，是把订购产品的一般客户（customer），培养成为相信、需要和依赖你的服务、设计、解决方案的忠诚客户（client）。只有完成从"customer → client"的转变，才能成为真正成功的外贸企业和金牌外贸业务员。

三是退一步海阔天空。我们在埋头工作、拼命赚钱之余，还要抬头仰望星空，思索人生的意义是什么，什么才是成功，成功是为了什么，金钱能解决所有的问题和困扰吗？也许，人生更重要的是幸福、健康、仁爱、喜乐，等等。这些，应该是更加永恒和普遍的话题。

回到外贸营销的现实，我的临别总结如下：眼球经济，对话时代；注重内功，积极表现。

在全球信息化（又称扁平化）的浪潮之下，只有注重宣传效果，吸引了足够的眼球之后，你才有可能、有机会用平等对话的形式去找到潜在客户，进行有效的信息交流。在交流过程中，要以你深厚的内功（综合素质）去积极表现自己，从而为对方所接受。

感谢你的支持和阅读，本书不足之处肯定多多。热烈欢迎你发送邮件至1031518056@qq.com 提出你的宝贵意见和建议。未来就在你自己手中，愿你不断学习提高，深入钻研，积极努力地打造你精彩的外贸事业。《外贸电邮营销实战》只是外贸系列教程的一部分，你还可以深入学习外贸和营销的一系列相关课程，如《阿笨学英语》、《Arther Sobczak 电话推销技巧》、《打造忠诚客户、建立永胜企业》、《低成本高收益的 Web2.0 外贸营销》、《白手起家外贸 SOHO 创业》等系列教程。最优秀的业务员永远是那些最愿意投资在自己成长上的人们，请不吝拿出你的时间、精力和金钱。

推销是科学，也是艺术，学习和创新的步伐应该永不停顿。美国著名推销员和作家喜格乐（Zig Ziglar）建议你每天清晨这样激励自己："今天我会是一个成功的专业销售人员，而且我今天要随时再学一点销售技能，以便明天成为更加成功的专业销售人员。"

行动起来，让我们相会于时代的高峰。See you at the top！

附录

内容提要

通过本书正文部分外贸人学习了如何入手开展外贸电邮营销的思路与方法。但在实践中肯定会有大量问题出现。附录对外贸新手的疑问分成8大类,分别是公司与产品、市场与客户、前期准备、样品与运费、工作安排、第一轮开发、后续跟进、学习与提高,并对42个常见问题逐一提供了解决建议。

附录一
外贸电邮营销新手实战问答

第一节 公司与产品：方向错误，瞎费工夫

1. 外贸新手提问：作为外贸新人，公司什么条件都不提供，却要我一个月完成某某数量，我该怎么办？（展会、B2B、网站、图册、长途、传真都没有）

根据公司（或工厂）和你个人的具体情况，你可以有如下三种选择方法。

（1）放弃。

联系和开发客户是外贸业务员的职责。但是，接到第一个单一般要花费一个月到半年的时间。如果公司没有任何条件支持，并且给你制订的销售任务过重，你只有放弃了！请立即去有支持条件的外贸公司或厂家上班，最好还有富有实战经验的指导师傅，这样你可以比较快地进入角色，尽早成为金牌外贸业务员。

（2）埋头苦干。

有可能你的老板不是真的让你完成他所要求的业务量。他可能是希望雇

用具有顽强毅力、富有自信、善于学习、能承受压力的外贸业务员。在此情况下，如果你愿意接受这种考验，喜欢独立自主地为公司的外贸事业闯出一片天地，你也可以选择埋头苦干。只要去做，不要想太多，总会有结果的。没有其他支持条件，你可以在深入研究的基础上，大发免费的外贸开发信；或者，你可以穿上跑鞋、厚着脸皮，多去跑几家外贸公司，看看有没有机会接些单子来。

年轻人做事情总是容易浮躁，眼高手低。业务是公司的生存支柱，不历练你一下，老板怎么能放心把公司的发展命脉交到你手里。所以只要你全力以赴地去做，老板也会看在眼里，也许具体的任务指标是会看情况处理的。只要认真学习、努力工作，假以时日，你会成为专家和公司的支柱的。

（3）与老板沟通。

做外贸不是做国内生意，拎着包跑跑客户就行。周期要长得多，流程也要复杂不少。最好是能投资做点广告。不去展会，也该投资一点 B2B 之类的。最起码做个像样的网站，做出漂亮的产品目录图册。没有国际长途，也可以用 SKYPE 打电话，花 50 元充个值可以打好一阵子。老板请你来做事，总要付你一点底薪。为什么不可以再多花几千块，让你具备起码的硬件条件呢？所以，你可以与你老板诚心沟通，说明情况，争取支持。

当然，出国、展会、付费 B2B 平台等很多新人羡慕的物质条件不是你能否接单的唯一关键所在。公司的实力、产品质量和价格，加上你的业务谈判技巧才是至关重要的。非常优秀的业务员如果没有公司的大力支持也是没有办法把外贸工作做好的。国内大多数私人企业历史太短、管理问题很多，经常会犯些莫名其妙的错误。作为外贸新人要准备在各种生存困境之下，不断磨炼，早日从菜鸟变成高手。

2. 外贸新手提问：老板不让我接触老客户，怎么办？

只有一句话：积极开发新客户。

你要先通过同行、书本、论坛等，努力学习，不断提高。在学习的基础上，积极奋发，埋头苦干，做出成绩。有了突出成绩，老板自然会给你更多任务的。同时，有了自己的客户，无论是跳槽还是单干，你就有了底气。加油！

3. 外贸新手提问：你们公司的网站上产品都标价格吗？

除非是外贸零售为主的网站，一般外贸公司或厂家都是不把价格放在网站上的。通常的原因有：

（1）把价格放在网站上无异于给竞争对手树立活靶子，同行一下子什么都了解了，会死得很难看。

（2）网站上除了产品图片其他的信息都不要放，如果客户喜欢的话，他们自然会来问你的。

（3）价格定低了无利可图，可是只有放上超低的价格才有可能打败对手获取订单，这样几乎就白忙一场，为他人作嫁衣了。

（4）价格定高了吓跑客户，网站上标出产品单价并且还是最高价，你的外贸开发信就会肉包子打狗，有去无回。

（5）市场情况变化很大，公司工作很忙，无人知道确切价格（除了老板或经理），网站人员与业务人员是不相干的，等等。

由于以上几条原因，很少有人把价格全部放在网上。但是，做外贸业务员要有独立思考的能力和出奇制胜的智慧。不能全部放上，不等于一点也不能放，更不等于对价格一无所知、对客户守株待兔、对竞争不闻不问，而是要根据市场的综合情况，随时更新自己的认识和策略。你需要针对不同的潜在客户和客户的不同地区、各种企业形态、信用程度、具体要求、采购的个性特点等，时刻准备好多种应对方案。在网站上，也要有的放矢、主动出击，设计各种营销策划方案，突出你的价格、质量、款式、技术、服务、个人风格等各方面的优势，超越竞争对手的常规做法，先声夺人，赢得客户。

第二节　市场与客户：知己知彼，百战不殆

1. 外贸新手提问：如何免费在网上寻找潜在客户？

你可以通过大型搜索引擎如 Google、Bing 等，用相关关键词搜索，找出你感兴趣的公司网站、行业网站、黄页网站或工商目录、B2B 网站上的生产

商、政府或其他行业组织的网站,从中挖掘潜在客户名单和联系方式。具体方法,请搜寻外贸论坛上的经验交流,也可以参考相关书籍,如:《金牌外贸业务员找客户——跨境电商时代开发客户的9种方法》。

2. 外贸新手提问:通过什么途径能够得到目标客户采购部的邮箱和采购员的名字?

如果在网络上实在无法搜索出来,最好的方法当然就是登门拜访了,亲自去一探虚实。不过,做外贸远隔千里,很难上门,所以一般可用的办法就是电话和传真。对方公司的电话和传真通常都是很容易在网上找到的。

如果你有对方公司的联系电话,不要不敢打电话过去。电话推销效果至少比开发信要好十倍以上。如果你不知道说什么、怎么说,强烈建议你去参考福步论坛上的"Arther Sobczak 电话营销课程系列",认真学习,细致研究,深入模仿。学会直接打电话沟通,你不仅可以要到他们采购负责人的电话和电子邮件地址,更重要的是能够通过与公司秘书、客服等内部人员的交流,深入了解他们的采购情况、标准、要求、程序、时机、信用、个性等多方面的信息,可以让你有的放矢,做好下一步直接针对采购决策人的工作。熟练运用电话可以让你在外贸竞争中,人无我有,做成更多的订单,赚更多的钱。

传真也可以利用,虽然效果比电话差许多,一般是数量级的天差地别。传真写作如同开发信,不过更强调的是传真作为一次性推销文字,要有非常强大的吸引力让对方有兴趣来回复你。由于传真过程会损失信息,所以你需要注意字体不能太小太花,只能用黑色的,一般避免使用图像。传真方法做推销联络也会有效,但是效果要比书面邮寄的开发信差几个档次。

相比虚拟的电子邮件,传真和电话更富有直接的侵略性,肯定会直接打扰对方,所以要注意方式方法,不能引起对方的强烈反感。请重视你的英语沟通能力,站在对方立场,将心比心。你的陈述要立即为对方带来价值、让对方开心和满意。要注重针对对方"你"(或您)的交流,切莫使用满口的我(或我们),更不能结结巴巴、吞吞吐吐、颠三倒四。

3. 外贸新手提问:如果在介绍里面看到该公司也是一家生产厂家以后,你还会发开发信吗?

发和不发各有理由,你可以对号入座:

(1) 发的理由。

①要看对方的实质。有的国外客户既是贸易商，也是制造商，或者有的喜欢把自己写成制造商，其实是从国外进口商品再转卖的。如果不发，你就会错失客户。

②现在客户越来越难找，只要有一线希望，就该去争取一下。

③不发白不发，发了还有希望。市场那么大，怕什么竞争对手啊！

④要有开发客户的勇气和眼光。制造商也可以利用中国来做部分或全部产品的 OEM 啊。

(2) 不发的情况。

①可能刚好是发到国外的竞争对手手里。或者他们会假装有意思的样子来打探我们的价格。

②如果看到对方是很明显的制造商的感觉，那就不发，省的浪费时间。

做生意没有标准答案，外贸也一样。各种行业或各个国家的情况都有很大差别，外贸营销考验的就是你的独立思考和解决问题的能力。

4. 外贸新手提问：B2B 上发布了详细产品需求信息的，是直接给他报价，还是先给他发开发信？

在 B2B 上发布信息确实有可能是潜在客户或竞争对手在撒网收集各个公司的报价。排除这个因素，一般来说，发布详细的产品需求信息，说明潜在客户是有采购的需求，有时可能还是比较紧迫的需求。因此，你可以免除那些空洞的开发信，立即有针对性地给客户报价，用你的积极表现增加你在客户那里的印象分数。如果这类产品完全就是价格竞争（例如原材料或某种特别固定产品），而你认为自己与其他商家相比价格有很大竞争力，那就直接给客户一个好的报价，不用太多的文字。或者，你在报价的同时，详细研究一下对方的特点和具体要求，并在充分了解对方的基础上，认真准备文字，简洁明了地陈述你们的品质和服务以及你们的突出优点。要知道，价格并非是采购商唯一关注的内容。

5. 外贸新手提问：世界各大洲的客户都需要什么样的开发信？

我们整天听到的是人民币升值外贸不好做，世界经济不景气出口难。其实人民币是相对美元在升值，而近年来人民币对其他货币却未必，过去若干年人民币对欧元以及主要发达国家的货币如日元、英镑、加元、澳币等一度不断贬值，所以我国对欧洲以及其他发达国家的出口比例在不断提高。同时，中国货物的质量也在飞速提高中。所以，你有好产品就要大力开发这些发达国家客户，同时，也不忘发展中国家的各种商机。外贸开发信的原理都是一样的，开发国外客户要注意不同国家的文化和商业习惯的差异。近年来的美元不断量化宽松，欧债危机重重，使得中国产品更加需要更广阔的其他新兴国家的市场。同时，拉美国家也有很多潜力等待挖掘。2015年国家大力推动一带一路、跨境电商、亚投行等战略，外贸开发可顺应发展。

6. 外贸新手提问：有人说某产品在某国市场好开发，为什么我开发就那么难呢？

做任何事情都需要坚持，做外贸也一样。一般而言，一两个月是没有什么显著成果的，很多人直到半年一年以后，才开发出客户。其实，这个还都是拜托"中国制造"的福。很多外贸新人才进门一个月就开始叫苦叫累，整天说压力大，郁闷死了。其实，外贸不是大学毕业生想象中那么简单的事情。要是只要发点开发信，一个月就订单滚滚，全国有这么多做外贸的人，不是全部要发财了。

烈火炼真金。随着时间推移，做外贸的难度只会越来越大，竞争越来越激烈，需要具备的能力和水平越来越高。生于信息时代，你需要提高自己的英语水平和沟通能力，你需要学习和掌握不同的营销手段。对方不回复邮件，你可直接打电话过去问候。一对一用电话沟通，比单单发开发信要事半功倍。所以做贸易一定要积极努力，不断提高自己的竞争能力，才能脱颖而出，取得成功。关于电话推销思路和方法，可以参考《Arther Sobczak 电话推销技巧》，从开篇到接单的所有过程，都有详细的解说。

运气要靠自己去发掘。在大家处于同样境况，拥有同样思路、同样水平、同样努力的情况下，谁能做到单子甚至大单，就看个人运气。在坚持工作、努力学习的前提下，你应该寻找更好的境况（包括不同的行业、公司、产品、质量、款式、服务、技术等）、更新的思路（如不同的营销渠道和销售通道）、更高的水平、更多的努力。这样，才能改变你的命运，创造你的未来。成功只属于少数人，要有勇气走大多数人不愿意走的路，祝你成功。

密切注意产品生命周期与市场供需情况。坚持固然是成功要素，但适时转移、寻找新的利润增长点，也是现代商业所需。

第三节　前期准备：工欲善其事，必先利其器

1. 外贸新手提问：怎么办，一觉醒来，账号被封了？

以开发信为营销利器的外贸业务员需要随时准备好牺牲自己的电子邮箱。你至少要准备以下各种电子邮箱。

（1）主要邮箱一个：每天开机就自动登录，安全第一，只可以用来给你的 A 类重要客户发邮件。

（2）备用邮箱多个：需要分门别类准备若干个，可以针对其他类别的客户发送各种外贸开发信，但也要注意安全。

（3）战斗邮箱若干：申请多个免费邮箱，用于向潜在客户发送各种外贸开发信，此类邮箱要随时准备"牺牲"。

注意：在你撒网式的外贸开发信中，你可以指向你的网站或你的其他备用邮箱，以备对方可能的回复和进一步的交流。你务必要在你的外贸开发信中详细说明，如何才能有效回复你的开发信。

2. 外贸新手提问：如何辨别对方及其 E-mail 的真假？

首先，上网调查一下对方的邮件地址、电话号码、商业地址等信息，看看是否合理、有无投诉等。

其次，上网查一下对方及其国家的资信情况，特别要提防资信不良的国家和地区。

最后，在和对方互通邮件时，要小心留意对方的态度。如果对方不太关心产品质量、产品价格、运输等，只是一味强调生意好做、采购量大、金额大、催促报价的话，那你就必须十二分地谨慎了。

3. 外贸新手提问：开发信中要不要附上产品目录？

一般来说，第一封开发信不要在附件里加上产品目录。加上产品目录文

件就大，不容易发送和接收，增加被拒收的概率。而且，对方会害怕你的邮件是病毒。

在对方有了回复以后，也就算是有联系了，不再被对方的邮件服务器当垃圾了。此时，你就可以放心使用附件。但是要注意不要太大，太大了对方会感觉很不舒服。做的文件一般不要超过500K。你可以把图片缩小点，如缩小到250K以内，或更小。把图片放入Word或Excel文件之后，可以全部转化成PDF文件，这样就比较小。即使加了附件，也同样要在邮件中提示对方，你有更完备的网站和目录供对方参考，并给出链接。产品目录最好还有纸质版本的，考虑花点钱给对方邮寄，这样会有更好的印象。

此外，也可以考虑直接在电子邮件中插入精选版本的产品目录，而不是用附件的形式，当然，文件也不宜过大。这样对方一打开邮件就可以看到，也没有病毒之嫌。如果你的图文精彩，显然比纯文字更让对方有兴趣看。只要引起对方的兴趣，就不会被当垃圾邮件删掉了。

4. 外贸新手提问：请问大家在网上开发找客户是不是有自己的网站会好些呢？

答案应该是不言而喻的，现在都是信息时代了，有个网站是最起码的。何况，进入Web2.0时代也已经很多年了，现在的域名、空间、网站版面模式都非常便宜，几百块钱绝对可以做个很不错的微型网站。再不济，你也可以去做个免费的网站，不过，很多免费网站是要给你挂广告的。或者，如果你需要完全免费的，你也可以使用"免费二级域名+免费无广告空间"的模式。对于外贸SOHO来说，完全有可能在不花一分钱的情况下，通过免费网站、免费B2B、免费论坛、免费博客、免费电邮、免费MSN等Web2.0时代的营销手段，启动自己的外贸事业，成就创业和财富的理想。

5. 外贸新手提问：开发信后，客户要Commercial Information，具体指哪些呢？

这个可以是指公司所有相关的商务信息，也可以是指比较关键的内部商业资讯，如公司的机构、财务、技术、人员等内部商业机密。在外贸往来上，一般对方想知道的是你的公司简介、联系方式、贸易流程等。为了提高办事效率，这类资料你应该事先都根据不同的客户情况准备详简各异、机密轻重、内容侧重等不同的版本。有需要的时候，你可以立即拿来合适的版本提供给对方。如果有不明确的，你还可以直接询问客户需要什么。

第四节　样品与运费：不入虎穴，焉得虎子

1. 外贸新手提问：老外不愿意付运费，怎么办？

这种情况没有标准答案。首先，你公司的政策是怎么制定的，按老板要求去做总是对的，要多请示，不要别出心裁。其次，如果你可以全权处理，那就要取决于对方国家和客户的信用情况，更取决于你公司产品的质量和价格。

相对来说，欧美发达国家的客户服务和信用程度比较高，只做国内生意的公司采购人员比较习惯他们国内供货商免费送样上门。对此，你可以解释国际运费比较高，要样太多无法承受的实际情况，为显示你的诚意，你可以免去全部或部分样品费用，但是坚持要求对方运费到付。如果对方坚持不付任何费用，说明他可能不了解国际贸易情况，或者不是很有诚意，很可能是属于"shopping around"玩票性质的，请谨慎行事。如果你的产品款式、质量和价格、服务等方面都是最优秀的、无可挑剔的，而且你对自己的推销能力有充分的信心，那你可以考虑免费寄送样品，并且期望能够获得一些订单。事实上，这样有回报的情况很少、很难。所以，你要做好对方没有任何回复的思想准备。对于相关潜在客户要做好详细的记录，不断跟进，并在实践一段时间之后分析研究回复情况，看如何改进，以及决定是否继续送样品。

对于诚信度相对比较低的国家和地区，一般要求对方支付运费。对于价值高的样品，或是对对方信用有怀疑的，还需要对方全额支付样品费用，以保护自己的利益。

2. 外贸新手提问：样品免费运费到付是习惯吗？

目前情况确实是这样。国际贸易中为了避免双方损失的折中办法是"样品免费、运费到付"模式。一般样品金额不是太高的话，都是免费的。这样做是为了显示你做生意的诚意和积极态度。因为有竞争的存在，做生意不投入是不可能的。很多事情你不做，其他人愿意去做，你的成功机会就大大降低了。如果与同行相比，你的老板连一点点样品费都不愿意投入，业务就真的很难做了。此时，你是否该考虑跳槽了？

如果对方要求的样品数量多或者样品本身的价值比较高，就没办法做到样品完全免费了。但是在说法上，要注意说明不能免费的原因，让对方容易接受。你可以告诉对方，公司规定，必须先期预收样品费。你还可以告诉对方，根据公司的政策，样品费会在对方下单后，在货款中抵扣。

业务员常常还遇到这个问题，规定样品免费提供、运费对方到付。潜在客户却不接受运费到付的安排而同时你的老板一定要收运费，业务员自己觉得做成单子的希望很大，怎么办？是不是自己来承担？一般来说，你不要自己承担。因为国外的好多客户是中间商，在收到样品后好长一段时间都不会理你。其实，他需要找到人买你的产品才会再来联系你。如果你很想打破这样的僵局，就需要发挥你的聪明才智，在两头多做工作，找到解决办法。

运费到付还要小心客户拒付。请认真检查对方的规模、信用、生意范围、态度等，并请对方提供有信誉的到付账户，避免不必要的麻烦。

在样品和运费问题上也一样要做科学管理。公司应该有统一和标准化的工作程序，以书面的形式提供对内和对外的详细说明，避免混乱。外贸业务要作详细、认真、完全、系统的记录，并定期研究和检讨。

3. 外贸新手提问：印度客户要样品，该不该给呢？

给还是不给，这是个问题。这个问题一点也不亚于著名的哈姆雷特"生存还是死亡"的难题。给了未必有生意，不给，很有可能会失去获得客户的机会。给还是不给，表面上是取决于样品的成本、开发难度、行业特点、保密等各种因素，实质上就是取决于你或者你老板的一念之差。为改变人为的随意决定，做外贸也要有严格的科学管理思维，把外贸作业流程化、标准化、专业化。其中一招就是把经验模式化，用数字来说话和做决定。在给不给样品问题上，可以按以下方法综合处理。

（1）先依据已有经验来圈定肯定给的范围（例如现有客户）和肯定不给的范围（例如有不良信用记录的商户）。

（2）再把两可之间的，按一定的标准分类，例如按询问客户的渠道来源（展会、网站、电邮等）、地区、规模等，进一步分析如何对待，初步做出暂时的标准工作程序——有的给，有的不给。

（3）做好详细记录，把所有客户开发、询问、打样、出货等过程中的所有情况都按标准程序，全部细致地分门别类输入 CRM。过段时间，对客户样本进行效果分析（如使用回归分析工具，发现评判标准的有效性，以及选取有效的评判标准指标），不断改进工作。有了数据，你就可以进一步标准化你在以前做出的暂时性发送样品程序，提高精确度并照章办理，这样一来就很容易判断新的样品你是否给，根本不需要浪费时间去犹豫给还是不给。

（4）在实际工作中，不断重复上述优化程序，可以大大提高工作效率。

其实，很多事情就是应该这么理性冷静地去对待。先依靠自己的初步判断做出决定，然后在实践中检验好坏，不断积累和提高。

第五节 工作安排：步步为营，稳扎稳打

1. 外贸新手提问：邮件发到手软却没有客户回复，心情极端郁闷，怎么办？

首先，是要稳定自己的情绪。你可以起来走走，运动运动，听听音乐，深呼吸放松放松，或到室外看看风景。

其次，对照结果，不要期望所有的努力都会有收获。如果你发了 100 封邮件只有一个回复仍然属于正常，在世界经济疲软及中国外贸乏力的市场情况下，有时可能只有千分之一的回复率。有人一天发 1 000 封邮件，效果依旧不明显。本来就是广种薄收的开发工作，出现这种缺乏回音的情况一点不奇怪。在遭遇回馈不理想的状况时，建议你：

（1）静下心认真地分析和研究你写的外贸开发信到底哪里不够好，根据本书的外贸开发信写作提示，把你的信适当修改一下，或者全部重新写。

（2）如果你觉得自己实在不行的话，请教本行业里富有经验的朋友。

（3）如果你没有找到合适的行家为你出谋划策，你应该选择写作外贸开发信的专家，寻求咨询和帮助。

最后，坚持努力，不断提高才是唯一的出路。记住，发了不一定有回复，但是不发一定没回复。

另外，建议你抱着学习的心态常去专业外贸论坛上逛逛。学习一下前辈和行家的经验体会，同时分享自己的外贸心得，给自己喘口气的机会。还有，你可以选择加入一些外贸QQ群。多多与别人沟通一定会让你自己更快地进步。有远方的朋友一起互相学习和交流，这会让你在外贸事业上感觉"吾道不孤"。

2. 外贸新手提问：星期五和星期一适合发商业开发信吗？

从时间周期来看，产品采购的淡季或旺季可能对外贸开发信的效果有较大的影响。而星期五和星期一似乎没有特别的影响。周一或周五客人可能都很忙，容易把你的邮件一删了事，但是，反过来也有可能对方因为忙碌而立即行动，此时客户会更快地决定和你联系，解决他的采购问题。

大量发送外贸开发信是个比较考验人的工作，不能随便寻找细微的借口，拖延工作。你每天要保持足够的量，长期努力才会有效果。如果你非要研究一周中的变化，建议你先做大量的外贸开发信发送工作并且做好详细的记录，有了足够的数据以后，你才可以做有统计意义的数据分析。简单的可以用EXCEL分析，复杂的可使用SAS或SPSS等统计软件做出分析，并指导以后的工作。

3. 外贸新手提问：怎么样提高开发信的回复率？

首先，从根本上来说，发送数量是最为重要的因素。坚持发送，一点一滴地改进，才能由量变到质变，取得成功。假定有人与你所有条件全部一样，开发信的模板也一致，想要得到更多的回复就在于你是否发的更多。一般来说，广种薄收型开发信的回复率是很难超过5%的，百分之一甚至千分之一都是很正常的情况。所以，千万不要心急，加紧埋头努力才会有成果。

其次，为提高外贸开发信的发送数量，你要提高发送技术、发送模式和熟练程度，这样才可以超越同行，大大提高发送外贸开发信的效率。

最后，注意外贸开发信的质量。发送足够的开发信之后，你才有数据和经验来分析总结，提高质量。外贸新人一定要经历"漫天撒网、大海捞针"的努力，有了感性认识之后，才可以采取针对目标客户详细分析的方法。你可以通过有针对性地找寻目标客户，花很多心思研究特定客户，继而在了解对方所寻找产品、具体需求、个性特点的基础上再深入研究对策，然后写作和发送外贸开发信、试探报价信、联络关系信等各种电子开发邮件，再辅以传真、电话、实时通信工具等多种营销技术，做全方位的深入推销。这样的话，你一天可能就只发出三五封、至多十多封或二十多封外贸开发信，但是有可能取得更高的回复数量。

究竟是广种薄收好呢，还是精耕细作好？这个就取决于你的行业、产品、经验、个性等各方面因素，很多时候，你需要同时采用两种方式，以广种薄收来筛选和填补时间空当，以精耕细作来切实挖到客户。两种方法都需要你做好系统的记录，按科学管理的方法有条理地做好外贸开发。

4. 外贸新手提问：现在我手里几个客户的名字、地址信息都是老板给的，开发信的开头应该怎么写？

你应该去问你老板，这些是哪来的客户，有什么特点，以往有什么联系，为什么交给你去联系等相关信息。在这个基础上，就要按本书所提到的策略，分别对待。如果是老客户就按老客户写，如果是新客户就按新客户写。

第六节　第一轮开发：狭路相逢，先声夺人

1. 外贸新手提问：面对老板给我的一大沓名片，我该如何下手？

很多做外贸的朋友肯定都好生羡慕你有那么多的名片可以联系！当然，基本可以肯定，这些都是别人剩下的潜在客户，才会轮到新人。但是，不管怎么说，这个机会不错，有名片总比没有好！以下是你的行动方案。

第一，整理一下你的资料做个潜在客户数据库，可以做成一个EXCEL文件。

第二，根据名片上的信息，到客户的网站上去了解一下客户，加入你的数据库。

第三，从老板那里了解客户的情况，这也是很有必要的。

第四，把他们分成不同的类型，然后有针对性地发一封试探性的邮件过去。

第五，根据回复情况，调整你的策略，做进一步的跟进。

2. 外贸新手提问：我的开发信要怎么写？

最上策是你向有真才实学的同事或前辈请教。当然，要找到既有丰富知识和经验又愿意热心教导你的师傅，难度是相当大的。但世上无难事，只怕有心人。如果你有真挚的诚意，善于学习，那你找到这样的师傅也是完全可能的。俗话说，名师出高徒。能获得诺贝尔奖的成功人士，往往有高明的导师，周围也多数都是优秀人才。所以如果你要想成功，就一定要目标高远。孔子曰：取乎其上，得乎其中；取乎其中，得乎其下；取乎其下，则无所得矣。

退而求其次，暂时找不到名师，你也可以寻找相关的书籍杂志进行学习提高。本书就是试图以全面的解说和大量的案例，让国内的外贸新人提高写作外贸开发信的能力。

再下策，你也可以在外贸论坛上发帖求助，或在论坛上学习。不过要注意，一般论坛上水很多很大，鱼龙混杂。而且论坛上流水太快导致帖子下沉，因而所论话题通常比较浅显，缺乏细致和深入的探讨。

下下策是选择得过且过，抄抄别人的陈词滥调，修修补补，勉强应付。好在目前国内很多中小企业及其老板水平不高，在没有被经济大潮淘汰之前，你还可以跟着混口饭吃。

3. 外贸新手提问：开发信标题是怎样命名的？

很多朋友以为只要把自己的产品写在标题上，国外的商家就会来了。但是，以产品为标题的开发信表现并不是很出色。例如："您好，我有您需要的产品"、"we supply 产品名称"、"产品名 + made in China"等。这些标题的效果都比较一般，相比无标题和不知所云的标题，最多可以勉强合格。当你写作外贸开发信的时候，标题一定要换位思考，站在对方立场来考虑。只有加大实践数量，深入总结问题，才有可能写出成功的好标题。成功的标题可以让对方有兴趣阅读你的外贸开发信，只有对方阅读了，才有开发成功的希望。所以，开发信最关键的是标题。请参考本书相关章节"史上最强的100个营销标题"，多多学习琢磨，从中吸取灵感。

4. 外贸新手提问：怎样写开发信得到的回复率才会高点？

首先，要发对人。只要发对人了，基本上都有一定的效果，至少会有个礼貌的回复，让你可以进一步联系。发错人了，写的再好，也都是被随手删了，发了成千上万封可能撞上几个回复。所以，磨刀不误砍柴工，做好知己知彼的研究工作，是你外贸开发信成功的首要条件。

其次，要有诚意为对方服务。要用简单朴实的语言，准确表达自己诚心为对方着想和服务的意愿，让对方非常清楚地了解你能为对方做什么，给对方带来什么好处或利益。符合以上要求的外贸开发信，迟早会有回报的。

最后，要有耐心。光是怨天尤人没有什么用处，而且会毒化自己的心灵、影响别人的心境。请记住，做任何一件事都要"诚心＋耐心＋用心＋信心"才会成功。多多学习，认真做好工作记录，研究和整理工作过程，不断改进各个环节，提高成功率。

5. 外贸新手提问：求助外贸高手，发了开发信不回该怎么办？

外贸新手提问：开发信如石沉大海，如何应付？

外贸新手提问：发出去的开发信杳无音讯。怎么会是这种结果？为什么呢？

首先，我们要排除技术故障，弄清楚客户是否收到了我们的邮件。最简单的方法是在发送邮件的时候，请求阅读回执。在使用 Outlook Express 和 Foxmail 等软件发送邮件的时候，工具菜单中都有"请求阅读回执"一项。如果收到了客户的回执邮件，说明顺利发送。否则就有可能是故障了。你可以用网站邮箱给你自己的 yahoo 或者 hotmail 国外邮箱发一封信，看看是否能顺利收到。如果收不到，可以与你的网站服务商联系，说明情况，检查故障。另外，很多人用中国免费邮箱滥发开发信，导致邮箱整体被国外的服务器屏蔽了。所以，你可以尝试使用 yahoo、hotmail 等国外的免费邮箱，或者需要使用代理服务器更改自己的中国 IP 地址。

其次，在确定邮箱没有技术故障问题以后，研究你自己外贸开发信的形式和内容有什么问题。为什么潜在客户不愿意回复？写作问题是外贸开发信没有回复的最大原因，本书为解决这个问题而作了全面的研究和介绍。请你参照本书内容和其他行家意见，全面检讨你的外贸开发信写作细节。若有必要，你可来信咨询。

最后，要有长期作战的耐心和能力。除非是量身定做的开发信，外贸开发信本来就很少有人回的。对付这种"无回复难题"，你可以分步进行破解。

（1）保持联系。

多发几封邮件，但也不可过于频繁。你即便再渴望争取到客户，外贸开发信密度一般也不可多于每周一封。而且要注意，你的内容一定不要重复。你可以采用"通报企业动态"、"交流行业信息"、"介绍新款产品"、"通告价格调整"、"最新动态"、"危机或问题通报"等不同的形式发送，内容要真实、细致、专业、有用，并且要用轻松、流畅的文笔，给客户留下一个专业、真诚的良好印象。国际贸易商人多数愿意在没有推销压力的情况下，多了解相关的行业信息。细水长流，你就可以超越竞争对手。当然，要想做好这一点，平时就要多学习专业知识，了解行业动态，做个真正的行家，这样你才会赢得客户的重视和尊敬。

（2）排除死信。

如果多次（如15次以上）发信发现对方根本不看，可以考虑将此名单取消。对于看信不回的，可以考虑如下两种策略。一是真诚地征求对方的意见、建议、要求等；二是告诉对方，你无意打扰对方，只要对方回复一个空白邮件或其他方式表示拒绝，你从此将不再发给对方。如果客户明确表示拒绝，你就不必再白费力气。如果没有拒绝，你就仍可继续发扬"铁杵磨成针"的精神，不屈不挠地努力开发。

（3）火力侦察。

假如客户一直保持沉默，你不妨用价格为武器，做一次火力侦察，刺激对方一下以寻找突破口。你可以寻找适当的机会给潜在客户报一个超低的成本价。当然这个超低价格可以是真的，也可以是虚盘。如果客户真的来询问了，那你就成功地联系上对方了。此时，你可以见机行事。详细解说这个报价的前因后果和各种限制条件（如数量、质量、款式、交货期、付款方式等），并且乘机推销公司、产品、服务和你自己。火力侦察的目的是为了立即知道对方的真正需求点在什么地方。从潜在客户的回复中，你一定要善于捕捉对方的兴趣和特点，尤其是对方的心理特点，这样你才能抓住机会，拉住客户。但要注意，火力侦察只是偶尔为之，绝对不能频繁进行。

（4）态度诚恳。

绝大部分外贸开发信都是为了保持接触、争取机会，所以不要急功近利地老是催促对方下订单，要突出你的服务态度和专业素养。即使在客户有所松动并进行询价或提出问题的时候，也要以平常心对待。不要着急，不要显示大喜过望，不要随便迁就。要注意理解对方的需求和心态，有的放矢，做到周到、礼貌、详细、有针对性地回应。如果回应后客户继续沉默，先要检讨自己的问题，然后再写信过去以询问和服务的态度去征求对方的意见和建议。如果没有回音，也不必再纠缠，继续以常规方式保持联系即可。

（5）转换方式。

在条件许可的情况下，可以增加电话推销的方式，当然你首先需要学好外语和电话推销的技术，另外，你也可以以邮寄的方式向对方直接寄送宣传画册、报价单、样品、样板等。

总之，外贸业务开发是长久事业，要有细水长流的精神，在实践中不断学习、研究和提高。

6. 外贸新手提问：电子邮件自己的联系方式应该写在哪里？

一般来说，在电子邮件中，你的联系方式可以写在邮件的末尾。

为了统一和省力，你还可以在邮件系统里面设立一个自动的签名文档。其中除了电话、传真、电邮、地址等信息外，还可以包括花式签名、公司标记或口号等。如：

Allan Liu

Sales Manager, ABC Co.

Tel：(8621) 7777 9999

Fax：(8621) 9999 8888

Add：123 Any Rd., Shanghai, PR China

e-mail：allanliu@abc.com.cn

Web：www.abc.com.cn

In ABC Co., we do duck right.

很多时候你要写作的是有针对性的外贸开发信，此时，你还需要特意告诉对方，如何找到他所要的信息。你可以在邮件正文中写上相关的网络地址，引向你在外贸开发信中所推荐的产品、服务、优惠、特点、好处、资讯等。为了方便对方，这样的引导，可以在开发信中出现在不同的地方，通常会出现二三次。如：

For detailed information regarding this offer, please go to：www.abc.com.cn/limited_ offer

Quantity is limited, I urge you to check out our offer right now. Please click：www.abc.com.cn/limited_ offer

注意，你开发信所指向的网络地址上要准备好详细、完备、清楚的说明，让对方知道事情的来龙去脉，为什么对他有好处，以及怎么进一步和你联系。不过，现在主流电邮服务器看到电邮中有链接，很容易就把你的外贸开发信直接打入垃圾箱。

7. 外贸新手提问：知道客人名字，如何写开发信标题？

一般来说，外贸开发信应该尽量使用对方的名字，使得开发信更加人性化和个性化。一般建议你在标题上直接写客人的名字，比如可以有以下简单原始的模式：客人名字＋产品名称。或者是客人名字＋产品名称＋MADE IN CHINA。又或者是客人名字＋我们是生产"产品名"的生产商。

参考本书的案例，你也可以动动脑筋写成有吸引力的标题模式，客人名字＋假定式开发信标题，客人名字＋设疑式开发信标题。

第七节 后续跟进：耐心细致，愿者上钩

1. 外贸新手提问：怎样激活已经有回复的潜在客户？

时间就是金钱，时刻准备好你的材料，并对任何可能产生的问题，都有

书面回复的多种方案，需要时立即可以投入使用。具体你要做到：

第一，一旦有询盘，必须马上作出有针对性的回复。

第二，回复发出两天后，如果对方没有任何是或否的答复，要同样内容再发一次，提醒跟进。

第三，如果仍然没有回复，一周以后，以类似内容再发一次。

第四，如果对方没有反应，要在未来三个月内至少给对方发送七封以上不同内容的开发信。

第五，如果对方还是没有反应，要把对方放入"持久战"的潜在客户群发名单中去，经常发送你的通报。有些潜在客户，可能需要很多年的联系，才会在某一天突然与你做生意。

2. 外贸新手提问：客户说已经刚跟别的厂买了货了，但收到我的开发信后要我报价，我该怎么回复啊？

有些潜在客户会这么说，目的是给你施压，让你报个低价。这个就是常用的价格心理战。你可以将计就计，先询问潜在客户的需求是什么，他有什么目标价格？

很多的时候，对待这样的问题或其他类似的棘手情况，你都可以以平常心去对待，按照常规说出你公司产品的亮点，以及给他提供什么样的优质专业服务。完全没有必要单单为了生意而去恶意提供超低价。你可以这样想，如果对方是恶意的，他要你再报价，得到你的报价后，他用你提供的低价去要求现在给他供货的供应商降价。这样会形成恶性循环，对你、对其他供应商带来极大的不利，你完全没有必要参加这种杀价游戏。

其实，出现这种情况就是在考验你的综合竞争力，你不能单单以价格为竞争武器。大部分情况是对方目前的供应商没有充分说明什么是合理的价格、相应价格客户得到的是什么样的品质、服务等，所以给了你再次报价的机会。你应该充分把握机会，全面展示你的优势，深入了解对方情况，着重客户价值，提供解决对方问题的产品和服务方案。如果对方是只管价格而不顾其他任何因素的客户，你也没有必要非要这样的客户。其实真正只管价格的客户，很少。

3. 外贸新手提问：怎么写开发信给那些很久没有联系，但是以前有生意往来的客人？

既然以前有过生意往来，说明第一，对方需要你所卖的产品；第二，对方有一定的理由不再从你这里进货。那么最关键的是，你要找到这个理由，对症下药，把对方重新开发成你的客户。

首先，你要认真研究原因。如果是你方的产品款式、质量、价格、服务等问题，请先检讨你现在的实际状况，能否满足对方的需求。如果能够做到，告诉对方你很抱歉以前没有满足对方的需求，现在经过努力，能够为对方做到并做好。一定要态度真实诚恳，事实有理有据、内容具体详细、报盘（不单单是价格）有诱惑力，让对方再次回到你这里订货。或者，也可以先附上最新的样品，供对方参考。

其次，如果你实在不知道问题的症结，可以向对方发一封征求客户意见的询问信件，让对方告诉你应该如何做，才能让对方满意。

切忌不要随便找个借口，祝福一下对方，然后就顺便提出要对方继续与你做生意。或者，先问候一下，然后说你们出了新产品，并介绍一下，期望对方有兴趣。以这样的思路写作开发信，缺乏诚意，视客户为你的赚钱工具，只想如何卖出自己的东西，不关心对方的需求，实在是非常老套和无效的做法。

4. 外贸新手提问：阅读回执表明看过但从不给予回信还有必要再继续发信吗？

第一，从做成生意的可能性来说，现有客户是最有可能继续购买的，其次是转介绍的准客户，再次是自动找上门的潜在客户或是去展会找的潜在客户，排最后面的是陌生的潜在客户，从效果看依次是上门陌生推销的、电话陌生推销的、邮寄推销的、电子邮件推销的。所以，电邮外贸开发信是最不容易获得客户的，给陌生的潜在客户发开发邮件，不回信的太多了。如果是群发的开发信，经过电邮服务器的拦截，可能只有千分之一左右的回复率（甚至更低）。希望你不要气馁，继续努力，继续找好客户资源，坚持发送外贸开发信。功夫不负有心人，你总有成功的时候。

第二，可能是你的开发信缺乏特色，需要提高水平。为了避免让你的外贸开发信成为"瞎猫碰上死老鼠"的随机事件，轻而易举地成为有特色、有吸引力的外贸开发信，你可能需要不断地研究和修改。请仔细阅读本书并上相关外贸网站学习，如"福步外贸论坛"上的"外贸英语"子论坛里有"每周翻译论坛：提高英语表达水平，增强外贸销售能力"系列课程，可供参考。

第三，很多人会期待外贸前辈出来帮忙，让高人劳心劳力无偿帮助和指点你到底该怎么写开发信是不现实的幻想，与其空想不动，你还不如切实提高自己的英语和推销水平，自助者天助！遇到困难情况，需要自己先想办法。天上不会自动掉馅饼，你要花费时间、精力和金钱，才能找到专业人士的帮助。

5. 外贸新手提问：在发完邮件后我们是否要打电话给客户？

一般来说，发送开发邮件加上电话推销两种方法结合的效果要好于单独邮件开发或单独电话推销的方法。目前，国内以电话推销方式做外贸的还不多，所以强烈建议你多打电话联络！当然，你的英语听说能力要彻底过关（如能够听懂 VOA/BBC 等，能够不用字幕看懂美国大片更好）才会有胆气。另外建议你认真学习电话推销的思路和技巧，做好充分的电话推销准备工作。通常在发完邮件第二天打电话效果不错，比只发邮件收获要大得多。现在，使用 VOIP 国际电话很便宜，技术成本低廉，关键只在人，如果你能在外贸电话开发上先人一步，出奇制胜，势必财源滚滚。

当然，如果每封外贸开发信都需要你打电话，再加时差因素，你会很累，也不专业。有条件的话，公司要做好技术准备、人员培训、时间安排、人员轮换等工作，依靠团队力量，非常专业化地做好"邮件＋电话"式的综合外贸开发。

6. 外贸新手提问：开发信回信多是写"谢谢来信，但我们不需要"，这种情况下，我应该怎么回信给老外？

如果对方礼貌地回复"谢谢来信，但是我们不需要你的产品"，那绝对比拼命发送开发信却杳无音信要乐观很多。发生这种情况的原因可能如下。

（1）对象真的搞错了。可能是你张冠李戴，没有弄清楚对方是何方神圣，贸然乱发开发信所产生的后果。

（2）真的不需要。对方已经准备从你所做的行业撤退，或者是企业合并、重组等情况，未来不再需要这类产品。

（3）暂时不需要。对方已经有满意的供货商，目前没有想更换的意图，也没有再找新产品的需要。

（4）有需要但你对他没有足够吸引力。原因很多，甚至对方收到开发信时个人心情不佳也决定了他把你打入冷宫的命运。但是，主要原因还是你的写作方式和内容需要改进，你的耐心和诚信需要经受考验。

不少人收到这样的拒绝回复就轻易放弃了，最多回封邮件说：谢谢，希望以后会有机会合作。其实，这个是非常好的继续深入发展的机会，为什么呢？

（1）上述第一、第二种情况是少数。但是，即使在这种情况下，你还有机会。你可以先谢谢对方的热心回复，然后以"请教信模式"，让对方给你指点或介绍商业线索。一方面可以显示你的礼貌和专业素养，另一方面也许你就此会遇到帮助你的贵人。

（2）对于暂时不需要的客户，请一定礼貌回复。同时，你可以采取"学习了解信模式"，避免任何推销说辞，而是让对方指点你在什么条件下，你可以为对方服务，并在一来一往的交流中，进一步挖掘对方未被满足的需求或对方未觉察的要求，抓住现有供货商可能的缺口或缝隙，一点一点地跻身为对方的供货商。

（3）最多的时候就是对方其实有需求而你还没有引起对方的注意。请慢慢培育这样的准客户，坚持细水长流，不断发送"商业资讯信"，逐渐感化对方，建立信誉。不要放弃，成功在于不断的积累。

7. 外贸新手提问：广交会回来后，怎样写跟踪开发客户的英语信函？

广交会回来以后，必须趁热打铁、积极跟踪开发客户。

对于谈的不错并报了价格的客户或潜在客户，你要认真建议对方尽快下订单。你的外贸开发信的写作目标是要明确对方下单还要什么铺垫，你需要进一步有什么行动才能让对方下单。你可以采用假定式的外贸开发信，按谈话内容逐项落实所有的订货细节，给潜在客户一些选择（如不同的数量、交货期等），让对方作出回应，明确订单的障碍在哪里，双方的差距有多少。然后，你再根据对方的回应，调整你的后续应对策略，尽早获得成功。

对于只是泛泛而谈的潜在客户，你要有长期努力的准备。你的外贸开发信的写作目标是要激发对方与你进一步联系和沟通。你可以先选用设疑式的外贸开发信，提出一项或数项对方可能犹豫或模糊的地方，不露声色地影响对方的采购思路，在竞争和对比中突出自己的长处，放大竞争对手的短处，突出对方在采购中可能存在问题的痛苦程度和你如何解决对方问题的方案（例如产品质量、交货期、汇率变化等），用以激发对方的回应并与你进一步认真沟通。

科学系统化的管理是做好外贸的制胜法宝之一。要用 CRM 工具或数据库管理软件做好客户或潜在客户的资料库，没有条件的至少也要简单地把花巨资参加广交会后得来的宝贵信息设计并做成 EXCEL 文件，便于你系统长久地开展外贸开发工作。同时，也要到潜在客户的网站上去了解实际情况，把收集的信息加入你的数据库。详细记录、认真研究，打好外贸开发业务的持久战。

注意展现自己人性化的一面，开展"情感营销"。可以问候对方的身体、时差因素、饮食、来中国感想等话题，拉近关系。注意广交会当场照相合影，把这些照片送给对方，勾起回忆。大部分人参加展会后都会很累很糊涂，所以，你在展会的时候就要有意识地突出自己的特点、树立独特形象（名片、广告语、个人独特介绍、礼品等），而且要做好详细的现场记录（包括拍照摄像），并在随后的"问候＋开发"的信件中，提及这些细节，让对方尽快回忆起你的情况。参观展会者看到的情况大同小异，你做到以情感人，就可以争取到更加有利的竞争地位。

先声夺人，当日解决。绝大多数外贸人在展会之后慢悠悠地联系客户，其实目前智能手机与网络都是随身工具了，采购商习惯每天查阅邮件，在展会的当天你就应该联系来访的客户，或问候，或提供更进一步资料，或调查对方需求与热点问题。

8. 外贸新手提问：客户参观完我们的工厂后回国，我该如何写邮件跟进？

首先，回忆和整理外国客户参观工厂时的所有对话。是的，所有对话，并且精确到所有细微的表情变化和身体语言。请所有参与过的人员一同回忆和讨论，当时双方谈论了些什么样的技术问题、商务问题、价格问题、交货问题、其他话题，等等。然后，根据你们的理解和分析，分别罗列出什么是你们的强项，什么是你们的弱项，对方最看重的是什么（价格、品质、款式、服务等），对方对你们的评价是什么，潜在问题是什么，你们怎么能超越竞争对手？最后，通过上述认真、细致、全面和深入的分析研究，参考本书的指导建议，你们就知道该如何扬长避短地起草追踪性的开发邮件，精确瞄准对方的心理需求，有针对性地作进一步的联系了。

第八节　学习与提高：百尺竿头，更进一步

1. 外贸新手提问：我该怎样才能提高自己的英语水平？

写作成功的外贸开发信，确实要有过硬的英语水平。虽然很多人认为英语只要过得去就可以做外贸了，但是商场如战场，英语水平越高，就有越多的取胜把握、越多的成功机会。在其他所有条件相似的前提下，你的英语水平高，就能赢得更多的客户。英语水平的提高是个长期的过程，需要深入钻研、反复操练，千万不能急功近利、急于求成。

2. 外贸新手提问：如何衡量工作进度或成绩？

你可以把你发送的外贸开发信分成以下五类，它们所花费的时间是不同的，你要分门别类地进行计划和统计。

（1）第一次发送的外贸开发信（单独发送）。
（2）第一次发送的外贸开发信（群发）。
（3）跟进发送的外贸开发信（单独发送）。
（4）跟进发送的外贸开发信（群发）。
（5）通讯类（newsletter）（群发）。

你需要记录不同方式下的总发送数目和有效回复的数目，对于不同外贸开发信的模板也需要分别建档，计算其总发送数目和有效回复的数目，并在工作中不断总结、修改、提高，把你外贸开发信的回复率做到稳定提升。

另外，对于你所收到的回复，也要划成五星级，你可按未来可能的订单数量和金额、成为客户的难易程度进行分类，例如下表所示。

外贸开发信工作成绩总结	发送总数	潜力五星	潜力四星	潜力三星	潜力二星	潜力一星	样品+运费	运费到付	拒绝到付	继续跟进	彻底拒绝
单发首发	100				1		1				
群发首发	1000			2			1	1			
单发跟进	500	1	2		3			3	1	2	
群发跟进	1000		1			3			1	2	1
群发通讯	3000				1		1				
小计	5600	1	3	2	4	4	1	6	2	4	1

你可以根据以上的数据，再进一步改进你的工作，继续安排未来的工作计划。

3. 外贸新手提问：工作一段时间后，哪方面需要提高？

大部分外贸新手缺乏师傅的全面指导，很多老板或领导也不布置饱满的工作任务，所以你一定要自己给自己安排好工作、学习、生活计划，千万不要无所事事，这样，才会在进入单位的三个月内，获得比较多的进步。在未来工作中，为把自己培养成外贸专家，你要在下面几点加紧努力。

（1）单证操作：这个是最容易上手的，你一定要做到完全的精通，成为本单位内的单证专家。

（2）外贸操作流程：要全面熟悉整个流程，特别是货代、物流方面，要有可靠的朋友为你提供确凿的信息。

（3）产品知识、生产技术、工艺流程等：要花工夫深入了解相关的前因后果，回答客户可能的任何问题。

（4）竞争对手：怎样才能超越对手？这个应该是你随时要思考的问题。

（5）潜在客户、国外市场：知己知彼，百战不殆，你要深入细耕、坚持挖掘。

(6)营销能力、管理知识等:这是你作为外贸业务员安身立命的根本,你需要设立长远目标,细化短期目标,循序渐进,每天进步一点点,假以时日,终成专家。

新人最忌抱怨没有机会发挥自己的才能,如果你能成为解决上述问题的专家,那你打遍天下无敌手了。

4. 外贸新手提问:关键词、标题、开发信是开发客户一定需要经常变换的东西,如何变出新花样呢?

技巧其次,重点在内容。中国有句古话,吃得苦中苦,方为人上人。写作外贸开发信如果没有深厚积累,光靠技巧和手法,只会是些空洞的词句变换。关键还在于你要在工作中不断学习、不断提高,这样你才能有无穷的内容和有价值的信息去吸引潜在客户,如技术改进、风格款式、市场风云、营销物流、客户变迁、天南海北、大事小事等,都可以作为题目。很多人一出学校大门就正式结束了学习生涯,得过且过,向平庸看齐,缺乏长远和宏大的目标,不舍得投入自己的时间、精力、金钱,虚度时光而没有实质进步。没有实在内容的支撑,没有深厚的内功修为,外贸开发信是无法变出什么迷人的花样的。

本书前四章对当前中国的外贸电邮营销全流程做了简要说明,也提供了实际操作的诸多样板,可供立即使用。但应该说,上述介绍大都是比较简单初级的电邮营销,近乎 DM(直邮营销)的电子版。随着网络科技与生活的完全交融,最新的电邮营销已经完全不同而且与其他网络营销手段密不可分。

在市场方面,变撒网捕鱼为精准营销;在客户来源上,变强行推销为客户主动订阅;在内容上,由产品推销变成为客户提供有价值信息;在发送方式上,由人工变为全软件自动发送;在发送对象上,由群发变为单独个性化定制与发送;在发送频度上,由按次单独实行变为定期长期联络;在表达上,变文字为主为图文并茂,进而看图为主,甚至是音频视频;在渠道上,由单打独斗变成与企业网站和各种 SNS 途径(如推特、脸书、领英、G 加、油管等,还包括智能手机)的整合营销。崭新的电邮营销以润物细无声的方式与客户互动,像亲朋好友一般在网络笑谈中达成交易。

事实上,由于网络科技发展,滥发的电邮已经被邮件服务器有效阻挡,99%以上的垃圾电邮被拒或进入垃圾箱。垃圾电邮在欧美国家早已被法律禁止,据传全球八成以上的垃圾邮件产于中国,国外服务器均对中国发出的垃圾邮件严防死守。因此,未来中国外贸电邮营销将不得不走许可电邮和精准营销之路,并以 html 的图文格式,用生动有益的内容打动客户,如下图所示。自愿、精准、个性化、互动是时代潮流,那种以电邮强行推销的方式将走入穷途末路。

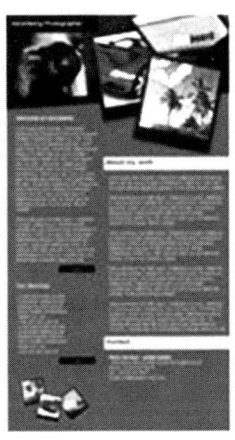

HTML email   Plain text email

第九节 外贸实战案例

一、精准聚焦,专注销售

 实战案例 F1-1:如何窄化销售对象?

前辈,关于窄化销售对象是否有什么可以推荐的方案?谢谢!

多谢前辈指点,窄化销售对象是否可以理解为一种由小及大逐步扩展的销售方式呢?

我们公司的经营方式似乎是另一种，我们刚开始时就啃下了一个大客户，与他们做熟络了之后再来开发其他的小客户，但是我个人感觉由于跟大客户合作久了已经习惯了这种以量取价的方式，现在开发起小客户显得有些捏不准力道，无处下手的……⑩

案例分析

外贸电商 B2C 中，有一种大量铺货做成杂货铺的成功策略。但如果产品太多太广，不容易集中做营销。有针对性的产品就容易找到特定的顾客群。其实，外贸 B2B 也是一样。

首先，你要有最优秀的公司与产品。如果不幸你的公司或产品不行，或者是与别人没任何区别，那怎么办？立即跳槽！！

其次，研究透你的产品，成为产品专家。提供最好的产品，最优质的服务。

然后，选择最容易突破的小国或大国一地（如美国某小州）。若你卖螺丝，就掘地三尺，挖掘出所有潜在客户，选择最可能的行业或小的市场，一个一个攻克。每攻克一个，就以他为证明，向下一个推荐。比如先卖给美国某州某县某镇上做装修的某小公司，而且东主是西裔的。

如果你集中你的注意力，研究对方，就会攻克某个市场，成为这个市场中最有竞争力的供应商。这个类似当年韦尔奇的 GE 战略之一，要么成为该市场前三位的供应商或具如此的发展潜力，要么退出！

现在，中国外贸也一样。你要么成为某个很小的细分市场的领导者，或者就退出外贸！！！

知易行难。立志成为最优秀的是很多外贸人的追求。所以，有决心者，外贸机会依旧深广，而无恒心者，总在浪潮之后。

英语里有个说法叫新手运气，beginner's luck。从商业角度讲，一家企业只有一个大客户是很危险的，它有问题你就麻烦了。现在做外贸需要心态归零，好好琢磨如何做好你的小客户市场。窄化销售对象可以让你聚焦。聚焦

---

⑩ 福步原帖由小兵一枚于 2013－1－8 16：10 发表

到如何解决某个较小范围内的客户的特别需求，聚焦到如何形成你特别的销售手法。有了聚焦，就可能有突破。不然，只能与大家一样竞争，最后往往只有价格拼杀一条路。

窄化销售对象的关键是可以让你聚焦客户需求。很多外贸企业到处撒网，却不知道如何有针对性地服务客户，只能吹嘘自己与自己的产品。做到"窄化、聚焦、突破"，有了突破就很容易大量复制成功，从而迅速成为窄化市场的领导者。实际上，此战略若成功实施会带来爆炸性增长，而不是简单的由小变大。

二、充分利用周年庆等促销良机

写作外贸开发信，没有一招制胜的捷径，需要利用一切机会，积极推销自己。

以下一封笔者收到的以"35周年庆祝"为主题营销的外贸开发信。请你参考和借鉴此模板的促销思路。

 实战案例 F1－2：如何做周年庆电邮营销？

last chance 35% Off － 35th Birthday Sale...
From：chnexp@a1chnexp.com on behalf of Sandy China
Sent：Fri 9/26/08 2：59 PM
To：bruce
Hi again Bruce，

　　Just a quick final reminder...

　　There are only a few hours left until we turn off the lights on the 35th Birthday, 35－hour, "blow the doors off everything", 35% Off Birthday Sale Extravaganza! If you haven't yet picked up one of our best selling products or resources at these bargain prices － you need to hurry.

　　The sale ends at 6：28 PM, ET tonight! http://www.a1chnexp.com/35

Birthday/

Plus, there are lots of surprises and special bonuses you can qualify for (including a copy of my yet-to-be-released [newly designed sample product]). http://www.a1chnexp.com/35bday/nusmpl

Have a great weekend,

Sandy China

P. S. If nothing else - you should really go for the laugh at seeing my picture there with my Dad. (Hint: It has swimsuit issue potential)

P. P. S. Speaking of funny (or very odd). I don't know what's got into my buddy Eddie Shen (actually I take that back - I do know since we've hung out a lot together). But even I don't know exactly what to make of his latest video. Watch it and you'll see what I mean: http://www.a1chnexp.com/warning.

Warning: This isn't for you if you're easily offended by childish acronyms and bad acting.

——You're receiving this because you've purchased [product] from Sandy China and A1chnexp. Or you've visited our sites such as Greatchnprdct.com, Greatprofits.com, ChnProductRiches.com, or others and asked to receive additional [product] tips and updates. Or you're one of our affiliate partner.

If you need to update or modify your information see below:

A1chnexp, Inc.,

1688 Facai Lane, #999

World Factory Town, PR China

To unsubscribe or change subscriber options visit: http://www.a1chnexp.com/d/r/?TEwccxeDMwMtCzMDBzMr

---

案例分析

1. 激发兴趣，注重引导

在周年庆营销策划中，外贸开发信仅仅是个引子，其他还包括传单、画册、视频、明信片、名片等引导客户来一探究竟。

2. 专门优化设置网站内容

要精心准备网站内容，其中有个专门的网页进行详尽的说明性推销，让客户与潜在客户做出订购的决定。上面还有很多小常识、小幽默、卡通、视频等，轻松活泼的内容。

3. 苦练内功，强化产品和服务

最重要的是写作开发信，功夫在信外。你的成败根本上是由贵公司的整体实力决定的，技术、品质、服务、产品以及管理与营销水平等。

三、做好外贸开发的实施计划

 实战案例 F1-3：怎样选外贸电邮开发邮箱？如何开发？

【问题】

你好！关注您很久了，现在有个头疼的事，想冒昧地请教您一下。打算做外贸 SOHO，准备注册域名，但不知道发开发信的外贸邮箱选什么品牌的好？望指教，拜谢！

【答复】

(1) 群发，找一家代发的公司或平台。

(2) 大批量垃圾外贸开发信，注册国外邮箱，比如谷歌或微软公司的邮箱，自己手动或用软件发送。（注，这里的垃圾电邮是英文 junk email 的直译，算中性词，不要太敏感。要尽量避免被邮件服务器归为 SPAM，即恶意垃圾电邮。）

(3) 精准开发，每天几个或最多二三十个，用你自己的企业邮箱发送。

【续上问题】

太感谢了。我做光源产品有几年，手头有一些客户资源。如果每天数量不一定（可能 50 多封也可能十几封）的开发信，不知道选第二种是否可以？

如想购买收费的微软或谷歌邮箱,不知道到什么地方买啊?

【答复】

(1) 滥发类你按第二种算是可以的。建议直接注册一大批免费的但是名字类似的,比如 star – lux – 1, – 2, – 3, – N 等,依次用,万一被封一个用下一个,创业要省钱,不用买。

(2) 精准类:针对特别精准开发的,要认真分析+精耕细作,用企业邮箱或最私人的邮箱。

这种开发信,第一,不能算精品,可以归入准垃圾邮件,可以归入我说的第二类。可以参考毅冰的书。第二,精准开发,我觉得写得最好的是料神 SAM 和村长 JAC,你都可以参考下。

(3) 邮件管理可以用邮件客户端 Foxmail。笔者常用谷歌,YoMail 工具相当方便。

 实战案例 F1 – 4:如何计划外贸电邮开发与外贸立体营销?

外贸营销项目:家居五金类产品的外贸开发规划纲要,2015/2016 季

【营销定位】

国家:澳新(南半球的夏季)

客户:公园、市政、房产管理公司、建筑设计事务所

产品系列:主打产品、引流产品、基础产品、配套服务产品

卖点设计:价位、速度、服务,选择切入点

营销主题辞:至少 3 套

【搜索资料】

潜在客户名称

邮件获取

【offer 准备】

报价单 Excel

宣传册页,电子版 PDF

如何订购

价格体系

优惠政策

【邮件营销】

网站 landing page

开发信

【立体营销】

SNS 注册与发文（软文文案），推特/脸书/G+/油管等

电话话术

即时通信话术（Skype，WhatsApp）

免费 B2B 平台发文

论坛、问答网站等

附录二
外贸开发信写作参考资料和部分有用网站

参考书籍：

1.《外贸业务员手册：从入门到精通》，贺昆编著，中国市场出版社，2005。"如果你拥有梦想与热情，本书将给你技巧与实力。""梦想与热情是一个外贸业务员成功的基础，技巧与实力是一个外贸业务员成功的保证。"

2.《跟单员完全手册：如果你想学管理，最好就是从跟单员开始》，陈光编著，中国市场出版社，2005。"要做老板，先做业务员；要做总经理，先做跟单员。"

3.《出口营销实战（最新修订版）》，作者：黄泰山，中国海关出版社，2008。包括"出口营销的60种准备"、"30种利用互联网迅速找到全球目标客户的方法"等实战技巧。

4.《金牌外贸业务员找客户：16种方法、案例、评析》，作者：陈念祥、张思羽，中国海关出版社，2008。

5. SPIN Selling by Neil Rackham (McGraw – Hill, May 1, 1988) A classic B2B selling technique book that inspired many sales system used today. Must read. 有最新出版的中文版《销售巨人——大订单销售训练手册》，中华工商联合出版社，2015。

6. Ziglar on Selling: The Ultimate Handbook for the Complete Sales, Professional by Zig Ziglar (Nelson, Thomas Incorporated, August 01, 2003), "People

don't care how much you know until they know how much you care."

网络字典：

1. 海词：有中英文双解和例句，特别推荐其"生词本"功能：http://dict.cn/

2. 免费词典：全面详细全英文解释，参考资料丰富：http://www.thefreedictionary.com/

3. 缩写字、简写字字典：http://www.acronymfinder.com/

4. 美国口语字典：http://www.urbandictionary.com/

外贸论坛：

1. 了解最新动态，有最多外贸人聚集的福步外贸论坛：http://bbs.fobshanghai.com/

国外贸易资讯：

1. 帮助进口商做贸易的网站，有很多进口商资料：http://www.importexporthelp.com/

2. 中国采购和外发业务：http://www.chinasavvy.com/

3. 环球资源的智慧中国采购：http://www.smartchinasourcing.com/

开发信写作指导：

1. 微软小企业中心：http://www.microsoft.com/en-us/business/articles/how-to-write-an-effective-sales-letter

2. 互联网文摘：http://www.theinternetdigest.net/sales-letter-writing-tutorial/

3. 关于网，第二语言学习：http://esl.about.com/od/businessenglishwriting/a/w_sales.htm

书目介绍

乐 贸 系 列

书名	作者	定价	书号	出版时间

📖 外贸 SOHO 系列

书名	作者	定价	书号	出版时间
1. 外贸 SOHO,你会做吗?	黄见华	30.00 元	978-7-5175-0141-1	2016 年 7 月第 1 版

📖 跨境电商系列

书名	作者	定价	书号	出版时间
1. 跨境电商 3.0 时代——把握外贸转型时代风口	朱秋城(Mr. Harris)	55.00 元	978-7-5175-0140-4	2016 年 9 月第 1 版
2. 118 问玩转速卖通——跨境电商海外淘金全攻略	红鱼	38.00 元	978-7-5175-0095-7	2016 年 1 月第 1 版

📖 外贸职场高手系列

书名	作者	定价	书号	出版时间
1. JAC 写给外贸公司老板的企管书	JAC	45.00 元	978-7-5175-0225-8	2017 年 10 月第 1 版
2. 外贸大牛的术与道	丹牛	38.00 元	978-7-5175-0163-3	2016 年 10 月第 1 版
3. JAC 外贸谈判手记——JAC 和他的外贸故事	JAC	45.00 元	978-7-5175-0136-7	2016 年 8 月第 1 版
4. Mr. Hua 创业手记——从 0 到 1 的"华式"创业思维	华超	45.00 元	978-7-5175-0089-6	2015 年 10 月第 1 版
5. 外贸会计上班记	谭天	38.00 元	978-7-5175-0088-9	2015 年 10 月第 1 版
6. JAC 外贸工具书——JAC 和他的外贸故事	JAC	45.00 元	978-7-5175-0053-7	2015 年 7 月第 1 版
7. 外贸菜鸟成长记(0~3 岁)	何嘉美	35.00 元	978-7-5175-0070-4	2015 年 6 月第 1 版

📖 外贸操作实务子系列

书名	作者	定价	书号	出版时间
1. 外贸全流程攻略——进出口经理跟单手记(第二版)	温伟雄(马克老温)	38.00 元	978-7-5175-0197-8	2017 年 4 月第 2 版
2. 金牌外贸业务员找客户(第三版)——跨境电商时代开发客户的 9 种方法	张劲松	40.00 元	978-7-5175-0098-8	2016 年 1 月第 3 版
3. 实用外贸技巧助你轻松拿订单(第二版)	王陶(波锅涅)	30.00 元	978-7-5175-0072-8	2015 年 7 月第 2 版
4. 出口营销实战(第三版)	黄泰山	45.00 元	978-7-80165-932-3	2013 年 1 月第 3 版
5. 外贸实务疑难解惑 220 例	张浩清	38.00 元	978-7-80165-853-1	2012 年 1 月第 1 版
6. 外贸高手客户成交技巧	毅冰	35.00 元	978-7-80165-841-8	2012 年 1 月第 1 版
7. 报检七日通	徐荣才 朱瑾瑜	22.00 元	978-7-80165-715-2	2010 年 8 月第 1 版
8. 外贸业务经理人手册(第 2 版)	陈文培	39.00 元	978-7-80165-671-1	2010 年 1 月第 1 版
9. 外贸实用工具手册	本书编委会	32.00 元	978-7-80165-558-5	2009 年 1 月第 1 版

	书名	作者	定价	书号	出版时间
10.	外贸实务经验分享33例	沱沱网中文站	28.00元	978-7-80165-560-8	2009年1月第1版
11.	外贸实务案例精华80篇	刘德标 吴珊红	29.80元	978-7-80165-561-5	2009年1月第1版
12.	快乐外贸七讲	朱芷萱	22.00元	978-7-80165-373-4	2009年1月第1版
13.	危机生存 ——十位经理人谈金融危机下的经营之道	本书编委会	22.00元	978-7-80165-586-8	2009年1月第1版
14.	外贸七日通 （最新修订版）	黄海涛 （深海鱿鱼）	22.00元	978-7-80165-397-0	2008年8月第3版
15.	出口营销策略 （《出口营销实战》升级版）	黄泰山 冯斌	35.00元	978-7-80165-459-5	2008年5月第1版

📖 **出口风险管理子系列**

	书名	作者	定价	书号	出版时间
1.	轻松应对出口法律风险	韩宝庆	39.80元	978-7-80165-822-7	2011年9月第1版
2.	出口风险管理实务（第二版）	冯斌	48.00元	978-7-80165-725-1	2010年4月第2版
3.	50种出口风险防范	王新华 陈丹凤	35.00元	978-7-80165-647-6	2009年8月第1版

📖 **外贸单证操作子系列**

	书名	作者	定价	书号	出版时间
1.	外贸单证经理的成长日记（第二版）	曹顺祥	40.00元	978-7-5175-0130-5	2016年6月第2版
2.	跟单信用证一本通	何源	35.00元	978-7-80165-849-4	2012年1月第1版
3.	信用证审单有问有答280例	李一平 徐珺	37.00元	978-7-80165-761-9	2010年8月第1版
4.	外贸单证解惑280例	龚玉和 齐朝阳	38.00元	978-7-80165-638-4	2009年7月第1版
5.	信用证6小时教程	黄海涛（深海鱿鱼）	25.00元	978-7-80165-624-7	2009年4月第2版
6.	跟单高手教你做跟单	汪德	32.00元	978-7-80165-623-0	2009年4月第1版
7.	外贸单证处理技巧 （第3版）	屈韬	42.00元	978-7-80165-516-5	2008年5月第1版

📖 **福步外贸高手子系列**

	书名	作者	定价	书号	出版时间
1.	外贸电邮营销实战 ——小小开发信 订单滚滚来（第二版）	薄如骢	45.00元	978-7-5175-0126-8	2016年5月第2版
2.	巧用外贸邮件拿订单	刘裕	45.00元	978-7-80165-966-8	2013年8月第1版
3.	外贸技巧与邮件实战	刘云	28.00元	978-7-80165-536-3	2008年7月第1版

📖 **国际物流操作子系列**

	书名	作者	定价	书号	出版时间
1.	货代高手教你做货代 ——优秀货代笔记（第二版）	何银星	33.00元	978-7-5175-0003-2	2014年2月第2版
2.	国际物流操作风险防范 ——技巧·案例分析	孙家庆	32.00元	978-7-80165-577-6	2009年4月第1版

书名	作者	定价	书号	出版时间
3. 集装箱运输与海关监管	赵宏	23.00元	978-7-80165-559-2	2009年1月第1版

📖 通关实务子系列

书名	作者	定价	书号	出版时间
1. 外贸企业轻松应对海关估价	熊斌 赖芸 王卫宁	35.00元	978-7-80165-895-1	2012年9月第1版
2. 报关实务一本通（第2版）	苏州工业园区海关	35.00元	978-7-80165-889-0	2012年8月第2版
3. 如何通过原产地证尽享关税优惠	南京出入境检验检疫局	50.00元	978-7-80165-614-8	2009年4月第3版

📖 彻底搞懂子系列

书名	作者	定价	书号	出版时间
1. 彻底搞懂关税（第二版）	孙金彦	43.00元	978-7-5175-0172-5	2017年1月第2版
2. 彻底搞懂提单（第二版）	张敏 张鹏飞	38.00元	978-7-5175-0164-0	2016年12月第2版
3. 彻底搞懂信用证（第二版）	王腾 曹红波	35.00元	978-7-80165-840-1	2011年11月第2版
4. 彻底搞懂中国自由贸易区优惠	刘德标 祖月	34.00元	978-7-80165-762-6	2010年8月第1版
5. 彻底搞懂贸易术语	陈岩	33.00元	978-7-80165-719-0	2010年2月第1版
6. 彻底搞懂海运航线	唐丽敏	25.00元	978-7-80165-644-5	2009年7月第1版

📖 外贸英语实战子系列

书名	作者	定价	书号	出版时间
1. 让外贸邮件说话——读懂客户心理的分析术	蔡泽民（Chris）	38.00元	978-7-5175-0167-1	2016年12月第1版
2. 十天搞定外贸函电	毅冰	38.00元	978-7-80165-898-2	2012年10月第1版
3. 外贸高手的口语秘籍	李凤	35.00元	978-7-80165-838-8	2012年2月第1版
4. 外贸英语函电实战	梁金水	25.00元	978 7 80165-705-3	2010年1月第1版
5. 外贸英语口语一本通	刘新法	29.00元	978-7-80165-537-0	2008年8月第1版

📖 外贸谈判子系列

书名	作者	定价	书号	出版时间
1. 外贸英语谈判实战（第二版）	王慧 仲颖	38.00元	978-7-5175-0111-4	2016年3月第2版
2. 外贸谈判策略与技巧	赵立民	26.00元	978-7-80165-645-2	2009年7月第1版

📖 国际商务往来子系列

书名	作者	定价	书号	出版时间
国际商务礼仪大讲堂	李嘉珊	26.00元	978-7-80165-640-7	2009年12月第1版

📖 贸易展会子系列

书名	作者	定价	书号	出版时间
外贸参展全攻略——如何有效参加B2B贸易商展（第三版）	钟景松	38.00元	978-7-5175-0076-6	2015年8月第3版

书名	作者	定价	书号	出版时间

📖 区域市场开发子系列

书名	作者	定价	书号	出版时间
中东市场开发实战	刘军 沈一强	28.00元	978-7-80165-650-6	2009年9月第1版

📖 国际结算子系列

书名	作者	定价	书号	出版时间
1. 国际结算函电实务	周红军 阎之大	40.00元	978-7-80165-732-9	2010年5月第1版
2. 出口商如何保障安全收汇——L/C、D/P、D/A、O/A精讲	庄乐梅	85.00元	978-7-80165-491-5	2008年5月第1版

📖 国际贸易金融工具子系列

书名	作者	定价	书号	出版时间
1. 出口信用保险——操作流程与案例	中国出口信用保险公司	35.00元	978-7-80165-522-6	2008年5月第1版
2. 福费廷	周红军	26.00元	978-7-80165-451-9	2008年1月第1版

📖 加工贸易操作子系列

书名	作者	定价	书号	出版时间
1. 加工贸易实务操作与技巧	熊斌	35.00元	978-7-80165-809-8	2011年4月第1版
2. 加工贸易达人速成——操作案例与技巧	陈秋霞	28.00元	978-7-80165-891-3	2012年7月第1版

📖 乐税子系列

书名	作者	定价	书号	出版时间
1. 外贸企业免抵退税实务——经验·技巧分享	徐玉树 罗玉芳	45.00元	978-7-5175-0135-0	2016年6月第1版
2. 外贸会计账务处理实务——经验·技巧分享	徐玉树	38.00元	978-7-80165-958-3	2013年8月第1版
3. 生产企业免抵退税实务——经验·技巧分享(第二版)	徐玉树	42.00元	978-7-80165-936-1	2013年2月第2版
4. 外贸企业出口退(免)税常见错误解析100例	周朝勇	49.80元	978-7-80165-933-0	2013年2月第1版
5. 生产企业出口退(免)税常见错误解析115例	周朝勇	49.80元	978-7-80165-901-9	2013年1月第1版
6. 外汇核销指南	陈文培等	22.00元	978-7-80165-824-1	2011年8月第1版
7. 外贸企业出口退税操作手册	中国出口退税咨询网	42.00元	978-7-80165-818-0	2011年5月第1版
8. 生产企业免抵退税从入门到精通	中国出口退税咨询网	98.00元	978-7-80165-695-7	2010年1月第1版
9. 出口涉税会计实务精要(《外贸会计实务精要》第2版)	龙博客工作室	32.00元	978-7-80165-660-5	2009年9月第2版

📖 专业报告子系列

书名	作者	定价	书号	出版时间
1. 国际工程风险管理	张燎	1980.00元	978-7-80165-708-4	2010年1月第1版
2. 涉外型企业海关事务风险管理报告	《涉外型企业海关事务风险管理报告》研究小组	1980.00元	978-7-80165-666-7	2009年10月第1版

书名	作者	定价	书号	出版时间

📖 外贸企业管理子系列

书名	作者	定价	书号	出版时间
1. 小企业做大外贸的制胜法则——职业外贸经理人带队伍手记	胡伟锋	35.00 元	978-7-5175-0071-1	2015 年 7 月第 1 版
2. 小企业做大外贸的四项修炼	胡伟锋	26.00 元	978-7-80165-673-5	2010 年 1 月第 1 版

📖 国际贸易金融子系列

书名	作者	定价	书号	出版时间
1. 信用证风险防范与纠纷处理技巧	李道金	45.00 元	978-7-5175-0079-7	2015 年 10 月第 1 版
2. 国际贸易金融服务全程通（第二版）	郭党怀 张丽君 张贝	43.00 元	978-7-80165-864-7	2012 年 1 月第 2 版
3. 国际结算与贸易融资实务	李华根	42.00 元	978-7-80165-847-0	2011 年 12 月第 1 版

📖 毅冰谈外贸子系列

书名	作者	定价	书号	出版时间
毅冰私房英语书——七天秀出外贸口语	毅冰	35.00 元	978-7-80165-965-1	2013 年 9 月第 1 版

"实用型"报关与国际货运专业教材

书名	作者	定价	书号	出版时间
1. e 时代报关实务	王云	40.00 元	978-7-5175-0142-8	2016 年 6 月第 1 版
2. 供应链管理实务	张远昌	48.00 元	978-7-5175-0051-3	2015 年 4 月第 1 版
3. 电子口岸实务（第二版）	林青	35.00 元	978-7-5175-0027-8	2014 年 6 月第 2 版
4. 报检实务（第二版）	孔德民	38.00 元	978-7-80165-999-6	2014 年 3 月第 2 版
5. 进出口商品归类实务（第二版）	林青	45.00 元	978-7-80165-902-6	2013 年 1 月第 2 版
6. 现代关税实务（第 2 版）	李齐	35.00 元	978-7-80165-862-3	2012 年 2 月第 2 版
7. 国际贸易单证实务（第 2 版）	丁行政	45.00 元	978-7-80165-855-5	2012 年 1 月第 2 版
8. 报关实务（第 3 版）	杨鹏强	45.00 元	978-7-80165-825-8	2011 年 9 月第 3 版
9. 海关概论（第 2 版）	王意家	36.00 元	978-7-80165-805-0	2011 年 4 月第 2 版
10. 国际集装箱班轮运输实务	林益松 郑海棠	43.00 元	978-7-80165-770-1	2010 年 9 月第 1 版
11. 国际货运代理操作实务	杨鹏强	45.00 元	978-7-80165-709-1	2010 年 1 月第 1 版
12. 航空货运代理实务	杨鹏强	37.00 元	978-7-80165-707-7	2010 年 1 月第 1 版
13. 进出口商品归类实务——实训题参考答案	林青	12.00 元	978-7-80165-692-6	2009 年 12 月第 1 版

"精讲型"国际贸易核心课程教材

书名	作者	定价	书号	出版时间
1. 国际货运代理实务精讲（第二版）	杨占林 汤兴 官敏发	48.00 元	978-7-5175-0147-3	2016 年 8 月第 2 版

书名	作者	定价	书号	出版时间
2. 海关法教程（第三版）	刘达芳	45.00元	978-7-5175-0113-8	2016年4月第3版
3. 国际电子商务实务精讲（第二版）	冯晓宁	45.00元	978-7-5175-0092-6	2016年3月第2版
4. 国际贸易单证精讲（第4版）	田运银	45.00元	978-7-5175-0058-2	2015年6月第4版
5. 国际贸易操作实训精讲（第2版）	田运银 胡少甫 史 理 朱东红	48.00元	978-7-5175-0052-0	2015年2月第2版
6. 国际贸易实务精讲（第6版）	田运银	48.00元	978-7-5175-0032-2	2014年8月第6版
7. 进出口商品归类实务精讲	倪淑如 倪 波 田运银	48.00元	978-7-5175-0016-2	2014年7月第1版
8. 外贸单证实训精讲	龚玉和 齐朝阳	42.00元	978-7-80165-937-8	2013年4月第1版
9. 外贸英语函电实务精讲	傅龙海	42.00元	978-7-80165-935-4	2013年2月第1版
10. 国际结算实务精讲	庄乐梅 李 菁	49.80元	978-7-80165-929-3	2013年1月第1版
11. 报关实务精讲	孔德民	48.00元	978-7-80165-886-9	2012年6月第1版
12. 国际商务谈判实务精讲	王 慧 唐力忻	26.00元	978-7-80165-826-5	2011年9月第1版
13. 国际会展实务精讲	王重和	38.00元	978-7-80165-807-4	2011年5月第1版
14. 国际贸易实务疑难解答	田运银	20.00元	978-7-80165-718-3	2010年9月第1版
15. 集装箱运输系统与操作实务精讲	田聿新 杨永志	38.00元	978-7-80165-642-1	2009年7月第1版

"实用型"国际贸易课程教材

书名	作者	定价	书号	出版时间
1. 海关报关实务	倪淑如 倪 波	48.00元	978-7-5175-0150-3	2016年9月第1版
2. 国际金融实务	李 齐 唐晓林	48.00元	978-7-5175-0134-3	2016年6月第1版
3. 外贸跟单实务	罗 艳	48.00元	978-7-80165-954-5	2013年8月第1版
4. 国际贸易实务	丁行政 罗艳	48.00元	978-7-80165-962-0	2013年8月第1版

电子商务大讲堂·外贸培训专用

书名	作者	定价	书号	出版时间
1. 外贸操作实务	本书编委会	30.00元	978-7-80165-621-6	2009年5月第1版
2. 网上外贸——如何高效获取订单	本书编委会	30.00元	978-7-80165-620-9	2009年5月第1版
3. 出口营销指南	本书编委会	30.00元	978-7-80165-619-3	2009年5月第1版
4. 外贸实战与技巧	本书编委会	30.00元	978-7-80165-622-3	2009年5月第1版

中小企业财会实务操作系列丛书

书名	作者	定价	书号	出版时间
1. 小企业会计疑难解惑300例	刘华 刘方周	39.80元	978-7-80165-845-6	2012年1月第1版
2. 做顶尖成本会计应知应会150问	张 胜	38.00元	978-7-80165-819-7	2011年8月第1版
3. 会计实务操作一本通	吴虹雁	35.00元	978-7-80165-751-0	2010年8月第1版

2017年中国海关出版社乐贸系列
新书重磅推荐 >>

《让外贸邮件说话》

作者：蔡泽民（Chris）
定价：38.00 元
书号：978-7-5175-0167-1
出版日期：2016 年 11 月

内容简介

"互联网+"时代，邮件是展会的最佳助攻，是开发客户的必备利器，也是与客户谈判的重要桥梁。如何高效利用邮件的功能，成为困扰许多外贸人的难题。本书将引导你开拓不同的外贸思维，利用开发信抢占商机，教你深度分析客户只言片语的技巧，精准把握客户需求。

本书甄选大量作者与客户往来的真实邮件，再现谈判实景，深入解读客户字里行间的"潜台词"。全书语言轻松，逻辑缜密，带你一步一步揭开客户神秘的内心世界，对症下药，高效开发客户，成交订单。

2017 年中国海关出版社乐贸系列
新书重磅推荐 >>

《跨境电商 3.0 时代——把握外贸转型时代风口》

作者：朱秋城（Mr.Harris）
定价：55.00 元
书号：978-7-5175-0140-4
出版日期：2016 年 9 月第 1 版

内容简介

近几年，"跨境电商"炙手可热，也颇具争议。那么"跨境电商"的本质究竟为何？国家政策如何为我所用？传统外贸企业如何转型？"跨境电商"未来的趋势到底是什么？答案会在书中逐一揭晓。

1. 本书从宏观层面，讲述跨境电商 1.0、2.0、3.0 时代，中国外贸的发展与变迁，以及在 3.0 时代，如何运用国家政策红利、大数据信用体系，寻找跨境电商红海；

2. 从微观层面，分享跨境电商营销推广、品牌建立、团队建设、支付、物流技巧，助力企业转型升级，欲火重生；

3. 预测中国跨境电商未来发展趋势，为外贸企业指明发展方向。

2016年中国海关出版社乐贸系列
新书重磅推荐 >>

《金牌外贸业务员找客户——跨境电商时代开发客户的9种方法（第三版）》

作者：张劲松
定价：40.00元
书号：978-7-5175-0098-8
出版日期：2016年1月

内容简介

近年来，中国外贸形势瞬息万变。随着"互联网+外贸"浪潮的来临，传统贸易模式革新，新贸易模式兴起，跨境电商平台的开发、利用已成为主流的贸易方式。

《金牌外贸业务员找客户——跨境电商时代开发客户的9种方法（第三版）》作者均来自中建材易单网外销团体，他们集结整理9种高效、实用的客户开发方法，助中国外贸人度过难关、开拓国际市场。其中既有新兴平台的营销技巧讲述，如邮件精准开发客户的方法，SNS、SEM、SEO实战的经验分享，各种数据的极致挖掘等，也有传统外贸方式升级后的2.0版本。